T0283079

EL
ENEAGRAMA
GUÍA PARA EL DESPERTAR

Título original: The Enneagram Guide to Waking Up
Traducido del inglés por Francesc Prims Terradas
Diseño de portada: Editorial Sirio, S.A.
Maquetación: Toñi F. Castellón

© de la edición original
2021 de Beatrice Chestnut y Uranio Paes

Esta edición se publica por acuerdo con Hampton Roads Publishing Co. c/o Red Wheel /
Weiser LLC a través de Yañez, parte de International Editors' Co. SL Agencia Literaria.

© de la presente edición
EDITORIAL SIRIO, S.A.
C/ Rosa de los Vientos, 64
Pol. Ind. El Viso
29006-Málaga
España

www.editorialsirio.com
sirio@editorialsirio.com

I.S.B.N.: 978-84-18531-90-3
Depósito Legal: MA-610-2022

Impreso en Imagraf Impresores, S. A.
c/ Nabucco, 14 D - Pol. Alameda
29006 - Málaga

Impreso en España

Puedes seguirnos en Facebook, Twitter, YouTube e Instagram.

El papel utilizado para la impresión de este libro está **libre de cloro** elemental
(ECF) y su procedencia está certificada por una entidad independiente, no
gubernamental, que promueve la sostenibilidad de los bosques.

DRA. BEATRICE CHESTNUT & URANIO PAES

EL
ENEAGRAMA
GUÍA PARA EL DESPERTAR

Encuentra tu camino, enfréntate a tu sombra,
descubre tu verdadero yo

EDITORIAL
SIRIO

Este libro está dedicado a todas las mujeres y hombres increíbles con quienes hemos trabajado en nuestros talleres y retiros, en reconocimiento a su valentía para emprender su viaje hacia el despertar y la manifestación de su mayor potencial, objetivos en los que han puesto todo su empeño.

Índice

Prólogo

En esta introducción deliciosa y práctica al eneagrama, la doctora* Beatrice Chestnut y Uranio Paes exploran los nueve patrones centrales de la personalidad y cómo conforman e impregnan nuestra vida. Estos patrones son la base de muchos hábitos mentales, emocionales y de comportamiento importantes, que afectan a quiénes creemos que somos y cómo nos relacionamos con la vida. Si captamos todo lo relativo a estos patrones estaremos en situación de ver nuestras defensas inconscientes y liberarnos de ellas, con lo cual lograremos un mayor grado de autoconciencia y libertad emocional.

Cada capítulo te ayudará a ver estas defensas en acción, y en cada uno encontrarás una guía que te conducirá, paso a paso, a despertar. *Despertar* quiere decir, en esta obra, reducir las limitaciones impuestas por unos hábitos que motivan ciertos sentimientos, pensamientos y comportamientos. Todos tenemos este tipo de hábitos, si bien es posible que nos cueste mucho verlos, al haberse convertido en algo con lo que nos hemos familiarizado extraordinariamente en el transcurso de la vida, de tal manera que nos sentimos cómodos con ellos. Estos hábitos están profundamente arraigados en la forma en que nuestra mente ha aprendido a encontrar

---

* N. del T.: *Doctora* en el sentido de persona que tiene un doctorado (el nivel más alto de estudios universitarios).

sentido al mundo y a nuestras relaciones con los demás. *El enea-grama, guía para el despertar* proporciona herramientas valiosas para hacernos tomar conciencia de estos patrones. En el proceso, pode-mos adquirir una nueva comprensión de nuestra historia personal, que incluye las alegrías y los traumas de la infancia, y podemos ver cómo esta historia está en la base de la forma en que nos maneja-mos como adultos.

Al igual que Chestnut y Paes, nosotros también vemos las dife-rencias en cuanto a las personalidades individuales como un efecto combinado de lo que aportan la naturaleza y la crianza, es decir, lo que aportan nuestra herencia innata y las formas en que nos mol-dea nuestra experiencia de vida, que es única en cada caso. Y nues-tro estudio del eneagrama también comenzó con el trabajo pionero del doctor David Daniels y Helen Palmer, y su escuela Narrative Enneagram ('eneagrama narrativo'). En nuestro trabajo, examina-mos estos patrones de la personalidad en el contexto de la neuro-biología interpersonal. Exploramos cómo pueden surgir a través de sistemas mentales que nos permiten operar en el mundo mientras buscamos seguridad y certezas, conectar con los demás y la sensa-ción de que somos los dueños de nuestra propia vida. Comparti-mos la opinión de que una comprensión más profunda de estos pa-trones puede llevarnos a convertirnos en mejores seres humanos. Y este es, después de todo, el propósito original del eneagrama.

Muchas personas que se encuentran con el eneagrama buscan una orientación clara sobre «qué hacer» para promover su creci-miento una vez que han identificado su patrón central (su «tipo» dentro de la clasificación del eneagrama). Este libro ofrece res-puestas a este respecto, a partir de los muchos años de experiencia de Bea y Uranio con el eneagrama como profesores y atendiendo en consulta. Apreciamos la forma en que este libro parte de la só-lida base de las enseñanzas de David Daniels y Helen Palmer para aclarar cómo cada tipo de persona puede aplicar la información que proporciona esta formidable herramienta para crecer más allá del nivel del ego, o personalidad, en el que permanecemos atrapados si vamos por la vida en «piloto automático».

Para aprovechar al máximo la valiosa información que se ofrece en esta obra, te instamos a que la abordes con curiosidad y dispuesto a comprometerte. La mente humana es fascinante. Cambiarla requiere trabajo, sin duda, pero no desaproveches la oportunidad de disfrutar del viaje que es tu crecimiento y expansión a través de este enfoque tan emocionante del autodescubrimiento. Las estrategias conscientes y los sabios consejos que contiene esta guía fácil de leer y de seguir te ayudarán a conquistar una mayor libertad y a tener unas relaciones más ricas; asimismo, estarás contribuyendo a la paz mundial.

Dr. Daniel J. Siegel,
autor de *La mente en desarrollo* y *Ser padres conscientes*,
y creador de The Patterns of Developmental Pathways Group

• • •

The Patterns of Developmental Pathways Group ('el grupo de patrones de vías de desarrollo') es un equipo integrado por cinco científicos de los campos de la medicina y la sociología (Daniel J. Siegel, Laura Baker, David Daniels [1934-2017], Denise Daniels y Jack Killen) que llevan más de diez años explorando los patrones de la personalidad del eneagrama desde el punto de vista de la ciencia contemporánea. Próximamente se publicará un libro que describe su trabajo (en inglés).

Introducción

No eres tu personalidad. Entonces, ¿quién eres?

Si eres como la mayoría, has elegido este libro porque quieres comprender mejor por qué eres como eres. ¿Por qué haces las cosas que haces o reaccionas de la forma en que lo haces ante ciertas circunstancias? ¿Por qué sigues cometiendo los mismos errores por más veces que creas que has aprendido la lección? ¿Cómo puedes mejorar tus relaciones y qué sucedió en la que no funcionó? ¿Por qué hay un problema en tu vida que no puedes superar?

Bueno, hay una razón para todas estas cosas. Y hay una razón por la que te cuesta comprender por qué haces lo que haces.

Básicamente, te has convertido en un zombi.

No, no estamos diciendo que seas literalmente un no muerto. Estamos diciendo que estás pasando por la vida en un estado similar al de un zombi: en piloto automático, inconsciente de quién eres realmente y de lo que está ocurriendo en tu interior en realidad. Como la mayoría de nosotros.

Este libro puede ayudarte a despertar de este estado a través del eneagrama, una poderosa herramienta de crecimiento basada en una sabiduría intemporal que puede ayudarte a conocer tu verdadero yo. El eneagrama puede liberarte de patrones defensivos autolimitantes y ayudarte a convertirte en una versión expandida de ti mismo. Puede mostrarte quién eres realmente mostrándote quién *crees* que eres. Solo entonces podrás saber quién eres *en realidad* y quién no eres.

¿Qué es el eneagrama?

El eneagrama es un símbolo complejo y significativo que tiene que ver con muchos sistemas de conocimiento diferentes, como la psicología, la cosmología y las matemáticas. Constituye la base de una tipología muy precisa que describe nueve tipos de personalidad y sirve como marco para comprender el ego humano y dibujar un mapa del proceso de crecimiento personal. Como modelo psicológico y espiritual que traza caminos de autodesarrollo específicos, nos ayuda a «despertar» a nosotros mismos al revelar los patrones habituales* y los puntos ciegos que limitan nuestro crecimiento y nuestra transformación.

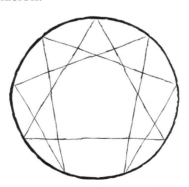

---

* N. del T.: En esta obra, *patrón habitual* no significa 'patrón frecuente', sino 'patrón relativo al hábito', es decir, un patrón asociado a un hábito o hábitos (a la vez, hay que entender *hábito* en sentido amplio; no hace referencia a comportamientos solamente, sino también a formas de pensar y reacciones defensivas o emocionales).

El eneagrama se basa en nueve tipos de personalidad que se fundamentan en tres *centros de inteligencia* que determinan cómo recibimos y procesamos la información procedente del mundo exterior.

- Pensamos y analizamos usando nuestro centro mental, ubicado en la cabeza. Los tipos 5, 6 y 7 están dominados por este centro y su experiencia está moldeada por los pensamientos. Son analíticos e imaginativos, y saben cómo planificar y encontrar sentido a las cosas, pero pueden ser demasiado lógicos y estar desconectados de los sentimientos y las emociones.
- Sentimos emociones y conectamos con los demás usando nuestro centro cardíaco. Los tipos 2, 3 y 4 están dominados por este centro y su experiencia está determinada por los sentimientos. Suelen ser individuos dotados de inteligencia emocional y empáticos. Valoran la conexión y las relaciones, pero pueden estar demasiado centrados en su propia imagen y temer el rechazo.
- Experimentamos la vida a través de nuestros sentidos utilizando nuestro centro corporal. Los tipos 1, 8 y 9 están dominados por este centro y su experiencia está moldeada por las sensaciones. Por lo general, son individuos comprometidos y responsables; valoran la verdad y el honor, pero pueden ser críticos e inflexibles.

Cuando usamos uno de estos centros más que los otros dos, dejamos de estar en equilibrio. El eneagrama nos ayuda a tomar conciencia de este desequilibrio y corregirlo.

Cada uno de los nueve tipos del círculo del eneagrama se puede definir sobre la base de una estrategia central de supervivencia compuesta por ciertos patrones habituales y motivaciones. Todos desarrollamos estrategias inconscientes para evitar el dolor y la incomodidad a medida que vamos viviendo en el mundo. Cuando nos vemos a nosotros mismos como la suma total de estos patrones inconscientes, perdemos de vista quiénes somos realmente y qué es aquello a lo que podemos aspirar. El hecho de que estas estrategias sean inconscientes hace que sea difícil (o imposible) reconocerlas y superarlas. Pero somos mucho más de lo que pensamos, y el eneagrama nos ayuda a darnos cuenta de ello.

Cada uno de los nueve tipos de personalidad del círculo del eneagrama incluye tres subtipos, lo cual hace que tengamos veintisiete tipos en total. Los subtipos son versiones más matizadas de los nueve tipos originales y se definen por tres impulsos instintivos: la conservación,* la pertenencia social y la fusión sexual. Cada subtipo revela cómo estos impulsos instintivos moldean el comportamiento y expresan nuestras motivaciones emocionales fundamentales. Las personalidades de los tres subtipos adoptan formas ligeramente diferentes; una de ellas, llamada *contratipo*, va en contra de la expresión general del tipo en algunos sentidos, porque el impulso emocional y la meta instintiva van en direcciones opuestas.

Para aprender de los asombrosos mensajes que tiene para ti el eneagrama, lo primero que debes hacer es identificar cuál de los nueve tipos corresponde mejor a tu personalidad y luego identificar el subtipo que te describe con mayor precisión. Esta puede ser una tarea difícil, porque hay tipos diferentes que presentan un aspecto similar a primera vista, y es posible que te identifiques con más de uno. El hecho de que las descripciones de los tipos hagan referencia, en parte, a hábitos *inconscientes* o puntos ciegos hace que la tarea sea aún más complicada.

En un nivel, estos tipos de personalidad se basan en algo muy simple: allí donde enfocamos nuestra atención a medida que nos movemos por el mundo. Pero lo que vemos también define lo que *no* vemos, así como el hecho de que no lo vemos. Estos son nuestros

---

* N. del T.: En el contexto de los subtipos del eneagrama, hay que entender *conservación* como autoprotección y satisfacción de las necesidades básicas.

puntos ciegos. Cuando no somos conscientes de estos aspectos clave de nuestra experiencia, no podemos ver el impacto que tienen en las formas en que pensamos, sentimos y actuamos. Esto explica por qué se puede decir que estamos «dormidos», pasando por la vida como zombis.

Para «despertar» de este estado, debemos hacer frente al ego, así como a la sombra que este proyecta. Necesitamos tomar conciencia de los hábitos automáticos que constituyen la estructura de nuestra identidad egoica defensiva, así como de todo lo que permanece inconsciente en nosotros conectado a la necesidad que tiene nuestro ego de protegerse. Esta identidad autoprotectora nos mantiene enfocados en *sus* necesidades y evita que sintamos dolor o alegría; nos condena a una especie de duermevela en la que desconocemos quiénes somos y nuestras posibilidades. Reprimimos estos elementos de la sombra porque nos generan dolor o porque harían que nos cuestionásemos la imagen que tenemos de nosotros mismos. Sin embargo, al sacar a la luz estos elementos nos volvemos más conscientes y completos. Si no los afrontamos, nunca podremos conocernos a nosotros mismos como realmente somos. Cuando no vemos ni dominamos las tendencias inconscientes conectadas a la personalidad en la que nos mantenemos enfocados (y que nos limita), somos rehenes de quienes pensamos que somos, o de quienes tememos ser, o de quienes nos gustaría ser. Cuando vamos más allá del ego y nos implicamos activamente en el proceso de crecimiento que describe el eneagrama, comenzamos a despertar a todo nuestro potencial.

Cómo nos volvemos zombis y cómo podemos despertar

Con el tiempo, aprendemos a equiparar todo lo que somos con el ego; creamos así una especie de falso yo o falsa identidad. Cada uno de nosotros viene a este mundo como un yo único y auténtico. Sin embargo, como niños que dependemos de los demás, adoptamos estrategias de supervivencia para que nos ayuden a adaptarnos a nuestro entorno. Encontramos formas ingeniosas de lidiar con la vida; utilizamos estrategias de afrontamiento para protegernos como seres pequeños que estamos en un mundo grande. Estas estrategias inconscientes determinan a cuál de los nueve tipos de personalidad pertenecemos.

Pero *tú* y *tu personalidad* no sois lo mismo. La personalidad nos ayuda a sobrevivir en la niñez, pero limita nuestra conciencia de todo lo que podemos llegar a ser en la edad adulta. Poco a poco, con el tiempo, nuestra necesidad de sobrevivir en el mundo hace que desarrollemos un yo falso en sustitución de nuestro yo verdadero. Y cuanto más nos alejamos de la niñez, más eclipsan a nuestro verdadero yo los patrones defensivos que adoptamos. Quedamos atrapados en estos patrones habituales, que somos incapaces de ver, y cuanto más arraigan en nosotros más nos costará trascenderlos. Se vuelven fijos y rígidos de formas que no reconocemos, precisamente porque nos ayudan a adaptarnos y sobrevivir, en condiciones difíciles en algunos casos. A medida que nos vamos sintiendo más cómodos con estas estrategias, vamos descendiendo cada vez más al estado zombi, sin siquiera advertirlo.

El eneagrama nos ayuda a comprender cómo las estrategias de supervivencia que desarrollamos en una fase temprana de la vida pueden convertirnos en zombis más adelante. Y nos ofrece técnicas para despertar consciente e intencionalmente con el fin de que podamos llegar a conocer nuestro verdadero yo. Cuando dejamos de ser conscientes de nuestra verdadera identidad y nuestro enorme potencial, perdemos de vista la capacidad innata que tenemos de ir más allá del ego. Nos quedamos estancados en un nivel de conciencia bajo y olvidamos que podemos elegir aumentarlo.

Despertar a nuestro verdadero yo y avanzar hacia esta mayor conciencia requiere una cantidad enorme de esfuerzo intencional. Debemos hacernos conscientes de que nos encontramos en un estado zombi y luego trabajar activamente contra él para superarlo.

Debemos implicarnos en un trabajo interno consciente e intencional para despertar del trance en el que entramos cuando pensamos que somos nuestra personalidad. Debemos recordarnos continuamente que tenemos que estar más presentes y sintonizados con la experiencia que vivimos momento a momento para superar los hábitos profundamente arraigados del ego. Si no realizamos este esfuerzo consciente, podemos permanecer como zombis toda la vida, como le ocurre a muchísima gente. El eneagrama puede ayudarnos a comprender los patrones y tendencias que pueden estar obstaculizando nuestro propio despertar.

Cómo usar este libro

Cada capítulo de este volumen describe un camino de transformación para uno de los nueve tipos de personalidad. Cada uno detalla un viaje individualizado, que incluye tomar conciencia de los patrones egoicos problemáticos, pasos concretos en el proceso de autodescubrimiento y pautas para ir superando los obstáculos con los que nos limitamos a nosotros mismos. No es necesario que leas este libro de principio a fin; puedes pasar directamente al capítulo que creas que describe mejor tu tipo de personalidad.

Encontrar tu tipo puede ser un valioso proceso de aprendizaje en sí mismo. Para empezar, intenta descubrir tu tipo utilizando las listas de verificación que encontrarás al principio de cada capítulo y reflexiona sobre qué tipo se ajusta mejor a lo que sabes sobre ti. Confirma tu hallazgo explorando en profundidad aquello que te parezca que más tiene que ver contigo. Pregúntales a personas en las que confíes para que te ayuden a ver tus puntos ciegos. De todos modos, trata de no distraerte de tu viaje de desarrollo por centrarte demasiado en el diagnóstico y la descripción. Ningún dato aislado te dará la respuesta final; tienes que juntar todas las piezas.

Una vez que encuentres tu tipo, puede ser que te muestre aspectos de tu personalidad que no quieras reconocer. Ten el coraje de admitir estos rasgos. Algunos ven el eneagrama como negativo. Es comprensible que se sientan juzgados implícitamente. Pero no se te está juzgando, y tampoco debes juzgarte. Cultiva la compasión hacia ti mismo. El objetivo del eneagrama es comprender la verdad, y la verdad puede doler. Despertar implica un trabajo duro, y evitar el dolor es una reacción natural. Pero debes sentir tu dolor para poder despertar.

Cada capítulo comienza con una alegoría que presenta los temas clave del tipo. A continuación describimos un camino de transformación en tres etapas, así como los puntos ciegos y los aspectos dolorosos que puedes encontrar en el trayecto. Seguidamente, proporcionamos consejos relativos a cómo se pueden aprovechar los conocimientos obtenidos sobre el propio tipo para impulsar el autocrecimiento. El poder transformador del eneagrama proviene en parte de lo que se llaman las *alas* —los dos tipos de personalidad adyacentes a cada tipo en el círculo del eneagrama— y las *flechas* —las líneas que conectan cada uno de los tipos con otros dos tipos de personalidad presentes en el círculo—. Los tipos de las alas indican pasos sutiles que podemos dar en favor de nuestro desarrollo, mientras que los tipos que se encuentran al otro extremo de las flechas señalan cambios más radicales en nuestro desarrollo, siempre que apliquemos una intención consciente. Una vez que hayas aprendido a tomar mayor conciencia de las tendencias inconscientes de tu tipo principal, podrás impulsar tu crecimiento consciente más allá de la perspectiva fija de tu tipo integrando las cualidades saludables de los tipos adyacentes y opuestos para encarnar en mayor medida tu verdadero yo y dar pasos adelante en tu camino.

Además, cada capítulo expone una «paradoja» basada en la polaridad entre la pasión que actúa como el factor de impulso emocional central del tipo y la virtud que representa su grado superior de conciencia. La pasión de cada tipo refleja una especie de adicción zombi que hace ver el mundo a través de las gafas de este impulso emocional central. Y la virtud representa la meta hacia la que viaja el tipo en su camino de transformación. Avanzamos en nuestro camino integrando nuestra sombra, es decir, los aspectos más oscuros de nuestro tipo y los patrones habituales y puntos ciegos que lo caracterizan. El significado original de la palabra *pasión* es 'sufrir'. Por lo tanto, nuestro despertar deriva en gran parte del «sufrimiento consciente» que soportamos mientras nos enfrentamos a nuestra sombra.

El eneagrama aborda los desafíos que afrontamos en nuestro intento de despertar a nuestro «lado bueno». Describe cómo nos manejamos y nos da herramientas para que tomemos conciencia de las formas en que caminamos dormidos por la vida. Todos nos convertimos en zombis al olvidar quiénes somos en realidad; cada uno de nosotros quedamos atrapados en un conjunto específico de hábitos inconscientes. Los capítulos que siguen destacan las formas en que cada uno de nosotros podemos emprender nuestro viaje con rumbo al despertar y aprender a redescubrir nuestro verdadero yo.

¡Embárcate en tu viaje y disfruta de la aventura!

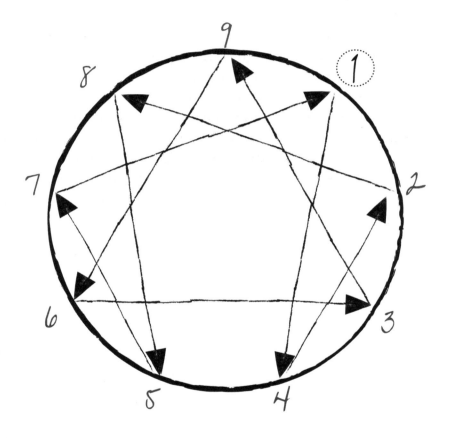

Tipo 1

El camino de la ira a la serenidad

Tu mejor maestro es tu último error.

RALPH NADER

É rase una vez una persona llamada Uno. Vino a este mundo como un niño espontáneo dispuesto a apreciar la perfección inherente a la vida. Completamente sereno y capaz de aceptarlo todo, se sentía libre de experimentar la alegría y la diversión en todo lo que hacía. Se tomaba las cosas a la ligera y fluía de manera flexible con la vida, consigo mismo y con todos los que lo rodeaban.

Pero en un momento temprano de la vida, Uno tuvo la dolorosa experiencia de sentirse criticado. Cuando esto ocurrió, se sintió presionado a ajustarse a los patrones de buena conducta de los demás. Inconscientemente, Uno trató de sobrellevar el dolor de sentirse juzgado supervisándose y criticándose de manera proactiva antes de que otros tuvieran la oportunidad de hacerlo. Interiorizó las reglas que los demás querían que siguiese y trató de ser bueno y hacer lo correcto todo el tiempo. Comenzó a sentir que tenía que ser perfecto para que lo considerasen valioso y que tenía que trabajar duro para controlarse a sí mismo a fin de ser «bueno».

En este empeño, Uno desarrolló la capacidad de percibir y corregir sus propios errores, de ver cómo todo lo que hacía podía ser más perfecto y de determinar qué debía ser mejorado en el mundo que lo rodeaba. Trabajó duro para comportarse de la mejor manera posible y juzgaba con severidad a quienes no seguían las reglas. Se le daba muy bien hacer las cosas de forma excelente, y procuraba ser excelente él mismo. Evaluaba todo lo que veía según lo malo o incorrecto que era, y a quien más evaluaba era a sí mismo.

Con el tiempo, a Uno llegó a dársele muy bien ser virtuoso y evitar los errores. Encontraba las mejores formas de hacer las cosas y se atenía a todas las reglas del buen comportamiento en todo momento. Se criticaba a sí mismo cada vez que no hacía algo de forma perfecta (es decir, siempre) y trataba de hacerlo mejor la próxima vez. Pero en el proceso de mejorar y ser mejor, Uno perdió el contacto con muchos aspectos de sí mismo. Dejó de sentir o de hacer cualquier cosa que pudiera ser considerada incorrecta, por más remota que fuese la posibilidad de que alguien pudiese considerarla así. Perdió la mayor parte de la conciencia de sus impulsos instintivos, sus sentimientos, su creatividad y su espontaneidad. Perdió el contacto con su propio sentido interno de lo que parecía estar bien, víctima de la preocupación de que los demás pudiesen juzgar eso como incorrecto.

Al imponerse unos límites estrictos a sí mismo, Uno aprendió a evitar todo aquello que pudiera estar mal, incluidos sus ritmos, deseos y sueños más profundos. A menudo se enojaba mucho cuando otros no seguían las reglas, pero en lugar de expresar su enojo, ocultaba sus sentimientos y trataba de ser amable. Dio prioridad a ser alguien ético, confiable y responsable en todo lo que hacía. Se sentía obligado a controlar todo lo controlable para asegurarse de hacer las cosas bien en todo momento, y se autocastigaba cuando no lo lograba. Su estrategia de supervivencia no le dejaba hacer nada más. Este hecho también lo irritaba, pero no podía permitir que nadie supiera que se sentía irritado.

Sin embargo, Uno no se daba cuenta de que todos los que lo rodeaban sabían que estaba enojado. Era evidente, porque cuando quería imponer lo que era correcto, solía dar órdenes, o golpeaba la mesa con los puños, o hablaba con tono sarcástico. Estas reacciones pasaron a estar integradas en su forma de proceder cuando tenía el modo de supervivencia activado. No era algo que le gustara necesariamente (de hecho, era muy duro para él), pero no podía evitarlo. No podía reconocer su enojo, porque estar enojado no era bueno. En consecuencia, a veces se sentía cansado y triste (y casi se permitía sentir). Pero ¿qué podía hacer?

Uno acabó por volverse completamente insensible a su verdadero yo. Perdió el contacto con su propia bondad inherente, una bondad que se revelaba en sus buenas intenciones y su deseo genuino de ser una buena persona. No podía hacer otra cosa que seguir las reglas y trabajar duro para hacer lo mejor posible todo lo que realizaba. Pero también perdió por completo la conciencia de unas necesidades humanas básicas: la de divertirse y relajarse, y la de portarse mal de vez en cuando.

Uno se había convertido en un zombi, un zombi muy educado, correcto y seguidor de las reglas, pero un zombi de todos modos.

Lista de verificación del tipo 1

Si tienes la mayoría de los rasgos de personalidad siguientes, o todos ellos, tal vez seas una personalidad de tipo 1:

☑ Tienes un crítico interior severo que supervisa lo que haces y está activo la mayor parte del tiempo; también eres sensible a las críticas de los demás.

☑ De forma natural, clasificas lo que percibes como «bueno o malo», «correcto o incorrecto»; te esfuerzas por ser bueno y hacer lo correcto.

☑ Cuando miras casi cualquier cosa, automáticamente ves cómo se podría mejorar; detectas fácilmente los errores y deseas corregirlos.

☑ Sigues las reglas todo el tiempo o la mayor parte del tiempo; crees que el mundo sería mejor si todos hicieran lo mismo.

☑ Piensas y hablas en términos de «debes» y «deberías»; la mayor parte del tiempo, o todo el tiempo, crees que el deber debe anteponerse al placer.

☑ Valoras mucho ser una persona buena, responsable y confiable; tienes unas expectativas muy altas respecto a ti mismo y los demás; defiendes la superación personal.

☑ Controlas demasiado tus emociones porque crees que es inapropiado o improductivo expresarlas o actuar a su dictado.

☑ Controlas demasiado el impulso de la diversión y el del placer.

☑ Crees que hay una manera correcta de hacer todo, que resulta ser tu manera; tienes opiniones sólidas y las expresas con facilidad.

☑ Valoras las raras ocasiones en las que algo que haces o ves te parece absolutamente perfecto; esto te inspira a seguir esforzándote por hacer que las cosas sean tan perfectas como sea posible.

Si, después de usar la lista de verificación, descubres que tu tipo es el 1, tu viaje de crecimiento transcurrirá en tres etapas.

Primero, te embarcarás en un proceso de autoconocimiento en el que aprenderás a identificar patrones de personalidad relacionados con la necesidad de tener la razón, hacer lo correcto, mejorarte a ti mismo y mejorar el mundo que te rodea.

A continuación, deberás enfrentarte a tu sombra para hacerte más consciente de los patrones y tendencias inconscientes que surgen de tu necesidad de sentirte digno y virtuoso para sofocar una sensación básica de ansiedad o demostrar tu bondad inherente. Esto te ayudará a reconocer todas las formas en que la crítica y la autocrítica te están frenando.

La etapa final de tu viaje implica identificarte con la versión «elevada» de tu tipo relajando tu necesidad de ser bueno y aceptando tus impulsos humanos naturales. Cuando hagas esto, comenzarás a reconocer la bondad inherente en ti mismo y en los demás, y apreciarás la imperfección como parte del flujo orgánico de la vida.

· ·

«La gente hará cualquier cosa, por absurda que sea,
para evitar enfrentarse a su propia alma». C. G. Jung

· ·

EMPIEZA EL VIAJE

Si tu tipo es el 1, la primera etapa en tu camino hacia el despertar consiste en que aprendas a autoobservarte de manera más consciente. Esto significa desarrollar la capacidad de darte cuenta de que tienes el hábito de juzgarte a ti mismo y juzgar a los demás, sin juzgarte aún más por el hecho de juzgar. Tu viaje de crecimiento implicará reconocer cuánta atención dedicas a corregir errores en tu entorno, a supervisar y criticar las cosas que haces, y a ofenderte por lo que hacen los demás que no es correcto. Para avanzar en tu viaje, deberás esforzarte para sentirte menos responsable de asegurarte de que las cosas sucedan de la manera correcta; también deberás comenzar a respetar tus emociones e impulsos y desarrollar una mayor capacidad de compasión hacia ti mismo. Al aprender a reconocer cuándo estás demasiado enfocado en la superación personal —es decir, enfocado en tratar de ser bueno y evitar ser malo—, estarás avanzando por el camino que te llevará a un mayor autoconocimiento.

Patrones clave del tipo 1

Para iniciar tu viaje, enfócate en estos cinco patrones habituales característicos del tipo 1 y hazte más consciente de ellos:

La autocrítica

Observa si tienes un «crítico interior», es decir, una voz interior con la que te estás supervisando continuamente a ti mismo y con la que no paras de controlar a los demás. Esta voz efectúa comentarios críticos sobre lo que está sucediendo; lo juzga todo como «bueno» o «malo». Tal vez tiendas a no ser consciente de las consecuencias de este autocontrol, especialmente si tu crítico interior es severo. Es probable que ignores la tensión física, emocional y mental que ocasiona este crítico cuando impone lo que define como un buen comportamiento con el alto coste de un mayor estrés.

Requerir la perfección

Te presionas a ti mismo para hacer las cosas extraordinariamente bien; esta actitud puede generarte tensión o motivar postergaciones cuando nada te parece lo bastante bueno. Tu enfoque en la imperfección te hace tener una actitud negativa hacia la vida y puede hacer que los demás se sientan criticados o juzgados. Es probable que te resulte difícil relajarte, disfrutar lo que está sucediendo y celebrar los éxitos si tu mente juzgadora no para de dar vueltas a la idea de que los resultados que has obtenido podían ser mejores o más perfectos. Si reconoces estas tendencias, puedes comenzar a reenfocar estos pensamientos y avanzar hacia una actitud más positiva.

Seguir las reglas

Obsérvate para ver si te atienes rígidamente a reglas, rutinas, estructuras y procesos, y si también estableces reglas para los demás. Tal vez te enojes cuando los demás no siguen las reglas de la manera que crees que deberían hacerlo o cuando no comulgan con tu idea de lo que es un comportamiento correcto, aunque es probable que evites reconocer completamente tu enojo. Es posible que experimentes esta ira como un resentimiento hacia las personas que hacen cosas «malas» que tú nunca te permitirías hacer. ¿Por qué son libres de hacer lo que quieran cuando tú no puedes? Observa si tiendes a mostrar una rigidez similar con respecto a la ética, la moral y el trabajo.

Sacrificar el placer

Tal vez trabajes demasiado y te resulte difícil encontrar tiempo para relajarte. ¿El trabajo siempre tiene prioridad sobre el esparcimiento para ti? Obsérvate para ver si te cuesta tratar de dejar de controlar todo y limitarte a fluir con el ritmo de la vida. Probablemente hayas olvidado o ignorado las primeras experiencias que te hicieron sentir que tenías que reprimir tus deseos. Observa si te ajustas a un conjunto de reglas incuestionables sin acabar de darte cuenta de lo estresante que te resulta cumplir con unas expectativas tan elevadas. Dudas sobre si puedes permitirte algún placer o gozar de tiempo libre para simplemente disfrutar.

Controlar las emociones

Cuando de alguna manera te permites expresar sentimientos y reacciones instintivas, es probable que lo hagas con mucha autocrítica y culpabilidad. Cuando evites ser consciente de la ira, percibe si esta se filtra como sentimientos parcialmente reprimidos como irritación, frustración, molestia, superioridad moral o tensión corporal. Cuando te encuentres juzgando las emociones como improductivas o inapropiadas, observa si tiendes a racionalizar tu tendencia a reprimirlas y te das buenas razones por las que debes controlar sobremanera tus sentimientos. Observa si te juzgas a ti mismo y si juzgas a los demás como «malos» por expresar enojo y otras emociones para reforzar tu hábito de evitar experimentar tus sentimientos.

• •

«En el núcleo de toda ira hay una necesidad que no se está satisfaciendo». Marshall Rosenberg

• •

La pasión del tipo 1

La ira es la pasión que impulsa a las personas de tipo 1. A menudo se manifiesta como una preocupación acompañada de autojuicio y el esfuerzo por ser bueno. Como motivación emocional central de este tipo, la ira suele aparecer contenida o parcialmente contenida. Los individuos de tipo 1 no suelen expresarla directamente, porque se sienten motivados a reprimirla y dirigirla hacia sí mismos principalmente. Evitan manifestar la ira porque dan prioridad a la necesidad de ser «buenos» y creen que la ira los hace «malos». Por lo tanto, esta ira puede entenderse como un estado de disgusto o descontento por el hecho de que las personas o las cosas no son como deberían ser.

Sin embargo, los individuos de tipo 1 no suelen sentir que son personas airadas; no es algo evidente para ellos. Sus estrategias de supervivencia se centran en la bondad, la virtud y la corrección, por lo que tienden a controlar su ira subyacente, hasta el punto de que ni siquiera se ven a sí mismos como enojados. En su afán por ser «buenos» y expresar lo que es «apropiado» según las normas sociales convencionales, tratan de *no* ser conscientes de su ira; a veces la controlan en exceso y no se dan cuenta de lo enojados que se sienten realmente.

Pero ocurre que cuando reprimimos las emociones que surgen en nosotros de forma natural, estas no desaparecen. Entonces, cuando las personas de tipo 1 evitan, inconscientemente, sentir su ira, esta se filtra en modalidades reprimidas, como son la crítica, el fastidio, la irritación, la frustración o la arrogancia, que reflejan intolerancia hacia lo que se está manifestando. Esta ira encubierta da lugar a una atmósfera emocional de insatisfacción y malestar cuando no pueden cambiar las circunstancias para que sean más justas, más perfectas o ideales; también puede reflejarse físicamente, como tensión en el cuerpo o un determinado tono de voz.

Si te identificas con este tipo, aquí tienes algunas manifestaciones típicas de la ira que debes observar y de las que debes hacerte consciente para avanzar en tu camino hacia el despertar:

- Una supervisión determinada y atenta de lo que está sucediendo.
- Autocrítica y crítica o juicio en lo que respecta a los demás.
- Esfuerzos de mejora o superación personal, así como intentos de regular, controlar o corregir lo que está sucediendo para que se ajuste a un grado de calidad ideal o alto.
- Expresión directa o indirecta de fastidio, irritación o frustración.
- Comportamientos pasivo-agresivos.
- Crees que tu punto de vista es el correcto; abogas o luchas por la justicia social o una reforma política; te esfuerzas por «hacer lo correcto» o por hacer que las cosas pasen a estar «bien».
- Vergüenza o sentimientos de culpa (actividades del superego).
- Tensión corporal y rigidez física.
- Sarcasmo y tono de voz burlón o crítico.

«Si eres honesto tal vez no harás muchos amigos, pero los que tengas serán el tipo de amigos que vale la pena tener». John Lennon

Expande tu crecimiento con las alas del tipo 1

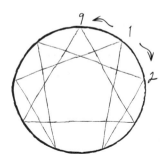

Los dos tipos adyacentes al tipo 1 en el círculo del eneagrama son el 2 y el 9. Al acudir a las cualidades saludables del tipo 9, las personas de tipo 1 pueden volverse más adaptables y aprender a relajarse. Al integrar los rasgos positivos del tipo 2, se les dan mejor las relaciones. Esto las sitúa más allá de su enfoque habitual en unas expectativas elevadas y de su esfuerzo por materializar un ideal de perfección, y las ayuda a comprender su hábito de calificar las cosas como «correctas o incorrectas» y «buenas o malas».

- Primero, adopta la capacidad del tipo 9 de ir con la corriente, adaptarse a los planes de los demás, relajarse y ser sin más. Cultiva la capacidad de crear armonía en tu entorno advirtiendo los puntos en los que estás de acuerdo con las personas que te rodean, en lugar de poner el acento en aquello en lo que no coincidís. Encuentra puntos en común al interactuar con los demás, deja de fijarte tanto en lo que podría mejorarse y aprecia lo que ya funciona bien. Dedica más tiempo a escuchar las opiniones de los demás y menos a afirmar las tuyas. Trabaja conscientemente en contra de tu tendencia a juzgar valorando y apoyando lo que sucede a tu alrededor sin encontrarle fallos. Prioriza las «formas correctas» de ver o actuar de los demás sobre las tuyas y permítete disfrutar de conectar con quienes te rodean.
- Después, integra la capacidad del tipo 2 de enfocarse menos en las tareas y los procesos y más en las personas y las relaciones. Desarrolla una mayor capacidad de crear relaciones con los demás expresando interés en ellos, sintonizando

con sus sentimientos o manifestando tus emociones. Comunícate con las personas según lo que sienten o lo que quieren y sé más flexible y diplomático a la hora de colaborar con los demás. Equilibra tu tendencia a evaluar y juzgar con la capacidad de sentir lo que otros necesitan y encuentra formas de proporcionarles recursos o apoyo. Convierte en una práctica intencional ver lo mejor en los demás en lugar de percibir errores que deben corregirse.

· ·

«El simple acto de preocuparse por los demás es heroico». Edward Albert

· ·

HACER FRENTE A LA SOMBRA

La segunda parte del viaje de crecimiento del tipo 1 consiste en reconocer la tendencia que tiene a castigarse y a reprimir sus emociones e impulsos instintivos. Esto debe ayudarlo a darse cuenta de que permanecer enfocado en hacer las cosas bien y en mejorarlo todo puede ser un mal hábito.

Un gran desafío para las personas de tipo 1 radica en el hecho de que tratan de reprimir partes de sí mismas que creen que las hacen ser malas o indignas. Intentan ser «buenas», pero esto generalmente significa eliminar cualquier conciencia de todo aquello que puedan juzgar como «malo», incluidos los errores, los arrebatos emocionales incontenidos, los impulsos instintivos normales y los sentimientos humanos importantes. Esta falta de autoconciencia puede convertirlos en individuos críticos, rígidos e intolerantes, si bien su creencia consciente es que son seres justos, morales y virtuosos. Paradójicamente, lo que deben aprender no es a mejorar, sino a «empeorar» al aceptar el riesgo (o la realidad) de ser personas «malas» o «equivocadas», en pequeñas cosas primero. Solo avanzan en su viaje de crecimiento cuando les importa y preocupa menos hacer todo a la perfección.

El trabajo con la sombra del tipo 1

Si te identificas como alguien de tipo 1, aquí tienes algunas acciones que puedes realizar para ser más consciente de los patrones inconscientes, los puntos ciegos y los puntos débiles claves de este tipo, y para empezar a contrarrestarlos:

- No escuches tanto a tu crítico interior y encuentra formas de dejar de juzgarte a ti mismo y dejar de juzgar a los demás. La crítica crea más problemas de los que resuelve; es un factor de estrés para el que la alberga y aleja a las personas.
- Toma conciencia de la ira que subyace a tu irritabilidad. ¿Qué la suscita? ¿Cómo la reprimes? ¿Cómo rezuma cuando no te permites sentirla? Acéptala y aprende a verla como algo positivo.
- Aprende a expresar emociones e impulsos de forma activa y date cuenta cuando tengas sentimientos que no estés comunicando. Toma conciencia de los impulsos a los que te resistes y pregúntate por qué lo haces.
- Sé menos responsable. Asume menos tareas como prioridades urgentes y reduce tu tendencia a la microgestión y a estar excesivamente orientado a los detalles.
- Sé más flexible y permanece más abierto a la innovación y el cambio. Planifica actividades que te obliguen a volverte más espontáneo y a estar menos tenso.
- Rompe las reglas, no solo las que consideres malas.
- No te juzgues por cometer errores ni te preocupes excesivamente por las consecuencias. Esfuérzate por perdonarte más a ti mismo.

- Realiza actividades que te permitan gozar de momentos de relajación y diversión. Permítete experimentar placer cuando tengas el impulso de hacerlo y enfócate más en la diversión que en el control.
- Permítete ser «malo». Olvídate de la superación personal y de hacer lo correcto durante un rato.

«No hay luz sin sombra, ni es posible la integridad psíquica sin la imperfección». C. G. Jung

Los puntos ciegos del tipo 1

Este tipo se aferra a la ilusión de que la perfección es posible, alcanzable y deseable. A partir de aquí, estas personas se critican a sí mismas por todas las formas inevitables en que no dan la talla y en que no logran hacer todo bien cuando intentan cumplir con estas expectativas imposibles. Sus puntos ciegos tienden a ocultar todos los aspectos humanos que no quieren ver mientras se esfuerzan tanto por hacer las cosas a la perfección. Niegan y entierran todas las verdades caóticas que tienen que ver con ser una persona normal en un mundo imperfecto.

Los puntos ciegos del tipo 1 pueden incluir emociones (tanto «buenas» como «malas»), deseos profundos de hacer lo que realmente quiere hacer y, posiblemente, incluso un deseo secreto de ser malo. Estos individuos se enfrentan al desafío de reconocer y aceptar todas las partes de sí mismos que han demonizado para justificar el hecho de conservar el control. Es posible que se resistan a reconocer estos puntos ciegos porque su modo predeterminado es el de «hacer lo correcto» y ser buenas personas. Pueden temer que se desaten el caos y el desorden si aceptan lo que juzgan como «malo» en sí mismos.

Si te identificas como tipo 1, aquí tienes algunos patrones habituales inconscientes que debes esforzarte por identificar, sacar a la superficie y afrontar para avanzar en tu viaje:

Evitar la ira

¿Evitas sentir o expresar tu enojo? ¿Tu ira no reconocida rezuma a veces como modalidades reprimidas como pueden ser irritación, tensión, rigidez, frustración, fastidio y arrogancia? Prueba algunas de estas técnicas para integrar este punto ciego:

- Presta atención a los signos de la ira (o versiones reprimidas de la ira) y permítete sentirla.
- Analiza los miedos que puedas tener en relación con albergar ira y hazte consciente de ellos. Hazte también cada vez más consciente de lo enfadado que estás.
- Reconoce cualquier juicio que efectúes sobre el hecho de estar enojado o expresar enojo. Percibe y cuestiona cualquier creencia que albergues sobre lo «inapropiado» que es sentirse enojado.
- Reflexiona sobre cómo puedes canalizar tu ira de manera positiva si eres consciente de ella: luchar contra la injusticia, poner límites, promover prácticas de apoyo a buenas causas o denunciar comportamientos dañinos.
- Reconoce y aprende a aceptar otras emociones además de la ira, como la tristeza, el dolor, el entusiasmo y la alegría. Cuando se reprime una emoción, normalmente también se expulsan otras de la conciencia.

Criticarte a ti mismo y criticar a los demás

¿A menudo te das cuenta, de pronto, de que te estás criticando? ¿Justificas el hecho de ser duro contigo mismo con la idea de que la autocrítica es necesaria para imponer un buen comportamiento? ¿Criticas a los demás con frecuencia? ¿Qué sucede en tus relaciones cuando los demás sienten que los criticas? Aquí tienes algunas medidas que puedes adoptar para integrar este punto ciego:

- Obsérvate muy bien cuando tu crítico interior empiece a hablar. ¿Qué sensaciones experimentas? ¿Aumenta tu grado de estrés? Permítete sentir el daño que puedes estar infligiéndote. Mantente alerta para detectar las situaciones en las que «normalizas» una actitud interna equivalente a un autocastigo.
- Sé más consciente de las formas en que intentas aplicar tu elevado modelo de conducta. ¿Qué creencias hay detrás de tu tendencia a imponerte este modelo a ti mismo e imponerlo a los demás?
- Pregúntale a alguien a quien conozcas y en quien confíes si alguna vez se sintió criticado por ti y cómo le hizo sentir eso.
- Investiga las razones por las que albergas un crítico interior. ¿Qué suposiciones haces que impulsan tu tendencia a la autocrítica? ¿Qué temes que pueda ocurrir si no te criticas a ti mismo?
- Contempla si lo que criticas en los demás es algo que tienes un deseo inconsciente de hacer.
- Observa la frecuencia con la que le dices a alguien que está haciendo algo mal. ¿Cómo te hablas a ti mismo si crees que has hecho algo mal?

Descuidar la relajación

¿Con qué frecuencia te permites descansar y relajarte? ¿Qué ideas restrictivas tienes (las cuales aplicas regularmente) acerca de priorizar el placer por encima del deber? ¿Con qué frecuencia haces lo que se supone que debes hacer en lugar de lo que te gustaría hacer? Aquí tienes algunas acciones que puedes realizar para integrar este punto ciego:

- Haz algo que consideres «malo». Rompe las reglas; pospón el trabajo para divertirte; haz algo de manera incorrecta intencionadamente. ¿Cómo te hace sentir esto?
- Entra en contacto con tu cuerpo y percibe realmente lo tenso que estás.
- Durante todo un día, infunde humor y ligereza a todo lo que digas y hagas. Observa qué pasa.
- Observa tu tendencia a controlarte demasiado. Date cuenta de cómo reprimes los impulsos y las emociones. ¿Qué sucede como resultado? ¿Cuánta energía requiere este comportamiento?
- Experimenta con la irresponsabilidad. ¿Qué tipo de actividades realizas todos los días que crees que *debes* realizar cuando esto no es realmente así?
- Pasa un día entero divirtiéndote y relajándote (cuando tengas cosas que hacer). No hagas nada que «debas» hacer. ¿Hasta qué punto te cuesta hacerlo? ¿Cómo te hace sentir?

«No perdonamos para (hacer un bien a) los demás; perdonamos para (hacernos un bien a) nosotros mismos». Desmond Tutu

El dolor del tipo 1

Para experimentar el dolor que han evitado construyendo los hábitos defensivos que conforman su personalidad e identificándose con ellos, los individuos de tipo 1 deben sentir conscientemente las emociones que experimentó su niño interior al sentirse herido cuando fue criticado en una etapa temprana. Deben sentir *toda* su ira y todo lo que hay detrás de ella, es decir, cualquier dolor, herida o tristeza derivados del castigo que recibieron o del hecho de que se los obligó a ajustarse a determinadas exigencias externas.

Las personas pertenecientes a este tipo pueden reprimir la felicidad junto con otras emociones, tal vez por temor a que la experiencia de la alegría las lleve a preferir sentirse felices a hacer las cosas bien, una preferencia peligrosa desde su punto de vista. Acaso crean que la libertad las conducirá al desorden y al caos. Pero cuando reconocen todas sus emociones y las ven como importantes y válidas, ya no necesitan negar la verdad de lo que sienten para defender unas expectativas imposibles. Esto constituye una parte importante de su liberación.

Si te identificas con el tipo 1, puede ser que te cueste reconocer determinados sentimientos que evitas por creer que son inapropiados, incorrectos o peligrosos. Pero debes permitirte aceptar estos sentimientos para poder crecer. En última instancia, te sentirás mejor si puedes aprender a tolerar este dolor con el fin de descubrir más plenamente tu verdadero yo. Recuerda que solo los zombis no sienten dolor. Aquí tienes algunas medidas que puedes adoptar para reconocer tu dolor y lidiar con él:

- Toma conciencia de la ira que sientes y de por qué la sientes. Explora todos los «derivados» de la ira, como la irritación, la frustración, la impaciencia, la tensión corporal y la arrogancia. Cuanto más puedas experimentar y estudiar tu ira en todas sus formas, más libre te sentirás con el tiempo. Reflexiona sobre las buenas razones que tienes para estar enojado.
- Analiza el miedo que te hace creer que sucederán cosas malas si te permites reconocer lo enfadado que estás en realidad.
- Reflexiona sobre lo duro que has sido contigo mismo durante tanto tiempo y siente pesar por el niño que tuvo que reprimir sus impulsos e instintos naturales para reducir al mínimo las críticas y los castigos.

- Reconoce el dolor que hay detrás de todos tus esfuerzos por autocontrolarte a través de la autocrítica, es decir, el dolor por haber sido castigado por ser «malo» cuando probablemente no estabas haciendo nada incorrecto. Afronta la ansiedad que sientes por la posibilidad de cometer errores y la culpa que acompaña a tu necesidad de autocontrol.
- Explora cualquier sentimiento de vergüenza e incomodidad que experimentes cuando cedas a tus impulsos naturales.
- Identifica cualquier sentimiento de felicidad o alegría que hayas apartado a un lado debido a tu necesidad de controlarte.

«Debajo de la ira siempre hay dolor». Eckhart Tolle

Los subtipos del tipo 1

Identificar el subtipo al que perteneces dentro del tipo 1 puede ayudarte a orientar con mayor precisión tus esfuerzos destinados a afrontar tus puntos ciegos, tus tendencias inconscientes y tu dolor oculto. Los patrones y tendencias de los subtipos varían según cuál de los tres instintos de supervivencia prevalezca.

Subtipo 1 del instinto de conservación

Este subtipo experimenta la mayor preocupación y ansiedad y persigue la perfección de la manera más agresiva. Por lo general, estos individuos sienten que tienen que ser demasiado responsables desde una edad temprana y, por lo tanto, tienen miedos en relación con la supervivencia. Son los más autocríticos y los menos críticos con los demás. Son los que más reprimen la ira, por lo que no creen estar enojados. Su ira se filtra como tensión corporal, microsupervisión o resentimiento, o la necesidad de controlar todo. De todos modos, este es el subtipo más cálido y amigable.

Subtipo 1 social

Este subtipo es menos perfeccionista y más «perfecto» (al menos, visto desde fuera). Estas personas se enfocan en encontrar la manera correcta o la mejor forma de hacer las cosas y luego se la enseñan a los demás. Este subtipo tiende a ser el más intelectual. Estos individuos pueden parecer superiores porque canalizan su ira en el sentido de ser «los dueños de la verdad». Tienen éxito, en parte, a la hora de reprimir la ira, por lo que tienden a parecer «tranquilos» y no muy ansiosos. Se enfocan en la injusticia o en trabajar por causas sociales, pero no se sienten cómodos en los grupos. A menudo asumen un rol de liderazgo para inducir su propia rectitud a los demás.

Subtipo 1 sexual

Este es el único subtipo dentro del tipo 1 que se siente relativamente cómodo con la ira. Estos individuos tienden a expresar enojo en mayor medida que los otros subtipos, aunque a veces también lo controlan. Son más críticos con los demás que con ellos mismos, aunque siguen siendo autocríticos. Afirman estar conectados con una autoridad moral superior y son más reformadores que perfeccionistas. Se muestran vigorosos a la hora de abogar por lo que consideran correcto, por lo que debe arreglarse y por su derecho a obtener lo que quieren.

· ·

«A menudo, la preocupación hace que algo pequeño proyecte una gran sombra». Proverbio sueco

· ·

La sombra de los subtipos del tipo 1

Puedes enfrentarte con mayor eficacia a tu propia sombra si conoces las características específicas de la sombra de tu subtipo, dentro del tipo 1. A continuación se muestran algunos de los aspectos de la sombra de cada subtipo. Como el comportamiento típico de cada subtipo puede ser muy automático, tal vez sea especialmente difícil ver y reconocer estos rasgos en uno mismo.

La sombra del subtipo 1 del instinto de conservación

Si este es tu subtipo, mantienes un alto grado de ansiedad y preocupación en relación con todo lo que haces. Pero nunca sientes que las cosas salen lo suficientemente bien, por lo que nunca te sientes realmente bien. Inconscientemente, reprimes la ira hasta el punto de que expresas su opuesto; es decir, se te ve como alguien muy educado y amistoso. Interiorizas la ira que reprimes, de tal manera que alimenta la autocrítica y queda atrapada en tu cuerpo. Sientes la necesidad de controlar cada detalle en todo lo que haces. Te preocupa hacer que todo sea perfecto todo el tiempo, incluido tú mismo. Para crecer, necesitarás encontrar formas de aliviar la ansiedad y hacerte más consciente de tu ira.

La sombra del subtipo 1 social

Si este es tu subtipo, te esfuerzas mucho por encontrar la manera correcta —o perfecta— de hacer algo, y luego te adhieres a esta manera con rigidez. Reprimes parcialmente la ira, y tu ira reprimida alimenta tu necesidad inconsciente de ser superior intelectual o moralmente en aquello que haces. Debes ser el modelo perfecto para que los demás aprendan cuál es la forma correcta de hacer las cosas, pero no ves cómo esto te sitúa por encima de los demás y te separa de ellos. Afirmas tu propia rectitud para dar salida a la ira reprimida y a la necesidad de tener el poder y el control. Te vendrá bien trabajar para ser más flexible y menos perfecto.

La sombra del subtipo 1 sexual

Si este es tu subtipo, expresas la necesidad de perfeccionar a los demás y reformar la sociedad para que todo lo que suceda se ajuste a tu sentido de lo que es correcto, perfecto o justo. Criticas a los demás para afirmar tu autoridad moral. Desahogas tu ira e inconscientemente evitas asumir la responsabilidad de corregir tu perspectiva o tus acciones defectuosas. Tienes una gran necesidad de controlar lo que está sucediendo. Tu necesidad de obtener lo que deseas confirma tu punto de vista acerca de lo que es correcto y evitas cuestionar tus propios criterios o tu propia autoridad. Cuando la ira alimenta el deseo, encuentras razonamientos para justificar tu derecho a tomar lo que necesitas o a arreglar lo que requiere ser arreglado.

• •

«La felicidad solo puede existir cuando
hay aceptación». George Orwell

• •

La paradoja del tipo 1

La paradoja del tipo 1 tiene como base la polaridad entre la pasión de la ira y la virtud de la serenidad. A este tipo, reconocer su compulsión de tener la razón y de llamar la atención sobre lo que no está bien (su necesidad de ir en contra de lo que está sucediendo para hacer que las cosas sean más perfectas) lo ayuda a comprender cómo opera la pasión que es la ira. Estas personas avanzan hacia un estado de serenidad al volverse más conscientes de cómo las impulsa el enfado. La serenidad puede entenderse como un estado de paz interior absoluta, al aceptarse plenamente la forma en que son las personas y las cosas. Cuando aspiran a ser individuos más serenos y sosegados, comienzan a dejar de lado su necesidad de tener la razón y su anhelo de ser perfectos. Se vuelven capaces de aceptar el hecho de que las cosas a menudo pueden parecer imperfectas, pero pueden ser perfectas en su imperfección.

Si te identificas como tipo 1, aquí tienes algunas medidas que puedes adoptar para volverte más consciente de tu ira y estar más abierto a gozar de una mayor serenidad:

- Percibe las tensiones que pueda haber o que puedan aparecer en tu cuerpo relacionadas con el deseo de corregir o perfeccionar lo que sucede en el mundo que te rodea.
- Observa todas las formas en que habitualmente te resistes a relajarte y evitas rebajar tanto tus criterios internos como tu atención a lo exterior. Suelta tu necesidad de alterar o cambiar cualquier cosa, dentro o fuera de ti.
- Presta atención a cualquier tensión física que experimentes e intenta soltarla, conscientemente. Relaja cualquier tensión que albergues y observa cómo te hace sentir esto, tanto en el plano emocional como en el físico.
- Cuando sientas ira, admítelo, e investiga las fuentes y consecuencias de esta. Sé consciente tanto de tu ira como de cualquier sensación de tener que reprimirla o controlarla. ¿Qué pasaría si aceptaras tu enfado y lo aceptaras como una señal de lo mucho que te preocupas por ciertas cuestiones?
- Esfuérzate por proyectar compasión hacia ti mismo, tanto por la imperfección inherente de tu personalidad como por el conflicto interno que experimentas al tratar de hacer todo de forma impecable. Pregúntate si prefieres tener razón o ser feliz.
- Plantéate que quizá todo esté «bien» tal como está, que no tienes que intervenir para mejorar nada. Pregúntate hasta qué punto son realmente importantes tus objeciones a la realidad. Enfócate en la aceptación.

- -

«La paz no es un tipo de relación entre naciones. Es un estado mental provocado por la serenidad del alma». Jawaharlal Nehru

- -

Fomenta tu crecimiento con las flechas del tipo 1

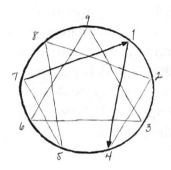

Los dos tipos conectados al tipo 1 por las flechas del interior del diagrama del eneagrama son el 4 y el 7. Al integrar la capacidad del tipo 4 de acceder a las emociones, el tipo 1 hace un gran cambio para equilibrar su enfoque habitual en hacer las cosas bien y evitar la culpa; al desarrollar la tendencia del tipo 7 a explorar posibilidades y pensar de manera más creativa, el tipo 1 puede estar más relajado y ser más capaz de innovar.

- Primero, incorpora las cualidades saludables del tipo 7 permitiéndote explorar posibilidades y pensar de manera más creativa en lugar de atenerte a tus rutinas y reglas habituales. Piensa en formas innovadoras de hacer las cosas; puedes hacerlo acudiendo a la estrategia de la lluvia de ideas. Date cuenta de lo valioso que es adoptar formas de pensar y actuar más flexibles. En lugar de buscar errores para corregir, busca oportunidades para mostrarte hedonista y autoindulgente. Prioriza el placer y la diversión en tu vida e integra en mayor medida la ligereza, el humor y la sociabilidad en tu mundo. Sal del trabajo temprano con el fin de hacer algo para pasarlo bien. Relaja tus elevados criterios y permítete hacer las cosas de manera divertida o emocionante en lugar de hacerlas de la manera «correcta».

- A continuación, integra las cualidades saludables del tipo 4 poniéndote más en contacto, conscientemente, con tus emociones más profundas. ¿Qué te hace verdaderamente feliz? ¿Qué te hace sentir triste? Explora cualquier dolor, pena o ira que hayas estado alejando, sabiendo que cualquier tipo de experiencia emocional auténtica puede sentar bien cuando se han estado reprimiendo los sentimientos durante tanto tiempo. Toma medidas para expresarte creativamente, de forma intencionada, en lugar de mantener tus procesos y rutinas habituales. Haz lo que quieras hacer, no solo lo que tu crítico interior te diga que «deberías» hacer. Pregúntate qué tiene sentido para ti y deja que eso te guíe. Actúa a partir de un propósito en lugar de hacerlo a partir de un sentido del deber o la responsabilidad.

· ·

«No puedes detener las olas, pero puedes aprender a surfear». Joseph Goldstein

· ·

ACOGER EL ESTADO MÁS ELEVADO

En la tercera parte de su viaje, las personas de tipo 1 aceptan que no necesitan trabajar tan duro ni ser perfectas para ser amadas. Adoptan la idea de que son valiosas y lo suficientemente buenas por el solo hecho de ser ellas mismas. Se sienten más satisfechas con quienes son al aceptar, e incluso apreciar, la imperfección y al ver que todo en el mundo es perfectamente imperfecto.

Cuando los individuos de tipo 1 aprenden a confiar en su propia valía, confían en que todo lo que ocurre acontece como parte de un fluir que no deben administrar, dirigir, combatir ni mejorar. Cuando no tienen que demostrar su valía haciendo todo bien, se dan cuenta de que tienen el poder de elegir ser más libres. Esta comprensión puede liberarlos del esfuerzo constante por demostrar su valía. Entonces pueden vivir más de acuerdo con sus propios ritmos y preferencias naturales. Pueden hacer lo que los hace felices en lugar de hacer lo que los convierte en unas personas correctas. Pueden incorporar más humor y ligereza en todo lo que hacen. Cuando alcanzan este estado superior, es un placer estar cerca de ellos.

Si te identificas con este tipo, te relajas en una sensación de calma y paz cuando comienzas a manifestar en mayor medida tu estado más elevado; sabes intuitivamente que has hecho el trabajo interno necesario para trascender la convicción de tu ego de que todo requiere ser perfeccionado. A medida que esta sensación de paz aumenta, eres cada vez más capaz de elevarte por encima de tu mentalidad juzgadora. Aquí tienes algunas cosas que puedes hacer en esta parte de tu viaje que no podrías haber hecho antes:

- Aprendes a sentirte profundamente relajado, tanto en el aspecto físico como en el emocional. Al estar relajado, puedes dejar que algunos de los impulsos instintivos que has estado reprimiendo entren en tu vida y canalizarlos sabiamente. Puedes apreciar la sabiduría inherente a tu cuerpo y tus instintos y beneficiarte de ella.
- Aceptas y sientes una sensación de paz contigo mismo y con los demás. Comprendes que todos somos inherentemente buenos, «correctos» o perfectos.
- Fomentas en ti la creatividad, la autoexpresión, la espontaneidad y la ligereza. Incorporas el humor en todo lo que haces.
- Te vuelves más receptivo y no estás tan activo. Te permites experimentar más paz y serenidad y aplicar menos esfuerzo y autocontrol.
- Abandonas tu necesidad de sentirte responsable de implementar mejoras en el mundo; tienes la certeza de que

fuerzas más grandes están trabajando para garantizar los mejores resultados sin que sea necesario el concurso de tus esfuerzos.

- Comprendes que los problemas, los errores y las dificultades pueden ser los maestros adecuados que todos necesitamos para crecer.

«No podemos cambiar nada a menos
que lo aceptemos». C. G. Jung

La virtud del tipo 1

La serenidad es la virtud que proporciona un antídoto a la pasión de la ira para el tipo 1. En la serenidad, este tipo experimenta calma y ausencia de tensión. Cuando las personas de tipo 1 ven cómo su ira las pone en conflicto con el ritmo natural de la vida y su propio conocimiento profundo, conscientemente pasan de resistirse a la realidad a aceptar las cosas como son. Esto significa que deponen felizmente su alerta y su juicio constantes. Esto, a su vez, les permite entregarse a la paz inherente al hecho de fluir con la vida sin juzgar, rechazar o desvalorizar lo que acontece en el momento.

Si te identificas con este tipo, la serenidad te ayuda a mitigar la experiencia de la ira en tu vida, lo cual te permite abandonar el hábito de medir todo según un ideal de perfección. Cuando sueltas tu tendencia a juzgar, generas espacio para el profundo sentimiento de tranquilidad que acompaña al hecho de estar en armonía con la verdad, tanto en el ámbito interno como en el externo. Al gozar de serenidad, operas desde un punto de vista que quizá no hayas considerado antes: la perspectiva del corazón en lugar de una perspectiva basada en el juicio y el condicionamiento cultural.

En el estado de serenidad experimentas lo siguiente:

- Apertura, receptividad y aceptación.
- La paz interior y la ligereza que tienen lugar cuando cesa el discurso del crítico interior.
- La aceptación de la realidad tal como es.
- Una sensación de relajación física y emocional, en la que caben menos preocupaciones que antes.
- Un ambiente interior tranquilo, libre de oposiciones reactivas.
- Calma interior, espontaneidad y contento.
- Una actitud interior basada en el claro reconocimiento de que oponerse a cualquier cosa bloquea el fluir de la fuerza vital.
- Aceptación emocional plena e incondicional de ti mismo y de los demás, imbuida de gratitud.
- Ausencia de cualquier tipo de agitación, tensión o malestar.

. . . .

«Trata de controlar tu enojo, ya que la gente no
puede controlar su estupidez». Nishan Panwar

. . . .

Despertar del estado zombi

Para el tipo 1, la clave para acoger su verdadero yo radica en ir asumiendo que nunca se acercará a la perfección desde el falso yo. Pero cuando este tipo trasciende su ego, los conceptos de *bueno y malo* y *correcto e incorrecto* dejan de tener sentido. Cuando estos individuos alcanzan el estado superior de conciencia que se encuentra en la serenidad, su verdadero yo se eleva por encima de su falso yo y aprenden a asumir que todos los seres son virtuosos en esencia.

Cuando las personas de tipo 1 llegan a ver que su enfoque en hacer las cosas bien y trabajar incansablemente para cumplir con unos criterios elevados nunca desemboca en un sentimiento duradero de satisfacción sino que solo les genera más y más estrés, trascienden su fijación en un ideal elusivo e ilusorio. Finalmente experimentan un alivio asociado al hecho de soltar su necesidad de perfección y su compulsión a juzgar. Es entonces cuando encuentran ese sentimiento de liberación que les permite ser ligeras, jocosas, divertidas y espontáneas.

El camino del tipo 1 puede ser complicado debido a lo difícil que le resulta soltar la necesidad de hacer lo correcto y ser alguien impecable. Este imperativo moral hace que este tipo sienta que no tiene más remedio que alcanzar la perfección, especialmente si equipara ser impecable con ser digno de amor. Pero cuando estos individuos se desprenden de sus hábitos limitantes y aceptan la realidad de que son valiosos, ya no tienen que seguir apegados a la superación personal.

Como tipo 1, cuando empiezas a encarnar en mayor medida tu verdadero yo, te dejas llevar por el fluir de tus propios impulsos, instintos y emociones naturales. Te liberas de la vigilancia constante de tu crítico interior y aceptas la totalidad de lo que eres. Comienzas a canalizar la energía de la ira para lograr un cambio positivo en el mundo. Reconoces la pureza de tus buenas intenciones y aceptas que eres inherentemente valioso. A medida que te elevas por encima de tus tendencias zombis inconscientes de obsesionarte con la mejora y reprimir tus verdaderos sentimientos y deseos, liberas tus energías y comprendes que eres esencialmente uno con la naturaleza. Entonces, el espacio que antes estaba totalmente ocupado por los requisitos de tu crítico interior se ve impregnado de una sensación duradera de paz, libertad y alegría.

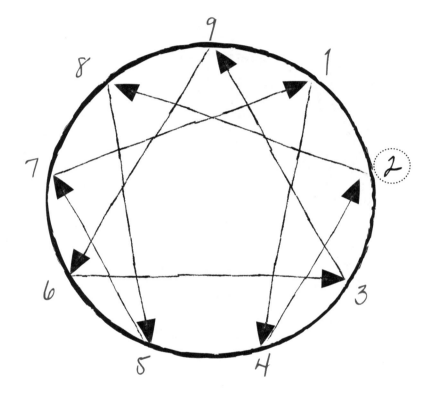

Tipo 2

El camino del orgullo a la humildad

Nunca creas que unas pocas personas entregadas no pueden cambiar el mundo. Porque, de hecho, son todo lo que tenemos.

Margaret Mead

Érase una vez una persona llamada Dos. De pequeña era una niña feliz, llena de amor y profundamente satisfecha con la vida. Amaba a la gente y le encantaba amar a la gente. Sentía un profundo sentimiento de amor hacia sí misma y hacia todos los seres del mundo. Desde que nació, tuvo una hermosa sensibilidad emocional y una necesidad especialmente fuerte de sentirse amada y apoyada.

Pero cuando Dos creció, quizá debido a este rasgo experimentó malos sentimientos cuando algunas de sus necesidades no eran satisfechas por las personas que la rodeaban. A veces, cuando tenía hambre nadie venía a darle de comer. En ocasiones, cuando se hacía daño nadie se daba cuenta de que necesitaba que la mimasen. Y cuando necesitaba amor desde lo profundo, a menudo sentía que no lo recibía.

Dos intentó encontrar el amor que le hacía falta expresando amor por aquellos que la rodeaban. Trató de lograr que la cuidaran cuidando de los demás. Pensaba que si era muy complaciente, servicial y solícita con otras personas, estas serían muy complacientes, serviciales y solícitas con ella. Tal vez se acordarían de atenderla.

Para conseguir el amor que tanto necesitaba, Dos se encontró haciendo todo lo posible por complacer a la gente de su entorno. El afecto de los demás la hacía sentir a salvo y la ayudaba a no sentirse abandonada. Buscando ser amada o, al menos, gustar a los demás, puso una gran cantidad de energía en todas sus relaciones. Creó conexiones muy positivas con los demás. Los escuchaba. Se interesaba por ellos. Decía cosas divertidas para entretenerlos. Siempre presentaba el mejor aspecto posible, para impresionarlos. Los hacía sentir felices dándoles cosas que les gustaban o que necesitaban, a veces incluso antes de que advirtieran esta necesidad. A Dos se le daba muy bien complacer a la gente e incluso le gustaba hacerlo la mayor parte de las veces, aunque en ocasiones este comportamiento la cansaba mucho.

Con el tiempo, el deseo de Dos de ganarse el amor de los demás hizo que se le diese extremadamente bien sintonizar con lo que estaban sintiendo. Esto la ayudó a hacer que se sintieran bien; su idea era que así la valorarían y cuidarían de ella. Se volvió muy generosa, porque vio que cuando daba cosas a la gente, gustaba más a los demás. Pero no le agradaba pedir nada para sí misma, porque los demás podían decir «no», y cuando eso sucedía, se sentía rechazada. Y sentirse rechazada era lo opuesto a sentirse amada. Finalmente, después de años de intentar evitar el dolor de no ser amada, Dos borró casi por completo el recuerdo del amor.

Como a Dos se le daba tan bien hacer cosas que agradaban a los demás, gustaba de veras a mucha gente, y esto la hacía sentir importante. Pero al centrarse en las necesidades de todos los demás, se olvidó de sus propias necesidades y, a veces, de sus sentimientos. Finalmente, perdió toda conciencia de sus necesidades y sentimientos. Todo lo que hacía era buscar la aprobación del resto. Impulsada por su necesidad inconsciente de ser apreciada, incluso comenzó a controlar y manipular a los demás, porque a veces tenía que *hacerles* ver lo importante que era ella. Se volvió muy diestra imponiendo su voluntad a otros de formas que estos no advertían, porque había logrado disfrazarse, de modo muy convincente, de persona amable, generosa y desinteresada.

Las estrategias de supervivencia de Dos llegaron a dominar su vida. Se olvidó por completo de la necesidad original de amor que la había llevado a complacer a los demás. A veces sentía una vaga sensación de satisfacción cuando la aprobaban, pero desaparecía rápidamente, y se quedaba con un anhelo de aprobación incluso mayor. Trataba de satisfacer las necesidades de todos, incluso cuando estaba completamente agotada. Cambiaba su forma de mostrarse cada vez que quería la aprobación de alguien y no podía decirle «no» a nadie. Su necesidad de ser apreciada e importante se volvió insaciable, y en el intento de ser lo que tuviese que ser para gustarle a la gente, perdió todo recuerdo de su verdadero yo.

Cuando, ocasionalmente, alguien le ofrecía a Dos verdadero amor, ella ni siquiera se daba cuenta de que tal cosa estaba sucediendo. Habiendo aprendido a conformarse con pequeñas muestras de atención, aprecio y aprobación, se había vuelto insensible a sus propias necesidades importantes y a sus sentimientos profundos, y había desconectado de sí misma y de su capacidad de recibir lo que más deseaba. Esto la volvió totalmente incapaz de asimilar nada bueno que le diesen los demás, incluido el amor que había deseado en primer lugar.

Dos se había convertido en un zombi, un zombi muy amable, generoso y servicial, pero un zombi de todos modos.

Lista de verificación del tipo 2

Si tienes la mayoría de los rasgos de personalidad siguientes, o todos ellos, tal vez seas una personalidad de tipo 2:

☑ Centras gran parte de tu atención en las relaciones y en cómo reaccionan ante ti los demás.

☑ Te preocupa gustar a los demás o que te aprueben.

☑ Sintonizas con las personas que te rodean para percibir cómo se sienten y lo que les gusta, y luego cambias tu forma de mostrarte para alinearte con ellas y crear una relación positiva.

☑ Habitualmente anticipas lo que otros pueden necesitar, especialmente las personas que son importantes para ti.

☑ Te cuesta saber qué es lo que necesitas y pedir ayuda.

☑ Quieres agradar a los demás y ser importante para quienes son fundamentales en tu vida.

☑ Estableces conexiones positivas con los demás, pero eres muy selectivo al elegir a aquellos que quieres tener cerca. Aunque quieres gustar a todo el mundo, algunas personas son más importantes para ti que otras.

☑ Crees que puedes gustar a los demás a través de tu encanto, tu generosidad o tu apoyo.

☑ Eres especialista en ser una persona amigable, optimista y positiva, y te enorgulleces de ser alguien con quien los demás pueden contar.

Si, después de usar la lista de verificación, descubres que tu tipo es el 2, tu viaje de crecimiento transcurrirá en tres etapas.

Primero, te embarcarás en un proceso de autoconocimiento en el que aprenderás a identificar los patrones de personalidad por los que te conviertes en quien necesitas ser para agradar a la gente.

A continuación, debes enfrentarte a tu sombra volviéndote más consciente de cómo pierdes el contacto contigo mismo cuando te acomodas a tantas personas diferentes. Esto te animará a reconocer unos patrones egoicos que no son tan positivos y «agradables» y a responsabilizarte de ellos.

La etapa final de tu viaje implica soltar tu falso yo y acoger en mayor medida tu verdadero yo; así vivirás de una manera más auténtica y aprenderás a recibir el amor que buscas.

• •

«Uno no se ilumina imaginando figuras de luz, sino haciendo consciente la oscuridad». Carl Jung

• •

Empieza el viaje

Para las personas de tipo 2, la primera etapa del despertar requiere observar de forma activa y consciente cómo sintonizan con los sentimientos de los demás más que con los propios. Cuando observan intencionadamente sus patrones habituales en acción (por ejemplo, cómo complacen a los demás para obtener algo de ellos mientras tratan de parecer desinteresadas y altruistas), inician su propio despertar.

Como tipo 2, tu viaje comienza con el desarrollo de la capacidad de reconocer cuánta atención prestas a los demás y la poca atención que dedicas a tus propias prioridades, sin juzgarte a ti mismo. Esto te ayudará a ser consciente de todas las formas en que te haces dependiente de la aprobación de los demás para definir tu identidad.

Patrones clave del tipo 2

Cuando las personas de tipo 2 no advierten la profunda necesidad que tienen de amor y aprobación, piensan que apoyan a los demás con una intención sincera de servirlos. Pero si bien esto puede ser cierto algunas veces, la verdad es que su necesidad de sentirse importantes suele estar tras los esfuerzos que hacen por ejercer el control con el fin de obtener lo que quieren sin pedirlo directamente. Puede resultarles difícil admitir esto y pueden resistirse a aceptarlo, pero el caso es que la estrategia de supervivencia del tipo 2 a menudo lo impulsa a tratar de controlar o manipular a los demás, incluso si no lo ve de esta manera. Ser el «salvador» a menudo otorga una posición segura desde la cual relacionarse, ya que ofrece una manera de sentirse importante y al mismo tiempo evitar los sentimientos de vulnerabilidad. Sin embargo, para efectuar progresos en su viaje, el tipo 2 debe aprender a reconocer esto.

Si te identificas como tipo 2, debes observar estos cinco patrones habituales y hacerte más consciente de ellos para avanzar en tu viaje de crecimiento:

Necesidad de agradar

La mayor parte del tiempo, tiendes a estar motivado por la aprobación y tienes un miedo subyacente a ser rechazado o excluido. Para ti es muy importante agradar a los demás, y tienes la sensación de que puedes provocar en ellos este sentimiento. Observa si te preocupa el impacto que tienes en las personas, al ser muy importante para ti causar una impresión positiva. Obsérvate para ser más consciente de tu tendencia a mostrarte de maneras diferentes con el fin de adaptarte a los demás; es decir, te presentas ante cada persona o grupo de una forma que crees que les gustará, ocultando partes de ti que crees que no serían de su agrado (tus opiniones, tus preferencias y tus sentimientos).

Reducir al mínimo tus necesidades mientras buscas complacer a los demás

Tal vez temas que si expresas abiertamente tus necesidades, los demás te verán como demasiado «necesitado». Observa si te sientes vulnerable cuando alguien se niega a satisfacer tus necesidades, porque lo sientes como un rechazo y te recuerda el dolor de no tener lo que anhelabas. Comprueba si a menudo no tienes ni idea de lo que necesitas y si, en caso de saberlo, te cuesta mucho pedirlo.

Lo más probable es que te resulte difícil o imposible pedir ayuda. Tiendes a conformarte con menos de lo que realmente necesitas y deseas, y das prioridad a complacer a los demás sobre satisfacer tus propias necesidades. Sin darte cuenta del todo, tal vez creas que ser apreciado por lo que haces por los demás es la única forma en que puedes obtener satisfacción en la vida, a la vez que no eres consciente de tus verdaderas necesidades y deseos.

Centrarte en las relaciones

Advierte cuánta atención prestas a las relaciones. Obsérvate para ver si, inconscientemente, intentas satisfacer tus necesidades de forma indirecta a través de tus conexiones con los demás. Mira en tu interior para comprobar si evitas pedir lo que necesitas directamente, a menudo por temor a ser una carga para los demás y ahuyentarlos. Sin darte cuenta, puedes tender a ver las interacciones como un intercambio recíproco: «Si te doy algo, deberías darme algo a cambio». Esta «mentalidad de intercambio» da como resultado un patrón de entrega excesiva con la esperanza de recibir algo a cambio sin tener que pedirlo. Este patrón puede llevarte a sentirte exhausto y resentido.

Querer sentirte importante

Observa si tiendes a sentir el impulso de impresionar o complacer a las personas más importantes de tu vida. Acaso adviertas que inviertes mucha energía en ganarte el afecto de aquellos a quienes valoras, y esta necesidad de ser importante puede hacer que a menudo sientas que no lo eres lo suficiente. En tu empeño por complacer a los demás y crear conexiones positivas, obsérvate para ver si enfocas tu atención en la posibilidad de que no estés haciendo lo suficiente para ganarte la aprobación de los demás o para ser lo bastante importante. Advierte cómo te basas en esa aprobación para confirmar tu propio sentimiento de valía, lo que puede evitar que te sientas bien contigo mismo si la gente te desaprueba de alguna manera. Esto puede llevarte a esforzarte aún más para sentirte importante.

Sentirte orgulloso de ser necesario para los demás

Observa si sientes la necesidad de desempeñar un papel central en la vida de otra gente. Es posible que no reconozcas todo lo que haces para afirmar tu importancia a ojos de las personas más cercanas a ti. ¿Sientes una emoción especial cuando alguien te dice que no lo podría haber hecho sin ti? Es probable que tiendas a ignorar o negar todas las estrategias que empleas para ofrecer ayuda y apoyo a los demás como una forma de recordarles que te necesitan. Y aunque tal vez te sea difícil admitirlo, es posible que tiendas a tener un comportamiento controlador o manipulador cuando los demás no te valoran lo suficiente (o no valoran lo suficiente tus consejos) o no te atienden de forma prioritaria después de haber satisfecho sus necesidades.

• •

«A veces, pedir ayuda es el ejemplo más significativo de autosuficiencia». Cory Booker

• •

La pasión del tipo 2

El orgullo es la pasión que impulsa al tipo 2. En este contexto, el orgullo es una especie de inflación del ego, una necesidad de ser importante o valorado. Para este tipo, el orgullo adquiere el carácter de una especie de falsa arrogancia. Es la clase de orgullo que causó la mítica «caída» de Satanás en la historia arquetípica cristiana. Este orgullo hace que estas personas «jueguen a ser Dios»: controlan lo que sucede porque creen que saben qué es lo mejor o qué es lo que debería ocurrir. Mantienen la ilusión de que pueden dirigir lo que sucede y la forma en que se sienten las personas, y de que no están sujetas a fuerzas que escapan a su control.

En la vida cotidiana, el orgullo lleva a estos individuos a creer que deben ser sobrehumanos para ser aceptados por los demás. El orgullo los impulsa a satisfacer las necesidades de todos en todo momento y a volverse indispensables. Pero también les impide ser conscientes de lo que necesitan de los demás y los convence de que pueden ser todo para todas las personas sin necesidad de contar con apoyo. Al ver las necesidades de los demás, pero no las suyas, inconscientemente se sitúan por encima de los demás.

Este orgullo, que generalmente opera fuera de la conciencia, alimenta una especie de grandiosidad que subyace a la necesidad que tienen las personas de tipo 2 de ser importantes. Las lleva a ofrecer apoyo como una forma de ejercer influencia o control. Por otra parte, a menudo sienten que no pueden ser lo bastante buenas o protagonistas. Para poder avanzar en su camino y crecer, deben tomar conciencia de estas dos manifestaciones del orgullo: el impulso de elevar su propia importancia y el dolor por no ser lo suficientemente importantes.

Si te identificas con el tipo 2, debes aprender a reconocer en ti estas manifestaciones típicas de orgullo para avanzar hacia el despertar:

- Niegas tus propias necesidades y temes que los demás puedan percibirte como alguien excesivamente necesitado.
- No pides ayuda.
- Crees que puedes satisfacer las necesidades de todos los demás a la vez que no admites las tuyas propias. Satisfaces las necesidades de los demás todo el tiempo y te sientes resentido cuando ellos no tienen el comportamiento recíproco de satisfacer las tuyas.
- Supones que puedes agradar a todos.
- Tratas de ser indispensable trabajando duro y siendo una persona competente, generosa y abnegada.

- Das para recibir; es decir, das estratégicamente a los demás para ganarte su aprobación o apoyo, a la vez que niegas querer obtener algo a cambio.

- Te ponderas en tu propia mente; piensas que sabes más o que debes ser valorado como alguien importante; te sientes ofendido cuando no eres prioritario para los demás o no eres lo bastante protagonista.

- Te sientes muy disgustado, decepcionado o insultado cuando te critican, cuando no gustas o cuando no te valoran.

- Te posicionas como el cuidador, el salvador, el que presta apoyo sin límites o el que tiene el poder en la sombra.

«El orgullo erige un pequeño reino propio y
actúa como su soberano». William Hazlitt

Expande tu crecimiento con las alas del tipo 2

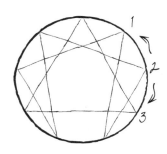

Los dos tipos de personalidad adyacentes al tipo 2 en el círculo del eneagrama son el 1 y el 3. El tipo 2 puede moderar su enfoque excesivo en conseguir el amor y la atención de los demás apoyándose en el equilibrio y la autodisciplina del tipo 1 y, después, integrando la capacidad del tipo 3 de establecer metas y trabajar para alcanzarlas. Esto ayuda a las personas de tipo 2 a ir más allá de la atención excesiva que ponen en las relaciones y les permite reconocer sus propias necesidades y prioridades.

- Primero, adopta la capacidad del tipo 1 de prestar más atención a los procesos, las tareas y los resultados relacionados con la mejora de algún aspecto de tu vida o tu autocuidado. Equilibra tu enfoque en las personas y las relaciones con una mayor atención a la autodisciplina, la estructura y las rutinas de apoyo. Cuando las emociones te embarguen, practica el desarrollo del discernimiento; evalúa usando la lógica qué es «correcto» o «apropiado» en lo que está sucediendo. Cuando te «pierdas» por concentrarte en los demás, prueba un enfoque paso a paso para conectar con tus propios planes y trabajar en ellos. Enraízate más en tu cuerpo siguiendo una rutina de ejercicio regular o practicando la respiración abdominal la próxima vez que te sientas abrumado por las emociones.

- A continuación, integra las cualidades saludables del tipo 3 enfocándote más en la acción que en las emociones, desapegándote de los estados de ánimo y siendo más productivo, y estableciendo metas personales y trazando un rumbo para alcanzarlas. Cuando los problemas con las relaciones te hagan bajar el ritmo, concéntrate en revisar tu lista de tareas pendientes o, sencillamente, en hacer lo siguiente que tengas que hacer. Cuando te sientas abatido o agotado, sumérgete en el trabajo o en actividades que disfrutes o que satisfagan una necesidad o un deseo específicos. Equilibra la atención que dedicas a los demás con una mayor atención a proyectos y aspiraciones que te beneficien y satisfagan sus necesidades personales o profesionales.

· ·

«Debemos dejar ir la vida que hemos planeado, para aceptar la que nos espera». Joseph Campbell

· ·

HACER FRENTE A LA SOMBRA

La segunda parte del viaje de crecimiento del tipo 2 consiste en reconocer, aceptar y acoger el propio yo, el yo auténtico (las verdaderas necesidades y emociones especialmente) en lugar de estar subyugado al anhelo de corresponderse con la imagen que los demás se han formado de él o ella, según lo que necesitan o esperan de él o ella. Esta indagación ayuda a las personas de tipo 2 a ver las partes de sí mismas que han estado reprimiendo o negando y les permite ser más conscientes de que complacer a los demás y cuidar de ellos puede ser, a veces, algo negativo.

Cuando este tipo no se conoce a sí mismo puede ser invasivo, necesitado y manipulador, aunque piense que está siendo desinteresado, independiente y servicial. Cuando los individuos de tipo 2 no se enfrentan a su estrategia innata de dar para recibir, pueden volverse pegajosos, hipersensibles y demasiado apegados a determinadas relaciones o al pago de lo que perciben como deudas. Cuando los demás no cumplen con las expectativas que tienen pero no expresan, pueden quedar resentidos sin manifestarlo, o enojarse pensando que están cargados de razón. Tomar conciencia de que albergan estas motivaciones y esta reactividad emocional en un nivel profundo, debajo del talante agradable que muestran exteriormente, puede ser doloroso e incluso humillante para ellos.

El trabajo con la sombra del tipo 2

Si te identificas como alguien de tipo 2, aquí tienes algunas acciones que puedes realizar para hacerte más consciente de los patrones inconscientes, los puntos ciegos y los puntos débiles claves de este tipo, y para empezar a contrarrestarlos:

- Identifica y expresa tus necesidades más profundas y pide ayuda a otras personas. Es posible que esto te parezca muy difícil al principio; tal vez no tengas ni idea de lo que necesitas realmente, y mucho menos de cómo pedirlo. Acaso te parezca humillante. Si es así, contempla esto como algo bueno y no dejes que la sensación de sentirte vulnerable te detenga.

- Conecta con tus emociones, procésalas, acéptalas y gestiónalas. Como tipo 2, puedes ser alguien muy emocional, pero también tiendes a reprimir tus emociones cuando temes que te impedirían conectar con los demás.

- Enfócate menos en las relaciones y en agradar. Reconoce activamente que no gustarás a todo el mundo. Si bien esto puede parecer duro al principio, piensa en lo libre que te sentirás cuando ya no debas ofrecer una imagen que guste a los demás.

- Suelta las relaciones que no te sirven. Es posible que toleres a algunas personas más de lo debido al haber adquirido el hábito de ser el que presta apoyo y al enorgullecerte de que cuenten contigo, aunque no obtengas mucho a cambio.

- Pon límites entre tú y los demás; expresa tus deseos y aprende a decir «no». Te beneficiará enormemente aprender a respetar tus límites y, después, ayudar a los demás a aprender a respetarlos también. Cuando no tengas tiempo para los demás o cuando te pidan demasiado, díselo.

- Aprende lo que significa *ser uno mismo*. Sé auténtico y no cambies tu forma de mostrarte para complacer a los demás. Pasa tiempo a solas. Pregúntate lo que necesitas, lo que quieres y lo que te gusta, y proporciónatelo.

- Siente la libertad asociada al hecho de ser menos importante y hacer menos por los demás. A medida que te vuelvas más consciente de cómo te arrastra la necesidad de ser importante, ve soltándola. Sé importante para ti por el solo hecho de que eres tú. Aprecia activamente el sabor de esta libertad.

- Sé consciente de tus debilidades y limitaciones humanas. Cuando estés cargando con más peso del que te corresponde en las relaciones, date cuenta de que esto es así y deja de hacer tanto. Reconoce lo que está pasando y suelta la necesidad de trabajar tan duro para ganarte el amor del otro.
- Toma conciencia del dolor reprimido que acumulas por tus experiencias del pasado y permítete sentirte triste y afligido. Permítete sentir el dolor, la tristeza, la ira y cualquier otra emoción que probablemente hayas estado evitando. Deja que fluyan las lágrimas. Necesitas hacer esto y es bueno para ti. Asegúrate de pedir ayuda para hacerlo.

Tu yo zombi no quiere saber nada de estos desafíos, sobre todo porque has invertido muchísimo en crear la imagen de que eres indispensable y en convencerte de que esta imagen es la correcta.

• •

«No hay conciencia sin dolor». C. G. Jung

• •

Los puntos ciegos del tipo 2

Es posible que las personas de tipo 2 no quieran reconocer sus puntos ciegos porque tienden a ser felices y no desean sentirse tristes. Tal vez se sientan inseguras en el fondo, pero sus estrategias de supervivencia las ayudan a evitar las emociones más profundas que hay detrás de su enfoque positivo y su actitud de poder con todo. Se resisten a mirar hacia dentro y se centran en ganarse el respaldo del mundo exterior. Al sentirse orgullosos de ser generosos y solícitos, estos individuos ignoran lo que subyace a su deseo de mostrarse benevolentes, y esto obstaculiza su crecimiento.

La buena noticia es que si te identificas como tipo 2 y estás dispuesto a examinar tus puntos ciegos y a sentir cualquier dolor que surja, acabarás por experimentar la libertad. Si puedes soportar un grado de humillación cuando quedan al descubierto las tácticas que empleas de forma inconsciente en tus relaciones, te sentirás aliviado por no tener que hacer y ser tanto para los demás todo el tiempo. Estas son algunas tendencias inconscientes que muestras de forma habitual y que deberás afrontar para lograrlo:

Negar tus necesidades

¿Te quedas en blanco cuando alguien te pregunta qué necesitas? Incluso si logras saber lo que necesitas, ¿te cuesta pedirlo? Prueba a aplicar estas técnicas para integrar este punto ciego:

- Di esta frase varias veces al día: «¿Qué necesito ahora?».
- Habla con un psicoterapeuta o un amigo cercano en quien confíes sobre todas las formas en que no viste satisfechas tus necesidades a lo largo de tu vida. ¿Qué te impide experimentar tus necesidades? ¿Qué temes que suceda si las sientes o las expresas? ¿Qué tiene de malo que los demás vean que tienes necesidades? ¿Cómo te sientes realmente acerca de las personas que las tienen?
- Detecta el orgullo que sientes cuando te pones por encima de otros que tienen necesidades cuando tú no las tienes. Avanza hacia la humildad admitiendo que tienes muchas necesidades y nombrándolas.
- Sé más consciente del miedo al rechazo que se esconde detrás de tu negativa a reconocer tus necesidades y a pedir ayuda.
- Pídeles lo que necesitas a los demás, de forma clara y directa. Observa y tolera los sentimientos que surgen en ti tanto cuando satisfacen tus necesidades como cuando no lo hacen.

Dar para conseguir

¿Eres consciente de las estrategias ocultas que despliegas cuando ayudas a los demás? ¿Niegas exactamente lo que quieres obtener cuando ofreces apoyo? ¿Constituye la «ayuda estratégica» que ofreces a los demás un intento de satisfacer tu necesidad de obtener un amor que no has obtenido? Aquí tienes algunas medidas que puedes adoptar para integrar este punto ciego:

- Reconoce tus motivaciones subyacentes cada vez que ofrezcas ayuda o apoyo a alguien. ¿Qué quieres a cambio?
- Toma conciencia del resentimiento que experimentas cuando no obtienes lo que quieres después de haberle hecho un favor a alguien, aunque no te hubieses dado cuenta de que querías eso.
- Sé consciente de cualquier deseo de manipular personas o situaciones. ¿Qué ves que haces que podría ser tildado de *manipulación*? ¿Cómo intentas conseguir lo que quieres de forma indirecta? ¿Qué te impide comunicar lo que necesitas de manera más directa?
- Admite que es posible que tu ayuda no sea tan necesaria como podría parecer y que a veces utilizas la amabilidad como un medio para obtener algo para ti.
- Sé consciente de tu miedo a que el otro pueda decir que no si le pides ayuda. ¿Qué sentimientos estás evitando al no pedir lo que necesitas?
- Date cuenta de que alabar, complacer, halagar o apoyar a los demás son comportamientos con los que intentas caer bien a esas personas o ganarte su amor. Hazte más consciente de tu necesidad insatisfecha de amor y atención.

Temer y evitar la intimidad

¿Sientes miedo cuando alguien se acerca a ti y está dispuesto a amarte? ¿Te cuesta aceptar los comentarios positivos que te dedican los demás? ¿Tienes dificultades para asumir lo bueno que te llega y hacer uso de ello? ¿Te cuesta permitir que las personas se acerquen a ti? Paradójicamente, el tipo 2 tiene dificultades para dejar entrar el amor que busca. Aquí hay algunas cosas que puedes hacer para integrar este punto ciego:

- Reconoce lo difícil que te resulta recibir el amor que deseas y que tanto te esfuerzas por conseguir. Date cuenta de que incluso cuando tienes éxito al hechizar a los demás te cuesta aceptar su afecto.
- Reconoce lo difícil que es para ti recibir un cumplido. Trata de comprender qué se interpone en tu anhelo de recibir la aprobación que buscas. Trabaja la actitud de recibir bien los comentarios positivos.
- Observa que tienes la tendencia de necesitar siempre más aprecio, por más que obtengas.
- Explora por qué te enfocas en obtener amor de personas que no están dispuestas a dártelo. Date cuenta de cómo te estimulan las relaciones difíciles y de que buscas personas que no pueden satisfacer tus necesidades para evitar la intimidad.
- Establece contacto con tu miedo a la conexión real investigando qué sucede cuando alguien que podría amarte se acerca a ti. Esfuérzate por comprender los orígenes y la forma de este miedo. Habla de tu miedo o incomodidad con alguien a quien quieras tener más cerca con el fin de fomentar una mayor intimidad.
- Haz lo siguiente como práctica: dedícate afirmaciones positivas frente a un espejo y deja que se alojen en tu interior.

«Estar vivo es ser vulnerable». Madeleine L'Engle

El dolor del tipo 2

Este tipo tiende a estar feliz y alegre. Estas personas se centran en las emociones positivas como parte de su compulsión por hacer que los demás se sientan bien. También tienden a reprimir o evitar inconscientemente sentimientos dolorosos como la ira, la tristeza o el dolor. Suelen albergar la preocupación subconsciente de que si expresan emociones «negativas» no gustarán a los demás. Se dan cuenta de que a estos les gustan las personas felices y se quejan de quienes están de mal humor o son demasiado emocionales. En consecuencia, adoptan el estado de ánimo emocional que creen que atraerá a los demás y evitan estar en contacto con sus verdaderas emociones, en un intento por mantener la armonía en sus relaciones.

Para despertar, las personas de tipo 2 deben hacerse más conscientes de sus verdaderas emociones, sentirlas plenamente, aceptarlas y dejar de avergonzarse de ellas. Son individuos emocionales por naturaleza, y sus sentimientos les aportan información importante. Pero rechazan activamente los sentimientos que les incomoda mostrar o que temen que incomodarían a los demás. Para crecer, es necesario que acojan todos sus sentimientos, incluido su dolor. Al igual que todos nosotros, solo pueden despertar del estado zombi sintiendo el dolor que albergan.

Si te identificas con el tipo 2, tal vez te resulte difícil afrontar el hecho de que no gustas a todo el mundo tanto como querrías, o de que quizá no todo el mundo tiene ganas de recibir tu «ayuda». Se presentan a continuación algunas técnicas que pueden ayudarte a aprender a tolerar estos sentimientos dolorosos y a permitirte integrar tu verdadero yo de forma más completa:

- Ponte en contacto con cualquier miedo que puedas albergar en cuanto a que las tendencias y tácticas de tu personalidad queden al descubierto. Enfréntate a la ilusión de que puedes controlar las impresiones que causas en los demás y deja que tus relaciones se desarrollen con naturalidad. Puede resultarte humillante darte cuenta de que tus estrategias no son más que intentos desesperados de hacer que los demás te quieran. Aprende a ser honesto acerca de tus errores, tu falta de autenticidad, tu orgullo y otros defectos. Sé consciente de que tu necesidad de obtener aprobación a veces te lleva a ser manipulador, controlador, agresivo, invasivo o intrusivo.

- Reconoce el agotamiento que experimentas cuando por fin te permites admitir lo mucho que haces por los demás.
- Aprende a reconocer el enfado que sientes cuando no eres «visto», apreciado, comprendido o amado. Percibe el resentimiento que albergas cuando no recibes lo que crees que mereces, o cuando te das cuenta de que te has abandonado a ti mismo para enfocarte en los demás. Ten el valor de discernir cuándo se trata de un enfado o un resentimiento legítimos y cuándo provienen del orgullo.
- Siente y acepta el dolor que experimentas cuando no gustas a alguien o cuando alguien no te quiere en la medida en que deseas o necesitas que lo haga. Aprende a lidiar con el dolor que proviene del hecho de sentirte incomprendido, rechazado, no escuchado o excluido.
- Encuentra formas de lidiar con la confusión que experimentas fruto de no tener un sentido claro de ti mismo (es decir, fruto de no saber quién eres) después de haber pasado tanto tiempo tratando de ser lo que los demás querían que fueras. Tal vez te sientas perdido por haber cambiado tanto la imagen que ofreces con el fin de complacer a los demás.
- Ábrete a experimentar la tristeza que albergas por no ser amado por lo que realmente eres y la aflicción que mora en ti por haberte «perdido» en tus esfuerzos por suscitar

afecto. Acepta la tristeza que sientes por haberte abandonado a ti mismo al embarcarte en la búsqueda del amor, así como la tristeza que sientes por tu necesidad de aprobación, cuando lo que realmente quieres y necesitas es amor.

- -

«El amor busca una sola cosa: el bien del ser amado.
El amor deja que todos los demás efectos secundarios
se ocupen de sí mismos. El amor, por tanto, es
su propia recompensa». Thomas Merton

- -

Los subtipos del tipo 2

Identificar el subtipo al que perteneces dentro del tipo 2 puede ayudarte a enfocar tus esfuerzos destinados a afrontar tus puntos ciegos, tus tendencias inconscientes y tu dolor oculto. Los patrones y tendencias específicos de los subtipos varían según cuál de los tres instintos de supervivencia prevalezca en la experiencia de la persona.

Subtipo 2 del instinto de conservación

Este subtipo es más infantil, temeroso y tímido que los otros dos. Estos individuos parecen encantadores, juveniles y juguetones, pero también son más sensibles a las heridas. Son más indecisos a la hora de conectar con los demás y se centran en crear buenas relaciones, pero también pueden retraerse cuando se sienten heridos o cuando son reacios a comprometerse. Son los que tienen más ansias de libertad. Exhiben una mezcla de gran competencia y episodios periódicos de impotencia. Pueden estar motivados y ser muy trabajadores, pero ocasionalmente se muestran perezosos, abrumados, autoindulgentes, ansiosos o necesitados.

Subtipo 2 social

Este subtipo muestra un mayor liderazgo que los otros dos. Estos individuos se centran más en el poder y la influencia, por lo que tienen la necesidad de «seducir» a grupos. Proyectan competencia y confianza, y se les da bien tocar ante multitudes. En general, les encanta hablar en público. Es el subtipo al que se le da mejor el comportamiento de dar estratégicamente para obtener algo a cambio. Estas personas usan la cortesía con mayor astucia, pero les resulta difícil ser vulnerables. Tienden más a negar sus propias necesidades y dudan en pedir ayuda directamente. Este es el más controlador de los tres subtipos y el que muestra una mayor tendencia a manipular para obtener lo que quiere.

Subtipo 2 sexual

Este subtipo centra la mayor parte de la atención en las relaciones individuales. Se presenta como el compañero perfecto y trabaja para hacer que las conexiones románticas tengan mucha intensidad. Estos individuos se enorgullecen de ser compañeros atractivos, interesantes y sexualmente deseables. Se les da bien coquetear y comunicar que están abiertos a la conexión. Expresan generosidad y devoción en un intento de seducir al otro para que entable una relación con ellos. Son los que reaccionan de manera más agresiva cuando son rechazados. Pueden usar la sexualidad como arma y experimentar una angustia intensa cuando una relación importante llega a su fin.

La sombra de los subtipos del tipo 2

Puedes enfrentarte con mayor eficacia a tu propia sombra si conoces las características específicas de la sombra de tu subtipo, dentro del tipo 2. A continuación se muestran algunos de los aspectos de la sombra de cada subtipo. Como el comportamiento típico de cada subtipo puede ser muy automático, tal vez sea especialmente difícil ver y reconocer estos rasgos en uno mismo.

La sombra del subtipo 2 del instinto de conservación

Si este es tu subtipo, a veces adoptas una actitud infantil; tienes berrinches o te muestras enfurruñado en lugar de crecer y participar en la vida de una manera madura. Esconderte o retirarte son tus modos de defensa claves. Te conformas con poco como reacción temerosa a la tendencia autoponderadora del orgullo. Te refugias en la impotencia o la desesperanza como defensa contra el hecho de mostrarte en la vida, abrirte a las personas o realizar un trabajo impactante. Tal vez te consideres independiente, a la vez que mantienes unas dependencias inconscientes. Puede ser que tiendas a quedarte atrapado en el resentimiento, el miedo o la ansiedad para evitar asumir la responsabilidad y tomar tu poder.

La sombra del subtipo 2 social

Si tu subtipo es este, tiendes a no detectar tu orgullo ni la forma en que alimenta tu necesidad de sentirte importante y tener poder. Será relevante que adviertas si muestras amabilidad y generosidad como estrategia para ejercer un control o ser más influyente. Tal vez apoyes a los demás como una forma de controlarlos o manipularlos. Quizá te enojes cuando otras personas rechazan tus consejos o tu ayuda. Pareces cálido y magnánimo, pero puedes ser despiadado cuando buscas el poder o ejercer el control. Evitas los sentimientos de vulnerabilidad, pero puedes desplegar una (falsa) personalidad vulnerable como parte de una estrategia de seducción. Reprimes el cansancio y la tristeza para satisfacer la necesidad del ego de ser poderoso e influyente.

La sombra del subtipo 2 sexual

Si este es tu subtipo, tal vez muestres una falsa generosidad con el fin de seducir. Advierte si coqueteas para atraer a otras personas, si bien es posible que no siempre cumplas tus promesas. Te enorgulleces de ser «esa persona tan especial» (el compañero o amante perfecto) y puedes usar el sexo como arma de conquista.

Incluso puede ser que exhibas tendencias vampíricas, es decir, que diseñes relaciones a través de una presentación atractiva y luego le exijas al otro que te dé todo lo que deseas y necesitas. Tiendes a reaccionar agresivamente cuando la seducción no da resultado o no ves satisfechas tus necesidades. Tal vez muestres ansiedad cuando no tienes una pareja que te brinde validación externa. Las rupturas pueden parecerte la muerte, porque pierdes el sentido de ti mismo al fusionarte con el otro.

• •

«Algún día, cuando finalmente me las haya arreglado para descubrir cómo cuidar de mí mismo, me plantearé cuidar de otra persona». Marilyn Manson

• •

La paradoja del tipo 2

La paradoja del tipo 2 se puede experimentar en la polaridad entre la pasión del orgullo y la virtud de la humildad. La humildad es el estado de estar totalmente en paz con permanecer exactamente tal como somos (por lo que ni nos minusvaloramos ni nos sobrestimamos ante nuestros propios ojos) y de sentirnos tan importantes como somos por naturaleza. Los individuos de tipo 2 deben reconocer la necesidad que tienen de causar una impresión positiva y ser importantes para los demás. Al volverse más conscientes de cómo opera su orgullo, llegan a conocerse y aceptarse a sí mismos tal como son, y dejan de intentar encajar en una imagen exagerada de cómo les gustaría que los vieran los demás.

Si te identificas con este tipo, aquí tienes algunos primeros pasos que puedes dar para tomar mayor conciencia de tu orgullo:

• Cuando sientas la necesidad de ser sobrehumano, reconócelo. Permítete relajarte y ser quien eres. Suelta tu deseo de obtener reconocimiento y haz las cosas anónimamente, sin preocuparte por que se te atribuya el mérito.

- Cuando actúes movido por el orgullo, date cuenta, sin juzgarte. Pregúntate qué es lo más real y vulnerable en ti en el momento presente. Expresa esta vulnerabilidad y contempla los fracasos como oportunidades para ejercer la humildad.

- Ten compasión por la parte de ti que necesita sentirse importante para otras personas con el fin de afirmar la propia autoestima y merecer el amor de los demás. Permítete sentir el dolor derivado de no obtener siempre el amor que deseas y de no ser la persona que crees que deberías ser para ser amado.

- Observa si tienes esta actitud: ¿puede ser que, como reacción al impulso de ser importante, te presentes como *menos importante* de lo que realmente eres? Toma conciencia de cómo te sientes cuando quieres ser importante y algo o alguien te dice que no lo eres. Aprende a aceptar el grado en que eres importante en realidad.

- Respeta el agotamiento que sientes cuando das o empatizas más de la cuenta y toma buena nota del alivio que experimentas cuando dices «no» o dejas de apoyar a los demás para dedicarte a ti mismo.

- Entra en contacto con tus necesidades específicas y permítete sentirlas y aceptarlas como necesidades humanas normales y corrientes. Detecta el orgullo inherente al hecho de no nombrar tus propias necesidades. Pide ayuda varias veces al día.

· ·

«El orgullo es el cáncer espiritual: devora la posibilidad misma del amor, o la alegría, o incluso el sentido común». C. S. Lewis

· ·

Fomenta tu crecimiento con las flechas del tipo 2

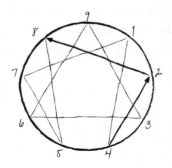

Los dos tipos conectados al tipo 2 por las flechas del interior del diagrama del eneagrama son el 4 y el 8. El tipo 2 puede experimentar un crecimiento radical y superar su enfoque habitual en las personas y las relaciones desarrollando la capacidad del tipo 4 de acceder a las necesidades y emociones, e integrando después la capacidad del tipo 8 de gestionar el conflicto de forma constructiva. Esto lo ayuda a ver que no necesita adaptar su forma de mostrarse para conectar con los demás y a reconocer sus propias necesidades y sentimientos.

- Primero, adopta la capacidad del tipo 4 de expresar necesidades y aceptar las emociones auténticas. Presta más atención a lo que sucede en tu interior. Equilibra tu enfoque externo en lo que es bueno para los demás con la atención a tus propios deseos, emociones y preferencias. Aprende a sentir y aceptar todas tus emociones; siéntete cómodo con ellas. Siéntete cada vez más suelto y confiado a la hora de comunicar tus sentimientos a los demás. Descubre quién eres realmente y transmite tu verdad a los demás a través de algún tipo de expresión auténtica. Aprende a ser más tú mismo y a indicar lo que es verdad con más valentía.
- Después, integra la capacidad del tipo 8 de afrontar desafíos. Una vez que estés más familiarizado con tu ámbito interior y con tu sensibilidad natural tras haber trabajado con los aspectos saludables del tipo 4, cultiva tu capacidad de decir lo que piensas, pedir lo que quieres y tomar posesión de tu poder y autoridad. Sé más directo, asertivo y honesto. Preocúpate menos por la aprobación de los demás, cultiva

la confianza en ti mismo y no seas tan susceptible. Sé el dueño de tu poder y tu fuerza y asume tu verdadera autoridad. Expresa tu verdadera opinión y no te disculpes tanto. Aprende a comunicar tu enfado de maneras saludables y no rehúyas los conflictos constructivos; permite que estos fortalezcan tus relaciones.

«La humildad no es otra cosa que la verdad, y el orgullo no es otra cosa que la mentira». San Vicente de Paúl

ACOGER EL ESTADO MÁS ELEVADO

En la tercera parte de su viaje, las personas de tipo 2 comienzan a ver con más claridad quiénes *no* son y dejan de crear una identidad basada en las expectativas de los demás. Cuando trabajan con el objetivo de volverse más conscientes de sí mismas, comprender sus puntos ciegos y afrontar su dolor, experimentan la libertad de no depender de los demás para afirmar su autoestima.

El desafío de este tipo es despertar y aprender a valorarse a sí mismo conociéndose. Cuando estos individuos hacen esto, dejan de necesitar ganarse el amor de otras personas o hacer algo por los demás para que el mundo exterior reconozca su valía. Se vuelven conscientes de su orgullo y de las necesidades que los impulsan y descubren que la vida es mejor cuando abandonan su deseo de controlar. Aprenden a relajarse en la felicidad y la paz derivadas de conocer su propia valía. Descubren que, al cultivar la humildad que proviene de conocerse, gustarse y aceptarse a sí mismos tal como son exactamente, ya no necesitan agotarse tratando de complacer a los demás.

Este estado de conciencia superior solo puede alcanzarse haciendo el arduo trabajo requerido: el trabajo que permite desarrollar una mayor capacidad de experimentar el amor, la unidad y la conexión con los demás y el universo. Las personas de tipo 2 experimentan esto como un estado en el que la necesidad del ego de sentirse superior o demasiado importante no tiene sentido. Esto significa que dejan de compararse con los demás, renuncian a su necesidad de ser indispensables y ya no se esfuerzan por llamar la atención.

Si te identificas como tipo 2, estas son algunas cosas que puedes hacer en este estado superior que no podrías haber hecho antes:

- Ayudas a otras personas sin esperar nada a cambio. Experimentas con regularidad la sensación de gozo derivada de dar (solo si sientes el impulso de hacerlo) desde un espacio de amor puro.
- Eres tú mismo sin disculparte ni preocuparte por si los demás te aprueban (incluidas las personas más importantes).
- Expresas tus necesidades, sentimientos y deseos con libertad y abiertamente. Confías en que el universo cuidará de ti.
- Dejas de disculparte o lamentarte por cualquier impacto negativo que percibas que puedas haber tenido en otras personas. Confías en que los demás sabrán cuidar más de sí mismos y averiguas si realmente necesitan tu ayuda.
- Confías más en ti mismo y dejas de dudar de tu valor o de cuestionarte.
- Te permites sentir el dolor y el sufrimiento con origen en tu pasado y permaneces en contacto con tu corazón con mayor humildad.
- Te responsabilizas de los errores que cometes y no te preocupas tanto por cómo te ven los demás.
- Acoges la experiencia de no ser ni más ni menos importante de como eres. Reconoces que lo que deba suceder sucederá con o sin ti.

- Te amas a ti mismo por lo que eres y te afirmas en tu interior. Acoges tu bondad inherente, sabiendo que no tienes nada que demostrar o ganar.

· ·

«El orgullo nos vuelve artificiales. La humildad
nos hace reales». Thomas Merton

· ·

La virtud del tipo 2

La virtud de la humildad del tipo 2 es opuesta a la pasión del orgullo. La humildad le da a este tipo un objetivo claro por el que trabajar una vez que ha reconocido sus patrones habituales derivados del orgullo y la búsqueda del amor. Al trabajar contra las tendencias alimentadas por el orgullo y al tratar de encarnar las cualidades de la humildad, las personas de tipo 2 despiertan y se acercan a su yo real.

Si te identificas como tipo 2, la humildad significa que ya no necesitas ser alguien sobrehumano para estar dotado de valía. Significa que no te consideras más importante de lo que realmente eres, y tampoco menos. Significa que aprecias de forma realista quién eres exactamente y quién no eres, y que sientes alegría, paz y satisfacción al vivir desde tu verdadero yo. Significa que te amas a ti mismo por el solo hecho de que eres tú y permites que otros hagan lo mismo. Aquí tienes algunos otros rasgos positivos que adquirirás a medida que accedas a la versión superior de ti al estar más en contacto con la virtud de la humildad:

- No necesitarás sentirte importante.
- Te conocerás a ti mismo, te gustarás y te sentirás en paz con quién eres exactamente y con lo importante que eres en realidad.

- Darás a los demás de forma generosa y anónima, sin esperar recompensas. No necesitarás su reconocimiento por tus buenas acciones.
- Entenderás que no debes gustarle a todo el mundo y no te sentirás mal por esto; incluso te parecerá bien que esto sea así.
- Serás completamente honesto contigo mismo y con los demás acerca de tus necesidades, sentimientos y limitaciones.
- Pedirás ayuda y estarás abierto a recibirla. Te abrirás al amor, sabiendo (y aceptando felizmente) que no puedes controlar cómo te ven los demás ni lo que sienten por ti.
- Establecerás límites, dirás «no» y cuidarás de ti mismo.
- Te sentirás bien contigo mismo debido a tu verdadero valor, tanto si los demás te aprueban y apoyan como si no lo hacen.

· ·

«Solo una persona que ha pasado por la puerta de la humildad puede ascender a las alturas del espíritu». Rudolf Steiner

· ·

Despertar del estado zombi

Para las personas de tipo 2, la clave para asumir su verdadero yo radica en ir aprendiendo a amarse a sí mismas. Esto les puede parecer difícil, si no imposible, al principio de su viaje, porque su ego les dice que no son suficientes, que necesitan hacer más o que no son atractivas, competentes o lo bastante perfectas para ser amadas. Sin embargo, cuando afrontan los patrones de su personalidad y su dolor, se elevan por encima de las definiciones limitantes del pasado y logran un mayor grado de autoconocimiento y autorrespeto, así como una visión más amplia de quiénes son.

Cuando estos individuos se dan cuenta de que depender de otros para determinar su propio valor no funciona y nunca les permite gozar de una verdadera experiencia de amor, pueden comenzar a enfocar toda su intención y atención en amarse a sí mismos. Y es solo cuando se aman a sí mismos cuando pueden sentir amor por los demás o sentir plenamente el amor de los demás. En el modo zombi, este tipo comercia con amor falso. Cuando despierta, se vuelve capaz de amar de verdad, tanto a sí mismo como a los demás. Cuando estas personas comprenden esto, se liberan para ser, y amar, quienes son. Esto hace que se vuelvan generosas, humildes, cálidas y directas, y que pasen a regirse por sus propios criterios.

El camino del tipo 2 puede ser difícil debido a la naturaleza engañosa del orgullo y a la resistencia natural que tenemos a sentirnos heridos, dolidos, afligidos y humillados. En algunos contextos, el orgullo es positivo. Pero el orgullo puede mantener secretamente a las personas de tipo 2 apegadas a una profunda necesidad de controlar lo que sienten por ellas los demás. El orgullo puede hacer que mantengan una visión «positiva» de sí mismas en el mundo y en su propia mente, al tiempo que ocultan muchos de los efectos problemáticos de esta necesidad. Cuando se enfrentan a su sombra con valentía y compasión y acogen las emociones difíciles que deben sentir para liberarse de las limitaciones de su personalidad aparentemente agradable, obtienen la verdadera libertad.

Incluso antes de emprender este viaje, este tipo a menudo siente un profundo deseo de sentirse más libre. Esto tiene sentido, dado que su principal estrategia de supervivencia se basa en complacer y apoyar a los demás, lo que lo obliga a entregar su libertad a cambio de obtener aprobación. Pero a medida que se van liberando de la necesidad de contar con la validación del mundo exterior, estas personas van descubriendo que son inherentemente buenas y dignas de amor. Entonces ganan autenticidad y descubren qué significa vivir desde su verdadero yo.

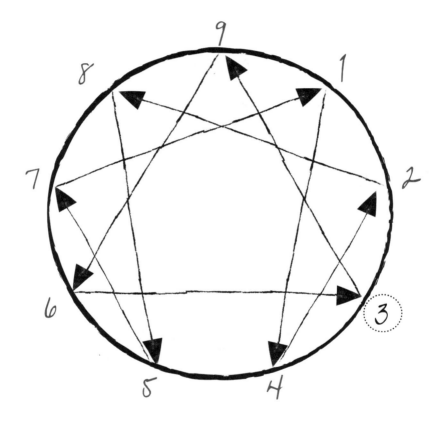

Tipo 3

El camino del autoengaño a la veracidad

Algunos mentirosos son tan hábiles que se engañan a sí mismos. Aquellos que creen que está bien decir blancas mentiras piadosas no tardan en volverse daltónicos.

AUSTIN O'MALLEY

É rase una vez una persona llamada Tres. Vino a este mundo como una niña emocional y dulce por naturaleza, y vivía totalmente fiel a esta forma de ser. Todo el mundo podía ver que tenía un corazón muy puro y auténtico.

Pero en una etapa temprana de la vida, Tres vio que la elogiaban por lo que hacía, no por lo que era. Todos los que estaban a su alrededor se emocionaban y alegraban mucho cuando terminaba con éxito los deberes que le ponían en la escuela, cuando hacía una pirueta gimnástica o cuando ganaba un partido. Pero cuando expresaba sus verdaderas emociones, cuando se sentía triste, decepcionada o herida, nadie le prestaba atención. Se sentía sola y asustada cuando nadie la atendía ni se preocupaba por lo que expresaba desde el corazón. Parecía gustar a los demás cuando lograba cosas; pero esas mismas personas se comportaban como si no existiera cuando era ella misma.

Tres encontró una manera de asegurarse de no volver a sentirse sola o asustada. Descubrió que tenía la capacidad de percibir lo que valoraban los demás y luego, mágicamente, convertirse en eso. Cambiaba la forma de mostrarse. Cuando estaba con distintos grupos de personas, podía convertirse en el ejemplo perfecto de lo que cada uno consideraba admirable o exitoso. Como un camaleón, podía cambiar su aspecto externo según con quién estaba y la situación en la que se encontraba. Esta habilidad la ayudó a llamar la atención, lo cual la hacía sentir bien. También la ayudó a evitar que la ignorasen, lo cual la hacía sentir mal.

Mientras crecía, Tres fue viendo que la gente admiraba a los que tenían éxito, a quienes lograban cualquier objetivo que se fijaran. Cuando ganaba mucho dinero, o ganaba en el deporte, o se veía más atractiva que los demás, la gente le prestaba atención. Por lo tanto, Tres descubrió que su capacidad de mostrarse de distintas formas podría traerle muchas recompensas en la vida. Si lograba tener éxito, podría atraer una atención positiva. Y estaba dispuesta a hacer lo que fuera necesario para ofrecer una imagen realmente convincente de lo que valoraban los demás.

De hecho, a Tres se le daba tan bien tener éxito que no podía dejar de trabajar y de cambiar su apariencia para promover su éxito. Temía que si se detenía dejaría de recibir la atención y los elogios que necesitaba. Con el paso del tiempo, perdió por completo de vista quién era en realidad bajo todas las imágenes de éxito que había inventado, hasta que, finalmente, ya no pudo sentir sus verdaderas emociones ni reconocer su yo real. Tenía que seguir adelante y trabajando duro para mantener la imagen de éxito que la hacía sentirse valorada. La carga de trabajo era muy grande, pero afortunadamente a Tres se le daba muy bien trabajar duro.

Las estrategias de supervivencia de Tres le iban tan bien que ni siquiera tenía tiempo de preguntarse quién era en realidad. De vez en cuando, sentía un deseo momentáneo de ser más auténtica, de contactar realmente con las personas que la rodeaban, pero esto no era posible. Tenía que seguir trabajando para asegurarse de que todos la admiraran. No podía imaginar qué pasaría si se detuviera. Desafortunadamente para ella, sus estrategias de supervivencia le traían demasiadas recompensas (dinero, títulos, aplausos y atención) como para que se planteara abandonarlas.

Una mañana, Tres no pudo levantarse de la cama. Estaba tan abrumada por el estrés y la depresión que permaneció en cama durante dos semanas. Y fue entonces cuando se dio cuenta, para su sorpresa, de que estaba totalmente agotada por todo el arduo trabajo que había realizado para mantener su imagen. Finalmente reconoció que, en el fondo, estaba muy triste y sola. Sin embargo, cuando se recuperó, se olvidó de su tristeza y su soledad, y volvió a pensar en todas las cosas que tenía que hacer en el trabajo y en todas las personas a las que necesitaba impresionar. Entonces, con una sensación de alivio por haber vuelto a la normalidad, pero con pocos sentimientos más, retomó su apretada agenda.

Tres se había convertido en un zombi, un zombi muy exitoso, atractivo e impresionante, pero un zombi de todos modos.

LISTA DE VERIFICACIÓN DEL TIPO 3

Si tienes la mayoría de los rasgos de personalidad siguientes, o todos ellos, tal vez seas una personalidad de tipo 3:

☑ Se te da muy bien leer los entornos; es decir, sintonizas automáticamente con las personas que te rodean para saber lo que valoran, lo cual te permite adaptar la forma en que te presentas para impresionarlas.

☑ Te gusta establecer metas y hacer lo que sea necesario para alcanzarlas. Cuando defines el resultado que deseas, trazas fácilmente una ruta para llegar ahí.

☑ Quieres que la gente te vea como alguien competente y exitoso. Te sientes seguro de tu personalidad pública porque haces lo que sea necesario para trabajar duro y cumplir.

☑ Sin siquiera intentarlo, ves lo que necesitas hacer para dar una impresión de éxito y triunfar en distintos contextos de tu vida.

☑ Te resulta fácil realizar tareas y disfrutas siendo productivo y haciendo las cosas hasta el final. Puede costarte reducir la velocidad o detener la actividad.

☑ Aunque no lo intentes conscientemente, puedes cambiar de manera efectiva la forma en que te muestras para presentar la imagen apropiada en cada situación.

☑ Evitas el fracaso a toda costa. Si crees que puedes fallar en algo, ni siquiera intentas hacerlo.

☑ Si bien valoras tus relaciones, a veces pasan a un segundo plano respecto a tu trabajo, porque te enfocas de manera muy natural en las tareas que deben realizarse.

☑ Aunque las emociones puedan embargarte por dentro, inconscientemente evitas expresarlas para poder centrarte en tus tareas.

Si, después de usar la lista de verificación, descubres que tu tipo es el 3, tu viaje de crecimiento transcurrirá en tres etapas.

Primero, te embarcarás en un proceso de autoconocimiento en el que aprenderás a reconocer las formas en que cambias de identidad cada vez que necesitas que te vean como alguien competente, admirable o exitoso.

A continuación, debes enfrentarte a tu sombra dándote cuenta de que has perdido de vista tu verdadero yo al adoptar variados roles e imágenes con el fin de dar una impresión de éxito. Solo entonces podrás empezar a explorar los patrones egoicos que te mantienen enfocado en la consecución del éxito y en ofrecer una imagen de éxito.

En la etapa final de tu viaje reconocerás tus sentimientos y llegarás a saber quién eres realmente. Entonces podrás vivir en mayor medida desde tu verdadera identidad y conectar realmente con los demás.

⬤ ⬤

«El peor de todos los engaños es el autoengaño». Platón

⬤ ⬤

Empieza el viaje

Como tipo 3, la primera parte de tu despertar implica observar la forma en que sintonizas con los demás y los «lees» para saber cómo presentarte. Cuando adviertes lo rápido que cambias tu apariencia para evocar admiración, comienzas a reconocer cuánta atención pones en completar tareas y ofrecer una buena imagen, y qué poca atención dedicas a tus propias emociones internas y a tus deseos más profundos. Al tomar conciencia de todo lo que haces para ganarte la aprobación de los demás (sin juzgarte), activas tu capacidad de autorreflexión, con lo cual te abres a un proceso de reanimación.

Patrones clave del tipo 3

La mayoría de las personas de tipo 3 no se preguntan por qué trabajan tan duro para alcanzar metas y ofrecer una imagen de éxito. Se vuelven adictas al trabajo. Es posible que les cueste reducir la velocidad o detenerse porque tienen dificultades para renunciar a las recompensas que les brinda el trabajo duro, como un grado de riqueza, un buen estatus y una buena reputación. Es posible que les resulte particularmente difícil despertar del «modo zombi» porque sus patrones de comportamiento se ven reforzados por una cultura que valora el éxito. Por lo tanto, deben hacer un esfuerzo sincero para ver cómo sus propios logros las mantienen atrapadas.

Si te identificas como tipo 3, debes centrarte en estos cinco patrones habituales y hacerte más consciente de ellos para iniciar tu viaje:

Cambiar la manera de mostrarte de forma automática para impresionar a los demás

Observa cómo cambias tu forma de mostrarte, de manera natural y continuamente, para adaptarte a distintas personas y situaciones. Advierte si, sin pensarlo, lees a tu público para hacerte una idea de lo que valora y luego te identificas con la imagen ideal de lo que considera valioso, o bien incorporas los atributos de esta imagen. Obsérvate para ver si tiendes a permanecer inconsciente de las formas sutiles en las que cambias tu personalidad para que se ajuste a lo que los demás ven como admirable, y si puede ser que confundas esta personalidad con tu verdadero yo. Teniendo en cuenta esta tendencia, empieza a preguntarte quién eres en realidad.

Necesidad de ofrecer una imagen de éxito

Advierte si el éxito es importante para ti en aquello que haces. Observa si determinas qué hacer y cómo hacerlo evaluando la relevancia de eso en cuanto a lo que las personas que te rodean definen como éxito. ¿Construyes tu identidad en torno a la capacidad que tienes de alcanzar el éxito en todo lo que haces y te redefines a ti mismo a partir de ese éxito? La base de tu idea de éxito tiende a ofrecértela tu entorno social o laboral y estructuras tus metas para que se ajusten a los criterios de los demás. Es probable que tengas tendencia a trabajar duro para realizar tareas y alcanzar metas, en relación con distintos ámbitos: las posesiones materiales, el estatus, la formación o la posición. Es probable que establezcas un ritmo elevado para producir resultados de manera rápida y eficiente.

Dar prioridad a la actividad sobre los sentimientos

Advierte que te enfocas principalmente en hacer las cosas hasta el final. Puede ser difícil para ti reducir la velocidad y dejar de estar activo, y probablemente nunca te concedes tiempo o espacio para *ser*, sin más. Al observarte, acaso te des cuenta de que te resulta complicado el solo hecho de considerar la posibilidad de bajar el ritmo y limitarte a ser o sentir. Si intentas detener toda tu actividad durante un período de tiempo corto, puede ser que experimentes miedo y que te cueste hacerlo. Puede resultarte difícil reconocer tus emociones, y tiendes a negarlas o evitarlas. Tiendes a equiparar tu identidad con lo que haces y puedes vivir como una amenaza la perspectiva de hacer menos.

Apagar la conciencia de las emociones

Tus emociones casi siempre están cerca, pero inconscientemente temes que te lleven a ser menos productivo. Es posible que te resulte difícil confiar en que puedes ser amado por lo que eres (y por lo que sientes), por la creencia de que los demás te aman por lo que haces. Por lo tanto, puedes sentirte motivado a negar o reprimir tus emociones de manera inconsciente, a pesar de ser una persona intrínsecamente emocional. En especial, tiendes a evitar tus emociones cuando tu entorno de alguna manera desalienta la expresión emocional. Cuando desconectas de tus sentimientos o los evitas, desconectas de tu verdadera identidad.

Evitar el fracaso

Probablemente no sepas cómo describir el fracaso, porque nunca has reconocido haberlo experimentado. Si has tenido algún fracaso, es probable que lo hayas considerado una oportunidad importante de aprendizaje en tu camino hacia el éxito. Tal vez hagas todo lo posible para evitar el fracaso por el temor de que llegue a definirte. Tu necesidad de actuar y obtener logros tiende a impulsar tu miedo al fracaso, y tu aversión al fracaso puede hacer difícil que dejes de trabajar y que experimentes más paz y te sientas más a ti mismo. Esto puede evitar que estés disponible para dedicar tiempo a las relaciones.

· ·

«Despertar no es cambiar quién eres, sino
desechar quién no eres». Deepak Chopra

· ·

La pasión del tipo 3

El autoengaño es la pasión que impulsa al tipo 3. En su expresión como motivación emocional central de este tipo, el autoengaño es la tendencia inconsciente a cambiar la forma de mostrarse para presentar una imagen que los demás van a aprobar y admirar. Las personas de tipo 3 crean y mantienen una imagen o personalidad ideal, y luego se identifican con esa personalidad, es decir, se ven a sí mismas como esa personalidad. Este autoengaño a veces se malinterpreta como engaño a los demás. Pero la mayoría de los individuos de tipo 3 no engañan a las personas intencionadamente; solo se presentan como algo que no son sin ser conscientes de quiénes son en realidad. Se muestran automáticamente de la manera que consideran necesaria para ser aceptados o amados, y esto puede significar que se ocultan la verdad a sí mismos. Incluso de niños perciben lo que sus familias quieren que sean, y su intento de satisfacer estas expectativas no es un proceso consciente; es una estrategia de supervivencia.

A lo largo de la vida, este autoengaño alimenta la necesidad de este tipo de convertirse en lo que precisa ser para ser valorado o admirado. Con el tiempo, estos individuos llegan a creer que *son* lo que pensaban que debían llegar a ser. Esto suele suceder de forma automática e inconsciente. Su habilidad a la hora de mostrarse de formas diversas significa que alteran su apariencia para adaptarse a las situaciones sin realmente pensar en ello. Se mienten a sí mismos en el sentido de que llegan a creer que son lo que hacen o que son iguales a la imagen que adoptan para impresionar a los demás. El autoengaño tiene lugar cuando creen este engaño en lugar de darse cuenta de que son más que su imagen. Con el tiempo, pierden de vista quiénes son en realidad bajo todos los cambios de apariencia y las acciones que respaldan dichos cambios.

Si te identificas con el tipo 3, debes hacerte más consciente de las siguientes manifestaciones típicas del autoengaño para avanzar en tu camino hacia el despertar. Será importante que tomes mayor conciencia de que es tu autoengaño lo que alimenta estas tendencias:

- Tienes mucho éxito, incluso si lo logras haciendo cosas que realmente no quieres (o no amas) hacer.
- Ocultas aspectos de ti mismo (sentimientos, ideas y opiniones) que no se ajustan a la imagen que intentas crear.
- Cambias tu forma de mostrarte en distintos entornos sociales para ajustarte a lo que los demás consideran ideal.
- Modelas tu personalidad sobre la base de lo que consideras ideal de acuerdo con el consenso social. Esta tendencia puede llevarte a pensar que eres otro tipo del eneagrama.
- Concentras toda tu energía en hacer y lograr en lugar de dedicar energía a *ser* tú mismo.
- Expresas un alto grado de confianza en que puedes alcanzar cualquier objetivo y realizar cualquier tarea.
- Vendes con destreza cualquier imagen o producto al saber con qué envoltorio debes presentarlo.
- Piensas que puedes hacer cualquier trabajo o adoptar cualquier imagen para ganarte la admiración de los demás, por difícil o agotador que te resulte.
- Desconectas de la conciencia de tus propias emociones, por temor a que se interpongan en el camino de lo que necesites hacer para ofrecer una determinada imagen o conseguir un logro específico.

«Nada es más fácil que el autoengaño, ya que lo que desea
cada hombre es lo primero que cree». Demóstenes

Expande tu crecimiento con las alas del tipo 3

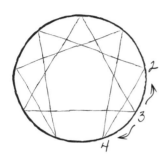

Los dos tipos adyacentes al tipo 3 en el círculo del eneagrama son el 2 y el 4. El tipo 3 puede comenzar a ir más allá de su enfoque habitual en las tareas y objetivos conectándose más profundamente con los demás al acceder a los rasgos del tipo 2, y luego, intencionadamente, ponerse más en contacto con sus emociones integrando las cualidades saludables del tipo 4.

- Primero, adopta la capacidad del tipo 2 de compenetrarse con los demás. Equilibra tu hábito de priorizar las tareas con prestar más atención a disfrutar de tiempo de calidad con las personas que son importantes para ti. En el trabajo, céntrate menos en ser productivo y eficiente y más en colaborar con los demás y escucharlos. Fomenta un trabajo en equipo más fuerte en casa y en el trabajo al servicio de objetivos y proyectos compartidos. Trata de estar más en contacto con tus propias emociones haciendo un mayor esfuerzo por empatizar con la forma en que se sienten los demás. Pon las metas de otras personas por encima de las tuyas y no te impacientes cuando comenten cómo se sienten. Da más importancia a valorar las emociones y las relaciones.
- A continuación, integra los rasgos positivos del tipo 4 conectando más profundamente, de forma intencionada, con

tus propias emociones. Concédete espacio y tiempo para establecer contacto con tus sentimientos. Descubre lo valioso que es sentirlos *todos*, incluido el dolor. Recuérdate que puedes confiar en tus emociones como indicadores válidos de quién eres realmente y qué es importante para ti. Exprésate más mientras estás en contacto con estas emociones, ya sea a través de actividades creativas o hablando abiertamente con otras personas. Convierte en una práctica diaria el hecho de bajar tu ritmo de trabajo y acceder regularmente a tus sentimientos y deseos. Equilibra tu capacidad de convertirte en lo que la gente admira con la capacidad de saber qué es lo que te importa realmente. Di la verdad, incluso cuando sea difícil, y vive más desde la autenticidad, lo que tiene sentido para ti y tu razón de ser.

• •

«El engaño puede darnos lo que queremos por el momento, pero siempre nos lo quitará al final». Rachel Hawthorne

• •

HACER FRENTE A LA SOMBRA

La segunda parte del viaje de crecimiento del tipo 3 consiste en reconocer y comprender cómo y por qué vive su vida enfocado en crear una personalidad falsa sin dejar espacio para sus emociones y otros aspectos auténticos de su verdadero yo. Esto lo lleva a saber en mayor medida cuál es su verdadera identidad y le abre la puerta a vivir de manera más auténtica a partir de sus verdaderos sentimientos y su razón de ser.

Buscar incansablemente la estima y la aprobación de los demás puede llevar a una falta de conciencia de sí mismo; esto hace que las personas de tipo 3 se vuelvan superficiales y poco auténticas, y que no tengan claro cuál es su verdadero carácter, aunque se estén esforzando por ser individuos eficaces, dignos de elogios y prósperos. Al equiparar su propio valor con sus logros, caen en la trampa de negar sus propias profundidades. Pierden el contacto con sus sentimientos y su identidad, y luego actúan o reaccionan de acuerdo con sus máscaras superficiales exclusivamente. Al mentirse a sí mismos y promover una imagen falsa sin darse cuenta, corren el riesgo de convertirse en caparazones vacíos, incapaces de expresar verdaderos sentimientos y de conectar realmente con los demás.

El trabajo con la sombra del tipo 3

Si te identificas como alguien de tipo 3, aquí tienes algunas acciones que puedes realizar para ser más consciente de los patrones inconscientes, los puntos ciegos y los puntos débiles claves de este tipo, y para empezar a contrarrestarlos:

- Reduce tu grado de actividad y tu ritmo. Observa lo que sientes cuando desaceleras o te paras.
- Realiza actividades relajantes que no impliquen metas o tareas. Permítete lapsos de inactividad y observa cualquier miedo o ansiedad que surja.
- Dales la bienvenida a tus emociones. Reconoce que eres una persona muy emocional en realidad y pasa a considerar que tus sentimientos constituyen una experiencia positiva.
- Saca a la luz todas las formas en que te mientes a ti mismo e investiga qué razones hay detrás de las ilusiones que te parecen necesarias.
- Daña tu imagen. Elige conscientemente hacer o decir cosas que te gusten pero que no vayan a contribuir a mejorar tu imagen; incluso podrían empañarla. Observa a quién le gustas de todos modos.

- Participa en una actividad en la que tengas posibilidades de fracasar. Observa lo que sucede dentro de ti y pasa a contemplar el fracaso como una experiencia de aprendizaje positiva.
- Acércate más a las personas que aprecian tu verdadero yo y aléjate de aquellas que apoyan tu falso yo o refuerzan tu necesidad de mantener una imagen que perpetúa una mentira.
- Comparte en mayor medida lo que piensas y sientes realmente con las personas más cercanas a ti.
- Encuentra buenos espejos que reflejen tu yo real. Pídeles a tres personas que te conocen bien que te digan qué es lo que más les gusta de ti. Lo que te dicen en respuesta a esta petición ¿es relativo a ti o a tu imagen?

· ·

«Proyectamos una sombra sobre algo donde
sea que estemos de pie». E. M. Forster

· ·

Los puntos ciegos del tipo 3

Es posible que este tipo no quiera examinar sus puntos ciegos porque piense que todo le está yendo bien. Especialmente en la sociedad occidental, estos individuos son recompensados por lo que hacen mejor: producir resultados y ofrecer una buena imagen. Sin embargo, es posible que no se conozcan muy bien a sí mismos en un nivel más profundo, y esto puede evitar que se sientan completamente satisfechos en la vida. Pero mirar dentro de sí puede parecerles amenazante y aterrador. Sus estrategias de supervivencia los llevan a trabajar sin parar y a permanecer enfocados en lo muy competentes que parecen. Pueden sentirse seguros en relación con su capacidad de completar tareas y creer que no tienen nada que ganar si examinan lo que se han ocultado a sí mismos con el fin de ser tan eficientes. No obstante, cuando se niegan a mirar hacia dentro, no se permiten crecer.

Pero aquí reside la buena noticia. Si te identificas con este tipo y tienes el coraje de investigar quién eres *realmente*, experimentarás una modalidad de éxito más profunda y mucho más rica. Si puedes soportar algunas experiencias desorientadoras mientras buscas detrás de tu máscara, cada vez podrás sentir más satisfacción, libertad y alivio mientras vas aprendiendo a vivir en mayor medida desde tu auténtico yo.

Se presentan a continuación algunos de los puntos ciegos que con mayor frecuencia obstaculizan el viaje de crecimiento de las personas de tipo 3, junto con ideas para tomar mayor conciencia de ellos:

Hacer demasiado

¿Pones todo tu enfoque en las realizaciones sin ser consciente de los aspectos negativos asociados a mantener un grado tan alto de actividad? ¿Encuentras justificaciones para el hecho de estar ocupado todo el tiempo? Aquí hay algunas acciones que puedes realizar para integrar este punto ciego:

- Obtén una evaluación objetiva de tu salud física y psicológica. ¿Has estado enfermo o lesionado en los últimos años? ¿De verdad te cuidas? Permítete tomar conciencia de los riesgos reales asociados con el hecho de trabajar tan duro.
- Evalúa tu equilibrio actual entre el trabajo y la vida personal y después obtén comentarios sobre tu evaluación. Sé honesto acerca de lo que puede significar cualquier desequilibrio y sus consecuencias.
- Reconoce que ser adicto al trabajo puede ser tan destructivo como ser adicto a una sustancia. Las tendencias de adicción al trabajo pueden ser un signo de un trauma no resuelto. Encuentra formas de reducir tu carga de trabajo.

- Trabaja con un terapeuta o un amigo íntimo para explorar tu territorio interior y tened conversaciones «secretas y sagradas» sobre tus lados no tan buenos.
- Piensa en lo que te puedes estar perdiendo en la vida debido a lo duro que trabajas. ¿Tienes problemas con otras personas a causa de tu carga de trabajo? ¿Estás perdiendo tiempo de calidad que nunca volverás a tener con tus hijos, tu pareja o tus amigos?
- Experimenta con reducir el ritmo, hacer descansos o sentarte y no hacer nada. Medita. Respira.

Evitar las emociones

Tu incapacidad para reducir la velocidad ¿te ayuda a evitar experimentar las emociones que podrían surgir si dejaras más espacio libre en tu vida? ¿Te impides reconocer tus emociones al negarte a darles espacio? ¿Reprimes o tratas de esquivar tus emociones en lugar de intentar comprenderlas y atenderlas? Aquí tienes algunas técnicas que puedes aplicar para integrar este punto ciego:

- Hazte más consciente de cualquier creencia limitante que te diga que «uno es lo que hace».
- Reconoce lo confundido o atemorizado que puedes sentirte cuando comienzas a acceder a tus emociones. Sé compasivo contigo mismo mientras trabajas para comprenderlas. Solicita apoyo.
- Toma conciencia de cualquier creencia que albergues que te lleve a minusvalorar tus emociones; por ejemplo, que las emociones son improductivas y pueden frenarte.
- Practica ser más consciente de tus emociones. Lleva un diario en el que escribas sobre lo que sientes todos los días; escucha música o mira películas que evoquen emociones.

- Cuando otras personas compartan sus sentimientos contigo, tómate el tiempo conveniente para escucharlas. Observa si te sientes impaciente o incómodo.

- Practica estar presente y abierto cuando otras personas hablen de sus emociones o cuando experimentes tus propios sentimientos. Considera que explorar todos tus sentimientos es una medida de crecimiento muy positiva.

Negar el valor del fracaso

¿Concedes demasiado valor a tus logros como medida de tu valía, tengan o no una importancia intrínseca para ti? ¿Sueles resistirte a ver lo superficiales o vacíos que pueden ser? ¿Te esfuerzas constantemente por alcanzar el éxito y haces todo lo posible por evitar el fracaso? ¿Te pierdes posibilidades y oportunidades como consecuencia de evitar experiencias potencialmente positivas por temor al fracaso? Prueba a aplicar estas técnicas para integrar este punto ciego:

- Explora en profundidad cómo defines el éxito *tú*. ¿Se basa tu definición en lo que piensan los demás o en lo que tiene significado para ti?

- Observa si, cuando tienes éxito en algo, haces una pausa aunque sea por un momento para celebrarlo antes de pasar a lo siguiente que debes hacer para tener éxito.

- La próxima vez que logres una «victoria», desacelera y asimílala. Si quieres comenzar a correr hacia tu próxima meta inmediatamente, pregúntate por qué y considera qué sientes acerca de todo este esfuerzo.

- Pregúntate lo significativos que han sido realmente para ti tus últimos éxitos. ¿De veras querías hacer eso?

- Observa y enumera todo lo que haces para evitar experimentar el fracaso. ¿Por qué trabajas tan duro para evitar fracasar?

• Reflexiona acerca de lo que puede tener de bueno fracasar. Enumera todos los posibles aspectos positivos del fracaso.

· ·

«El rostro humano es, después de todo, ni más ni menos que una máscara». Agatha Christie

· ·

El dolor del tipo 3

Las personas de tipo 3 tienden a ser individuos positivos y seguros de sí mismos que habitualmente se resisten a sentir su dolor, incluso a sentir cualquier tipo de emoción. Los demás pueden pensar que carecen de emociones, pero esto no es cierto. De hecho, son muy emocionales debajo de la superficie. Pero cuando emplean su estrategia de supervivencia de hacer en lugar de sentir, desarrollan el hábito defensivo de no querer reconocer ni explorar sus emociones.

Para continuar con su viaje de crecimiento, las personas de tipo 3 deben bajar el ritmo y reconocer sus emociones y su dolor, tanto los actuales como los que experimentaron en el pasado. Cuando se conceden el espacio suficiente para sentir sus emociones, a menudo descubren que pueden acceder a ellas con mayor facilidad. Una vez que son conscientes de que han evitado sentir sus emociones sin darse cuenta, pueden interrumpir este impulso y comenzar a aceptarlas. Cuando empiezan a sentir su dolor, descubren que el hecho de tomar conciencia de sus emociones, si bien es difícil al principio, las lleva directamente a reconocer mucho más su verdadero yo.

Si te identificas con este tipo, al principio puede resultarte difícil establecer contacto con todas tus emociones, incluido tu dolor. Acaso temas que las emociones se interpongan en el camino del trabajo, el cumplimiento de las metas o el mantenimiento de una buena imagen. Pero sentir plenamente tus emociones es un paso importante en tu camino particular hacia la libertad. Debes aprender a tolerar los sentimientos dolorosos siguientes para salir del modo zombi y trabajar para asumir más plenamente tu verdadero yo:

- La confusión derivada de tu tendencia a mostrarte de distintas formas y a verte como los personajes que creas para el mundo exterior. Esto puede impedirte reconocer tu verdadero yo. Al ponerte en contacto con tus sentimientos por primera vez, tal vez te sientas perdido, como si no supieras quién eres. Puedes sentirte confundido al experimentar tus emociones y tener la tentación de seguir evitándolas.
- Miedo a lo desconocido y a las emociones con las que no estás familiarizado. Puedes tener miedo de dejar ir la identidad y la sensación de control que te proporciona tu falso yo. Tal vez temas que el hecho de expresar emociones dañe tu imagen a ojos de los demás.
- Vergüenza si muestras tus emociones ante otras personas. Tal vez eches de menos la seguridad que encontrabas en la personalidad cuidadosamente elaborada que presentabas al mundo.
- Agotamiento por tus esfuerzos. Tus sentimientos recién reconocidos pueden hacer que te des cuenta de lo duro que trabajas y lo mucho que haces.
- Impaciencia con los demás si te empujan a sentir más de lo que estás dispuesto a sentir. De hecho, esta reacción puede provenir de tu falso yo más que de tu verdadero yo.
- Tristeza derivada del miedo a que a los demás les guste más tu imagen que tú. Puedes lamentar haber pasado tanto tiempo sin saber que tu falso yo no era real. Tal vez te entristezca percibir que la gente no conoce tu verdadero yo, y que tú tampoco.

· ·

«En unos tiempos en que el engaño está generalizado, decir la verdad es un acto revolucionario». George Orwell

· ·

Los subtipos del tipo 3

Identificar el subtipo al que perteneces dentro del tipo 3 puede ayudarte a orientar con mayor precisión tus esfuerzos destinados a afrontar tus puntos ciegos, tus tendencias inconscientes y tu dolor oculto. Los patrones y tendencias de los subtipos varían según cuál de los tres instintos de supervivencia prevalezca.

Subtipo 3 del instinto de conservación

Este subtipo quiere *ser* bueno, no solo parecerlo. Estos individuos se centran en proporcionar buenos modelos en cualquier papel que desempeñen, según lo que determine el consenso social. Pueden ser los adictos al trabajo más extremos de las veintisiete personalidades. Sus estrategias de supervivencia, junto con un instinto de conservación que alimenta la ansiedad por la seguridad material, los hacen trabajar muy duro. Quieren presentar una buena imagen, pero su necesidad de ser buenos implica que no quieren presumir de sus logros o que los demás los vean como personas que se autoensalzan demasiado. Son más modestos, menos vanidosos y no tan competitivos como el subtipo 3 social.

Subtipo 3 social

A este subtipo le gusta estar en el escenario más que a los otros dos y es el que más disfruta el reconocimiento y los aplausos. Estos individuos son los más hábiles a la hora de crearse una imagen impecable y saben cómo «empaquetar y comercializar» todo lo que venden (incluidos ellos mismos). Este subtipo se siente cómodo en puestos de liderazgo y muestra una gran habilidad para ascender en la escala corporativa o social. Este es el subtipo más agresivo y competitivo. Quiere ganar y sabe cómo influir en los demás a través de una presentación o actuación eficaz.

Subtipo 3 sexual

Este subtipo es el que más se centra en las relaciones individuales y en ser atractivo según lo que establecen los criterios convencionales. Es posible que contemple el hecho de atraer una pareja como algo muy romántico, propio de un cuento de hadas. Sabe cómo ser carismático y atractivo, pero se centra en su imagen externa y puede estar desconectado de su verdadera identidad, que es una experiencia interior. Es más emocional que los otros subtipos y a menudo alberga una sensación de tristeza en lo profundo. Dedica mucha atención a apoyar a los demás y ayudarlos a tener éxito. Es más tímido que los otros subtipos y no tan competitivo, porque triunfa cuando las personas a las que apoya triunfan.

La sombra de los subtipos del tipo 3

Puedes enfrentarte con mayor eficacia a tu propia sombra si conoces las características específicas de la sombra de tu subtipo, dentro del tipo 3. A continuación se muestran algunos de los aspectos de la sombra de cada subtipo. Como el comportamiento de cada subtipo puede ser muy automático, tal vez sea especialmente difícil ver y reconocer estos rasgos en uno mismo.

La sombra del subtipo 3 del instinto de conservación

Si este es tu subtipo, tal vez te resulte difícil (o imposible) bajar el ritmo. Tu ansiedad relacionada con la supervivencia y con el impulso de ser bueno implica que tu ego te induce a no parar de trabajar. Es probable que seas demasiado autónomo y autosuficiente y puede resultarte difícil depender de los demás o conectar con ellos. No solo te esfuerzas sin cesar por ofrecer una buena imagen, sino que también quieres hacer las cosas bien. Sin embargo, a diferencia de las personas de tipo 1, determinas lo que es «correcto» mirando fuera. Es probable que te cueste mucho sentir emociones profundas y expresar vulnerabilidad. Puedes ser excesivamente modesto y quedar atrapado en el círculo vicioso de querer ofrecer una buena imagen, querer ser bueno y querer hacer lo correcto. Pero es posible que no puedas relajarte ni sentir que logras ninguna de estas cosas.

La sombra del subtipo 3 social

Si este es tu subtipo, es probable que se te dé muy bien ofrecer una imagen realmente genial, pero tiendes a apegarte a mostrar siempre una imagen perfecta. Puedes sentirte vulnerable si los demás ven más allá de la imagen que presentas al mundo. Es posible que ni siquiera te permitas ser plenamente consciente del verdadero yo que se esconde detrás de tu personaje. Tu fuerte necesidad de competir y ganar puede volverte despiadado; tal vez hagas cualquier cosa para llegar a la cima. Puedes probar a mentir, hacer trampa o robar para ganar, a la vez que ocultas estos comportamientos detrás de una imagen positiva. Es probable que tengas grandes dificultades con el fracaso y que hagas todo lo posible por evitarlo, especialmente si te sientes inseguro. Necesitas el aplauso de la multitud para sentirte valioso, y puedes evitar desarrollar una seguridad interior real hasta el punto de esconderte tras una imagen de éxito superficial.

La sombra del subtipo 3 sexual

Si este es tu subtipo, concentras gran parte de tu atención en los demás. Tu necesidad de ser atractivo por fuera implica que a menudo pierdes el contacto con quien realmente eres por dentro. Es posible que sientas una profunda tristeza por no estar en contacto contigo mismo y que tengas una baja autoestima. Sin embargo, probablemente te cueste acceder a esta tristeza, a pesar de que puede ayudarte a conectarte con tu verdadero yo. Apoyas a los demás y logras el éxito trabajando para ayudarlos a obtener sus logros con el fin de evitar exponerte.

«Lo que aporta orden al mundo es amar y dejar que el amor haga lo que quiera». Krishnamurti

La paradoja del tipo 3

La paradoja del tipo 3 tiene como base la polaridad entre la pasión del autoengaño y la virtud de la veracidad. Al reconocer la necesidad que tienen de dar una impresión positiva a toda costa y de ganarse la admiración de los demás, estas personas comienzan a ver su autoengaño en acción. Si te identificas con este tipo, debes examinar todas las formas en que te engañas a ti mismo. Al aprender a distinguir entre tu falso yo (tu imagen ideal) y tu verdadero yo, pasas de estar convencido de que eres lo que haces a reconocer, *desde dentro*, quién eres realmente. Al irte dando cuenta de tu propio autoengaño, vas sabiendo y expresando lo que sientes y deseas en realidad; primero te lo dices a ti mismo, y después lo manifiestas ante los demás.

En este contexto, la veracidad significa acceder a una verdad más profunda: la verdad inherente que albergas en tu interior y la renuncia de tu corazón a ser lo que no eres. Tomar conciencia de esta paradoja y aprender a ver cómo se engañan a sí mismas al pensar que son su imagen constituye uno de los principales objetivos del viaje de crecimiento de las personas de tipo 3.

Si te identificas con este tipo, aquí tienes algunas medidas que puedes adoptar para volverte más consciente del autoengaño y más capaz de acceder a la experiencia de nivel superior que la veracidad hace posible:

- Advierte la diferencia entre tu imagen y lo que de verdad piensas y sientes.
- Reconoce las diversas personalidades que adoptas en las distintas áreas de tu vida. ¿Eres alguien diferente en el trabajo y en casa? ¿Eres distinto durante la semana y los fines de semana? ¿Presentas una imagen diferente a cada uno de tus grupos de amigos? Si es así, ¿por qué?
- Examina tu tendencia a mantener un ritmo rápido en tu vida. Pregúntate si una de las razones por las que haces tanto sin parar es que estás huyendo de tus emociones.
- Reconoce el poco espacio que les dejas a tus sentimientos. Considera que, en tu caso y en este punto, tus sentimientos son uno de los indicadores más claros de tu verdadero yo. Permítete sentir tus emociones, poco a poco, para conocer mejor tu verdadera identidad.
- Descubre qué es lo que no te deja bajar el ritmo. Percibe cualquier miedo o ansiedad que puedas albergar que tenga que ver con el hecho de reconocer tus sentimientos y cuestionar tu personaje.
- Observa todas las pequeñas formas en que te mientes a ti mismo y mientes a los demás sobre el tipo de persona que eres. Cuestiona y explora las formas en que te engañas a ti mismo.

«Evitar el autoengaño es una cuestión de integridad». Orrin Woodward

Fomenta tu crecimiento con las flechas del tipo 3

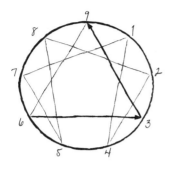

Los dos tipos conectados al tipo 3 por las flechas del interior del diagrama del eneagrama son el 6 y el 9. El tipo 3 puede cambiar en gran medida su enfoque habitual en las tareas, la consecución de objetivos y la obtención de reconocimiento si incorpora las tendencias del tipo 6 de desacelerar, acceder a inquietudes y evaluar amenazas. A continuación, puede aprender a estar más disponible para conectar con las personas integrando los puntos fuertes del tipo 9, los cuales también lo ayudarán a desarrollar su capacidad de relajarse y conectar más profundamente con los demás.

- Primero, desarrolla la capacidad del tipo 6 de explorar problemas potenciales que puedan surgir al considerar una tarea u objetivo. Haz una pausa para pensar en lo que podría salir mal y piensa en los posibles riesgos y amenazas antes de iniciar planes y proyectos. Cuestiona lo que está sucediendo antes de pasar a la siguiente tarea. Ponte en contacto con los miedos y ansiedades que puedas albergar sobre lo que estás haciendo y tómate tiempo para explorar esas preocupaciones como una forma de pensar de manera más profunda sobre el trabajo y las relaciones. Permítete dudar de ti mismo, de forma saludable, como estrategia para ponerte en contacto con tus verdaderos sentimientos y tu verdadero yo.
- Después, integra los puntos fuertes del tipo 9. Baja aún más el ritmo y céntrate en volverte más receptivo y humilde. Amplía tu enfoque; no tomes en consideración solamente cuál es el camino más corto hacia la meta y la obtención de resultados oportunos, sino también lo que es bueno para

los demás. Escucha más atentamente a otras personas y ten en cuenta sus puntos de vista cuando estés persiguiendo tus objetivos. Desarrolla la capacidad de seguir los planes de los demás en lugar de asumir siempre la carga para cumplir por tu cuenta. Equilibra tu enfoque en el trabajo con una mayor atención a fomentar la conexión y la armonía en tus relaciones y contigo mismo. Vive una vida más equilibrada y realiza más actividades que te relajen.

- -
«Quizá el mayor autoengaño es decirnos a nosotros mismos que podemos ser autosuficientes». Joseph Stowell
- -

ACOGER EL ESTADO MÁS ELEVADO

En la tercera parte de su viaje, las personas de tipo 3 acogen en mayor medida su verdadera identidad; se van desidentificando de las imágenes que crean de sí mismas y de los papeles que desempeñan. Dedican menos energía a crear unas imágenes específicas y se sumergen más profundamente en una conexión genuina con sus emociones y su verdadero yo. Cuando trabajan a propósito para volverse más conscientes de sí mismas, integrar sus puntos ciegos y acceder a su dolor, aprenden a conocerse y valorarse en un nivel mucho más profundo, de una manera que nunca habrían creído posible.

Cuando los individuos de tipo 3 hacen este trabajo, llegan a conocer su verdad interior, más allá de su necesidad egoica de recibir comentarios positivos y admiración. Cuando se dan cuenta de que no necesitan ponerse máscaras para ser dignos de amor y respeto, comienzan a vivir desde el recuerdo de su verdadero yo y dejan de pensar que tienen que ser ellos quienes mantengan al mundo entero dando vueltas. Descubren que no necesitan ser otra cosa que quienes son para tener valía y lograr resultados positivos.

El estado superior de conciencia que puede alcanzar este tipo se caracteriza por el amor, la unidad y la conexión con los demás y el universo. En este estado, trabajar tan duro para ser aceptado o tener un papel central en lo que está sucediendo no tiene sentido. Ahora, el tipo 3 ya no alberga la creencia de que necesita tener un determinado título, conseguir cierto logro u ofrecer una imagen específica para ser alguien importante y valioso.

Si te identificas con este tipo, aquí tienes algunos temas en los que puedes trabajar para seguir avanzando en esta tercera etapa de tu viaje de crecimiento:

- Reconoce que no eres tu personalidad para poder establecer contacto con tu yo real, es decir, con tu verdadera identidad. Deja que tu observador interno vea claramente que cuando vives a través de tu personaje, ese no eres tú. Puedes notar la diferencia entre tu falso yo y tu verdadero yo.
- Mantente en contacto con tu corazón; sé hermosamente emocional sin tener que disculparte ni avergonzarte por ello. Observa cómo esto tiene un impacto positivo en los demás y lo bien que te sientes cuando permites que tu estado emocional produzca resultados sin hacer nada.
- Disfruta la experiencia de ser, sin más. Reconoce lo bien que te sientes al vivir en un estado esencial de veracidad.
- Valora tu sentimiento interior de valía por encima de tu necesidad de obtener elogios o reconocimiento del exterior.
- Identifica qué es lo que quieres y te gusta realmente. Observa lo bien que te sientes al tomar decisiones basadas en tus deseos naturales y no en lo que los demás valoran.
- Colabora estrechamente con otras personas en tu vida y en el trabajo. Escucha atentamente sus pensamientos y sentimientos para tenerlos en cuenta en aquello que vayas a hacer.

- Construye relaciones más sólidas siendo más auténtico y dejando que los demás te conozcan mejor. Permítete ponerte en manos de otras personas; deja que hagan cosas por ti.
- Toma conciencia de lo mucho que necesitas hacer y de lo imprescindible que te consideras para que las cosas funcionen. A partir de aquí, limita tu grado de actividad; haz solo lo que realmente debas hacer.
- Gánate a las personas expresando lo que sientes y lo que quieres en realidad.

· ·

«El amor quita las máscaras que creemos
necesitar para vivir a la vez que sabemos que no
podemos vivir tras ellas». James Baldwin

· ·

La virtud del tipo 3

La veracidad es la virtud que proporciona el antídoto a la pasión del tipo 3: el autoengaño. Para este tipo, la veracidad implica ser más consciente del engaño implícito en la estructura de su personalidad. Significa reconocer su falso yo como falso y aprender a no encontrar su identidad en lo que otras personas quieren que sea o en la imagen que le gustaría ofrecer a los demás.

La veracidad requiere una transparencia radical y una clara sensación de estar arraigado en el ser interior. Significa escuchar el propio corazón para descubrir la diferencia entre la verdad y la mentira dentro de uno. Genera una buena sensación respecto al verdadero yo y permite apreciar la plenitud y la satisfacción asociadas al hecho de vivir desde la verdadera identidad. Significa conocer la propia verdad y expresarla con todas las personas con las que uno se encuentra todos los días y estar más a gusto y relajado en la vida al experimentar el flujo natural que surge del verdadero ser.

Si te identificas con este tipo, la veracidad te permitirá ver el inmenso valor que tiene que vivas tu verdad y que te limites a *ser*. De hecho, la veracidad no es solo la voluntad del corazón de que uno viva según lo que es; también es el rechazo del corazón a que uno viva según lo que *no* es. Al estudiar conscientemente todas las formas en que te has mentido como parte de tu estrategia de supervivencia, descubres la diferencia entre lo verdadero y lo falso, y dejas de adaptarte y ofrecer imágenes diversas para encajar. Descubres tu yo auténtico y pasas a no tolerar ningún aspecto falso que detectes en ti o en los demás.

Como tipo 3 que te encuentras en el estado de veracidad, empiezas a experimentar lo siguiente:

- Una vida basada en el conocimiento de la verdad de quién y qué eres. Este conocimiento te llega desde tu naturaleza más profunda.
- Aceptas a las personas a las que no gustas o que no te valoran, porque no tienes necesidad de impresionarlas ni de obtener su aprobación.
- Reconoces que tu corazón tiene la capacidad de tocar emocionalmente a los demás y, por tanto, de influir en sus emociones.
- Te encuentras en un estado del ser en el que tus expresiones, interacciones y actividades muestran cómo te sientes, qué valoras y qué deseas en realidad, desde lo más profundo.
- Eres capaz de cuestionar y explorar todas las formas en las que te autoengañas; también eres capaz de perdonarte a ti mismo cuando, inadvertidamente, te enredas en las ilusiones de la realidad convencional.
- Eres consciente de la verdad de lo que está sucediendo dentro de ti en el momento; no lo confundes con lo que podrían inducirte las circunstancias externas.

- Estás conectado continuamente con tus profundidades más que con la realidad superficial y las necesidades del ego, lo que te permite conectar de forma más profunda y auténtica con los demás.

* *

«No puedes conocer tu verdadera mente mientras te estés engañando a ti mismo». Bodhidharma

* *

Despertar del estado zombi

Para el tipo 3, la clave para vivir según su verdadero yo radica en ir aprendiendo a conocer y apreciar a su yo auténtico en mayor medida de lo que conoce y aprecia a su yo egoico. Esto ocurre al ir fortaleciendo el sentido de su verdadera identidad y dejar de necesitar asumir un rol o un personaje específicos. Cuando estas personas se vuelven conscientes de su tendencia a autoengañarse y aprenden a detectar el momento en que cambian la forma de mostrarse, descubren que su verdadero yo puede estar disponible para el amor y la conexión, contrariamente a su falso yo.

Cuando llegan a la tercera etapa de su viaje, las personas de tipo 3 pasan de estar enfocadas principalmente en el exterior a ser más capaces de prestar mayor atención a lo que sucede en su interior. Cultivan la habilidad de acceder a su verdadera identidad y a lo que quieren realmente. Se vuelven conscientes de las formas en que alteran su personalidad para atraer a los demás con el fin de ganarse su amor y valoración, y descubren que solo pueden ser amadas de verdad cuando dejan de intentar demostrar que son individuos competentes o productivos. Sueltan la necesidad de triunfar a lo grande y se relajan en su verdadero yo con mayor confianza.

Este camino puede ser difícil debido a la forma en que las estrategias de supervivencia del tipo 3 se estimulan y recompensan en muchas culturas. A este tipo puede costarle ver la necesidad de cambiar si su estilo de personalidad le va muy bien para lograr aquello que para la sociedad es indicativo de una persona buena o exitosa. Además, este tipo puede tener dificultades para distinguir su identidad real de sus patrones de personalidad y lo falso de lo verdadero, debido a los mecanismos de defensa que emplea. Pero debe hacerlo para despertar del estado zombi en el que vive cuando el ego dirige su vida. Debe comprender que es mucho más que su personalidad, porque a menos que tenga esta comprensión, su capacidad de vivir una vida más consciente y realizar su máximo potencial estará muy limitada.

Sin embargo, cuando las personas de tipo 3 emprenden el viaje del autodesarrollo y se dan cuenta de que no son solo lo que hacen o su imagen, pueden llevar la riqueza inherente a su verdadero yo al mundo de maneras que ni siquiera pueden imaginar. Se dan cuenta de que el verdadero éxito radica en su capacidad de saber quiénes son realmente y comienzan a vivir desde el contacto permanente con sus profundidades. Cuando hacen esto, los individuos de tipo 3 no solo abren la puerta a amarse verdaderamente a sí mismos, sino también a que los demás los amen profundamente tal como son.

Terminamos este capítulo con una cita del cuento clásico *El conejo de terciopelo*, de Margery Williams. Resume perfectamente lo que significa para las personas de tipo 3 amarse a sí mismas y dejar que los demás las amen, al llegar a conocer su realidad esencial.

—¿Qué es ser real? —preguntó el Conejo un día, cuando estaban acostados uno al lado del otro cerca de la pantalla protectora de la chimenea, antes de que Nana viniera a poner orden en la habitación—. ¿Significa tener cosas que zumban dentro de ti y una palanquita que sobresale?

—Ser real no es cómo estás hecho —dijo el Caballo de Cuero—. Es algo que te pasa. Cuando un niño te ama durante mucho, mucho tiempo, no solo para jugar, sino que realmente te ama, entonces pasas a ser real.

—¿Duele? —preguntó el Conejo.

—A veces —respondió el Caballo de Cuero, que siempre era sincero—. Cuando eres real, no te importa que te lastimen.

—¿Ocurre de golpe, como si te dieran cuerda? —preguntó—, ¿o poco a poco?

—No sucede de golpe —comentó el Caballo de Cuero—. Te vas volviendo [real]. Requiere mucho tiempo. Por eso, no les suele ocurrir a los que se rompen con facilidad, o a los que tienen bordes afilados, o a los que hay que tratar con cuidado. Por lo general, para cuando llegas a ser real, la mayor parte de tu pelo se ha desgastado, tus ojos se han salido, tienes las articulaciones sueltas y estás muy maltrecho. Pero nada de esto importa en absoluto, porque una vez que eres real, no puedes ser feo, excepto para las personas que no comprenden.

Pasaron las semanas y el pequeño Conejo pasó a estar muy viejo y raído, pero el Niño lo amaba igual. Lo amaba tanto que le encantaba su bigote al que le faltaban pelos, el color gris que adoptó el revestimiento rosa de sus orejas y el hecho de que sus manchas marrones se desvanecieran. Incluso comenzó a perder su forma y casi dejó de parecer un conejo, excepto para el Niño. Para él siempre fue hermoso, y eso era todo lo que le importaba al pequeño Conejo. No le importaba cómo lo veían otras personas, porque la magia del cuarto lo había convertido en real, y cuando eres real, no te importa estar raído.

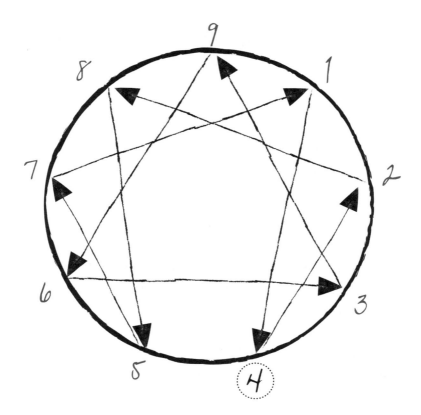

Tipo 4

El camino de la envidia a la ecuanimidad

*La envidia es el arte de contar lo bueno que tiene el otro
en lugar de lo bueno que tiene uno mismo.*

HAROLD COFFIN

*La gratitud, no la comprensión,
es el secreto de la alegría y la ecuanimidad.*

ANNE LAMOTT

É rase una vez una persona llamada Cuatro. De pequeña, pensaba que tenía una conexión total con el mundo (con la naturaleza y las personas que la rodeaban). Se sentía querida por sus padres, como deberían serlo todos los niños. Pero entonces sucedió algo que lo cambió todo. Nació un bebé. Para Cuatro, esto significó el fin de su mundo perfecto. Dejó de ser el centro de atención de sus padres. Dejó de ser la niña más especial del mundo. Cuando quería a alguien con quien jugar o un abrazo, todos estaban ocupados con el bebé. Se sintió insignificante, sola y ordinaria.

Para encontrarle sentido a esta terrible situación nueva, Cuatro creyó que debió de haber hecho algo malo que provocó la pérdida de conexión con sus padres. Después de todo, no parecían preocuparse por ella como antes, por lo que ella debía de tener la culpa. Probablemente habían descubierto que ella tenía algo de malo, y ese nuevo bebé era mejor de alguna manera. ¿Qué otra explicación podía haber?

La nueva forma de pensar de Cuatro le ocasionó algo de dolor y angustia, pero poco a poco se fue acostumbrando a sentirse mal y triste. Y pensó que si había perdido la conexión que anteriormente había experimentado por culpa suya, tal vez eso significaba que podía hacer algo para arreglar las cosas. Tal vez, de alguna manera, podría volver a conectar con los demás y con el mundo mostrándoles a todos lo especial que era o haciéndoles ver cuánto estaba sufriendo al reconocer que no era tan especial como había pensado. Mientras tanto, su tristeza se convirtió en una amiga familiar que le hacía compañía cuando se sentía sola.

Con el tiempo, Cuatro intentó restablecer la conexión que había perdido de varias maneras. Intentó que los demás volvieran a verla como alguien especial. Les mostró lo extraordinaria y única que era haciendo hermosos dibujos, diciendo verdades personales y expresando su profundidad emocional cantando canciones tristes. Pero nadie parecía advertir que fuese especial; le decían que estaba siendo «demasiado sensible» o «demasiado dramática». Probó a contar todos los intrincados detalles de su dolor y su pérdida, con la esperanza de que hicieran algo para aliviar su sufrimiento. Probó a demostrar lo fuerte que era soportando su sufrimiento sin quejarse. Probó a enojarse y competir con otros para demostrar su superioridad. Pero nadie le dio la comprensión y la conexión profunda que anhelaba.

Ninguno de sus esfuerzos hizo que Cuatro se sintiera comprendida o especial, pero esas formas de sentir, pensar y actuar acabaron por convertirse en hábitos. No podía dejar de anhelar amor, comprensión y una conexión profunda, pero tampoco podía dejar de creer que era totalmente indigna de todo ello. Impulsada por la necesidad de sentirse conectada nuevamente, continuó enfocándose en las emociones que albergaba respecto al amor que había perdido y experimentándolas. No podía dejar de ver todos sus defectos. No podía dejar de advertir todas las cosas buenas que otros tenían y que a ella le faltaban, y anhelaba que alguien o algo la ayudara a sentirse merecedora.

Sin darse cuenta, las estrategias que Cuatro había adoptado para hacer frente a su sentimiento de pérdida llegaron a dominar su vida. Muchas personas pensaban que era extraño que tratara de obtener amor y comprensión enfocándose en la idea de que era indigna de ello. Pero de vez en cuando su estrategia funcionaba para llamar la atención, aunque esta fuese de tipo negativo. Eso no hizo más que reforzar sus hábitos.

De vez en cuando, alguien veía que Cuatro era especial y trataba de darle el amor que anhelaba. Pero entonces ya estaba totalmente convencida de que no merecía el amor, porque no había sido lo suficientemente buena como para mantenerlo desde el principio. Por eso, no podía recibir el amor cuando se lo ofrecían. No podía dejar de crear situaciones que confirmaban su fe en su propia insuficiencia. No podía dejar de alejar a los demás para asegurarse de que no fuesen ellos los que la abandonaran (ya que tenía claro que lo harían). Sabía que siempre la decepcionarían, y tratar de albergar cualquier otra creencia no hacía más que incrementar su dolor. Era mejor estar triste todo el tiempo para protegerse de la esperanza de algo bueno, algo que no podría permitir que sucediera en cualquier caso.

Cuatro se había convertido en un zombi, un zombi muy auténtico y emocional, pero un zombi de todos modos.

LISTA DE VERIFICACIÓN DEL TIPO 4

Si tienes la mayoría de los rasgos de personalidad siguientes, o todos ellos, tal vez seas una personalidad de tipo 4:

☑ Centras gran parte de tu atención en el funcionamiento interno de tus emociones. Experimentas una amplia gama de emociones y te sientes cómodo con los sentimientos intensos.

☑ Puedes ver fácilmente lo que falta en cualquier situación y en ti mismo.

☑ Te comparas a menudo con los demás, a veces favorablemente, a veces desfavorablemente.

☑ Sientes que no encajas, ni por las buenas ni por las malas.

☑ Estás familiarizado con la experiencia de la tristeza.

☑ Te resulta fácil percibir lo que sucede en un nivel profundo cuando las personas interactúan, es decir, lo que ocurre bajo la superficie que no se expresa.

☑ Das un gran valor a la autenticidad, en ti mismo y en los demás. Cuando sientes la necesidad de decir la verdad, los demás a veces lo aprecian y otras veces no.

☑ Puedes detectar fácilmente lo conectado o desconectado que estás de otra persona; eres sensible al espacio que hay entre tú y los demás.

☑ Tienes un fuerte deseo de sentirte comprendido, aunque a menudo te sientes incomprendido.

Si, después de usar la lista de verificación, descubres que tu tipo es el 4, tu viaje de crecimiento transcurrirá en tres etapas.

Primero, te embarcarás en un proceso de autoconocimiento en el que identificarás los patrones de personalidad que te llevan a limitarte; harás esto enfocándote en lo que falta y no es ideal, y en todas las formas en que te sientes insuficiente o diferente.

A continuación deberás enfrentarte a tu sombra para asumir que en realidad generas más malentendidos y desconexión al insistir en una experiencia interna de carencia; también te darás cuenta de que el hecho de verte como insuficiente significa que rechazas tus puntos fuertes y tus dones. Al examinar con valentía estos patrones egoicos, empezarás a comprender cómo están obstaculizando tu crecimiento.

En la etapa final de tu viaje soltarás tu falso yo y te identificarás en mayor medida con tu verdadero yo (tu yo superior) para adquirir una mayor completitud. Al hacer esto pasarás a estar más abierto a conectar verdaderamente contigo mismo y con los demás cuando superes tus altibajos emocionales y reconozcas lo que tienes de positivo y los elementos positivos que ya están presentes en tu vida.

• •

«La gente suele ser tan feliz como decide ser». Abraham Lincoln

• •

EMPIEZA EL VIAJE

En la primera etapa de su viaje de crecimiento, el tipo 4 deberá observar conscientemente su patrón mental de compararse con los demás. Cuando las personas de tipo 4 comienzan a ver todas las formas en que confirman su creencia en su propia insuficiencia y empiezan a reconocer estos hábitos como una defensa contra la posibilidad de descubrir que son tan buenas como cualquier otro individuo, inician su viaje de descubrimiento y aceptación de su verdadera identidad.

Si te identificas como tipo 4, tu viaje empieza con el reconocimiento (desprovisto de juicios) de la mucha atención que dedicas a tus fantasías internas y la poca que prestas a tu verdadera identidad y a cómo te reciben los demás. Cuando te des cuenta de que creas escenarios negativos en tu vida al albergar creencias negativas sobre ti que no son ciertas, habrás dado el primer paso en tu camino.

Patrones clave del tipo 4

La mayoría de las personas de tipo 4 piensan que reconocer su insuficiencia hace que, de alguna manera, sean individuos honestos o auténticos. En realidad, sin embargo, esto solo cimenta un patrón defensivo por el que interpretan todo lo que experimentan como una afirmación de su sentimiento de carencia. Como no pueden ver e interrumpir esta falsa creencia en su propia insuficiencia, y como no advierten que esta opera como un mecanismo de defensa que les impide abrirse a lo bueno, permanecen dormidas y no logran crecer. Para avanzar en su viaje, las personas de tipo 4 deben ver que buscar pruebas de su propia inferioridad o superioridad (la cual también refleja un sentimiento, más profundo, de inferioridad) las mantiene atrapadas en una ilusión respecto a quiénes son, lo cual les impide manifestar todo lo que son capaces de ser. Para este tipo, despertar significa cuestionar su creencia en su propia insuficiencia. También significa reconocer que ha creado una identidad a partir del sentimiento de no ser merecedor.

Si te identificas como tipo 4, debes centrarte en estos cinco patrones habituales y hacerte más consciente de ellos para iniciar tu viaje:

Minusvalorar el presente

Advierte si tiendes a idealizar lo distante y si solo ves carencias en el presente. Obsérvate para ver si glorificas o lamentas el pasado y fantaseas con el futuro. Mira si tu mente evita disfrutar y acoger lo que está sucediendo *ahora* al contemplar continuamente las oportunidades perdidas o una imagen optimista de lo que podría suceder en un futuro más satisfactorio. Tal vez pienses a menudo que el césped siempre crece más verde en algún otro lugar, lo cual te aleja del único momento en el que de verdad puedes actuar: el momento presente. Este patrón puede hacer que se cree una dinámica de atracción-evitación en tus relaciones que haga que los demás te parezcan más atractivos si no están disponibles para ti.

Compararte con los demás

Al autoobservarte, tal vez adviertas que tienes una «mente comparativa». Comprueba si te comparas automáticamente con lo que percibes en los demás. Esto significa que es probable que contrastes regularmente elementos de ti mismo con lo que otros tienen o hacen y que, por lo general, salgas perdiendo con la comparación. Pero ya sea que te sientas inferior o superior, en tu mente nunca estás en un plano de igualdad con los demás: siempre hay alguien mejor o peor que tú. Tal vez tengas la tendencia de enfocarte mucho en evaluar a las personas y sentirte mal por ser «menos que» los demás. Es probable que sientas a menudo que tienen buenas cualidades que a ti te faltan; o, a veces, puedes volverte competitivo y considerar que eres mejor que los demás.

Vivir principalmente en tu mundo interior

Observa si tiendes a centrar la atención en lo que está sucediendo dentro de ti, es decir, en tus sentimientos, pensamientos y fantasías. Este patrón te lleva a desarrollar una percepción sesgada de tu verdadera identidad, a pesar de que puedas pensar que estás siendo objetivo con respecto a tus limitaciones. La mayor parte de las veces es posible que te resistas a asumir los comentarios positivos de los demás y estés seguro de llevar la razón en tus autoevaluaciones. Al vivir tanto dentro de ti mismo, evitas asimilar la realidad exterior y estar presente con lo que realmente está sucediendo. Deberás autoobservarte para ver si estás viviendo una vida basada en impresiones falsas sobre ti mismo que te frenan. Será importante que tengas en cuenta que, cuando te concentras tanto en tus sentimientos internos y en tus historias sobre ti mismo, te impides reconocer la posibilidad de sentirte más satisfecho estando en contacto con las cosas (buenas) tal como son en realidad.

Suponer que tus emociones te definen

Es probable que te bases demasiado en tus propias emociones para definir tu experiencia del mundo, lo cual condiciona tu percepción de lo que está sucediendo en realidad y contribuye, potencialmente, a que los demás te vean como alguien demasiado sensible o ensimismado. Descartes dijo la famosa frase «pienso, luego existo». Pero tú puedes vivir sobre la base de una idea similar, y no cuestionarla nunca: «Siento, luego existo». Observa si equiparas toda tu experiencia de la vida con lo que sientes emocionalmente y si esto puede constituir un hábito autolimitante. Tus emociones son importantes, por supuesto, pero van y vienen; no son todo lo que eres. Aportan información y arrojan luz sobre lo que es importante para ti, pero lo que hay que hacer con ellas es sentirlas, procesarlas y después dejar que se vayan.

Creer que eres insuficiente

Tal vez te juzgues a menudo como carente o superior, pero en cualquier caso crees, en el fondo, que eres defectuoso en tus cimientos. Y es posible que efectúes comparaciones continuamente para confirmar tu sensación de insuficiencia. Comprueba si tiendes a convencerte de que te faltan algunas cualidades necesarias que te harían estar completo o ser valioso o digno de ser amado, y si tiendes a suponer que no eres lo bastante bueno. Advierte si permites que tus pensamientos y sentimientos refuercen esta (falsa) creencia y pregúntate si esto te impide acoger tu verdadera identidad.

· ·

«Cuando se cierra una puerta de la felicidad, se abre otra; pero a menudo nos quedamos mirando tanto tiempo la puerta cerrada que no vemos la que se nos ha abierto». Helen Keller

· ·

La pasión del tipo 4

La envidia es la pasión que impulsa la personalidad del tipo 4. En este contexto, hay que entenderla como el deseo de tener uno mismo los aspectos positivos que tiene otra persona. El origen de la palabra *envidia* es el vocablo latino *invidere*, que significa 'mirar a/hacia'. En la sección del Purgatorio de *La divina comedia*, Dante muestra a las almas que «purgan» la pasión de la envidia con los ojos cerrados con alambre para que no puedan ver lo que otros tienen que consideran deseable. La envidia incluye una sensación dolorosa de no tener algo esencial, así como el anhelo de tener aquello de lo que uno, presuntamente, carece. El tipo 4 siempre es consciente de lo que le falta para estar a la altura del ideal que se autoimpone y de lo que tienen los demás que hace que sí se ajusten a dicho ideal.

La envidia hace que este tipo permanezca enfocado en lo que no tiene. Contribuye a que estos individuos tengan la sensación de no estar completos y no ser suficientes tal como son. Esta envidia puede tener efectos destructivos, al fomentar el resentimiento hacia personas a las que perciben como más completas o valiosas que ellos mismos. No se dan cuenta de que estas impresiones pueden ser el resultado de que están proyectando sus propias cualidades positivas repudiadas. Es decir, atribuyen cualidades positivas a los demás sin advertir que están ubicando su propia bondad* fuera de sí mismos. Al mismo tiempo, la envidia hace que cierren su corazón a sí mismos y a las personas a las que envidian, lo cual les impide acoger o asimilar la bondad que anhelan.

Si te identificas con este tipo, aquí tienes algunas manifestaciones típicas de la envidia que debes observar y de las que debes hacerte más consciente si quieres avanzar en tu camino hacia el despertar:

---

* N. del T.: En esta obra, hay que entender *bondad* en su acepción de 'cualidad de bueno', es decir, como la ausencia de imperfecciones esenciales.

- Te enfocas más en lo que falta que en lo que hay.
- Te fijas en los atributos positivos que te faltan y eres muy autocrítico. Comparas lo que tienen los demás con lo que tienes tú y siempre sientes que eres peor o mejor que ellos, pero nunca igual.
- Alabas o admiras excesivamente a los demás u ofreces cumplidos entusiastas.
- Desdeñas a otras personas o las criticas duramente.
- Tienes o perpetúas un complejo de superioridad o de inferioridad. Admiras a los demás o los menosprecias.
- Te emocionas demasiado o te entristeces en exceso ante determinadas situaciones.
- Te sientes competitivo y actúas motivado por una competencia abierta o encubierta.
- Te tomas a ti mismo como punto de referencia; te centras principalmente en tu propia experiencia y en lo que tienen que ver contigo las cosas.
- Necesitas sentirte especial; alimentas unas expectativas elevadas y nunca estás satisfecho o contento.

• •

«El que envidia a los demás no obtiene la paz interior». Buda

• •

Expande tu crecimiento con las alas del tipo 4

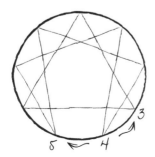

Los dos tipos adyacentes al tipo 4 en el círculo del eneagrama son el 3 y el 5. Las cualidades del tipo 3 ayudan al 4 a volverse más pragmático y menos emocional, mientras que las del tipo 5 le ayudan a volverse más objetivo y equilibrado. Esto amplía su enfoque más allá de las conexiones, las emociones y las relaciones, y le permite desarrollar su pragmatismo de varias maneras.

- Primero, encarna la capacidad del tipo 3 de priorizar las tareas sobre los sentimientos y trabaja para volverte más eficiente y pragmático. Concéntrate en el trabajo y en objetivos y tareas prácticos para desviar la atención de las emociones en las que te enfocas más de lo necesario. Suelta cualquier sentimiento que amenace con distraerte de lo que debes hacer. Interésate por las emociones positivas derivadas de la consecución de buenos resultados laborales. Cuando notes que tus emociones se están intensificando, intenta aplacarlas y enfocarte más en las tareas que tienes por delante.
- A continuación, integra los rasgos del tipo 5. Para ello, date cuenta cuando te sientas abrumado por una emoción fuerte y haz un esfuerzo consciente por calmarte y equilibrarte. Analiza tus sentimientos para comprender lo que está sucediendo. Aprende a detectar que te estás concentrando demasiado en las emociones y aparta la atención de tus sentimientos para situarla en tus pensamientos. Aprende a extraer información de tus emociones sobre lo que es importante para ti y después desapégate de ellas de una manera saludable. Practica el movimiento de pasar del corazón a la cabeza para ser más objetivo en cuanto a lo que está sucediendo y sitúa tus emociones en un contexto más amplio. Equilibra tu enfoque en las relaciones humanas con la elección de desconectar de los demás y disfrutar de tiempo a solas.

«La envidia es el impuesto que toda distinción debe pagar». Ralph Waldo Emerson

Hacer frente a la sombra

La segunda parte del viaje de crecimiento del tipo 4 consiste, por un lado, en reconocer cómo intenta ser comprendido y valorado centrándose demasiado en su sufrimiento para ganarse el amor de los demás, y por otro lado, en reconocer, acoger e integrar todos los aspectos positivos de su experiencia de vida. Por medio de estos procesos aprende a identificarse menos con lo que percibe como un yo deficiente y se centra más en la sencillez, la gratitud y la satisfacción.

En esta parte de su viaje, los individuos de tipo 4 comienzan a darse cuenta de que el hecho de permanecer enfocados en su verdad emocional interna, lo cual pensaban que era positivo, puede ser negativo. Su falta de conciencia de sí mismos puede volverlos melodramáticos o masoquistas, ensimismados y exigentes, aunque conscientemente puedan pensar que son exquisitamente sensibles, empáticos y honestos. Cuando están demasiado concentrados en su territorio interior y habitan demasiado en la melancolía, pueden volverse egocéntricos, abrumados emocionalmente, excesivamente negativos y demasiado comprometidos con hacer que los demás los vean como extraordinarios. Cuando los demás no reaccionan a su deseo de que los vean como seres únicos, pueden volverse retraídos o malhumorados, o enojarse abiertamente. Pueden centrarse en sus «aspectos negativos» y no ver lo positivo. Esta parte de su camino puede hacer que se sientan avergonzados y les puede costar asumirla, pues pueden quedar atrapados en la emoción de sentirse aún peor consigo mismos. La clave para ellos es no juzgarse y saber que dominar su sombra significa ver la verdad de su valía y aprender a sentirse mejor consigo mismos.

El trabajo con la sombra del tipo 4

Si te identificas como alguien de tipo 4, aquí tienes algunas acciones que puedes realizar para ser más consciente de los patrones inconscientes, los puntos ciegos y los puntos débiles claves de este tipo, y para empezar a contrarrestarlos:

- Equilibra el respeto por tus sentimientos con la capacidad de soltar las emociones después de haberlas sentido, procesado y compartido.
- Arráigate más en el cuerpo para poder ser más práctico y enfocarte en lo que debes hacer en este momento.
- Aléjate de determinadas emociones pasando conscientemente de los sentimientos al análisis mental.
- Desarrolla tu capacidad de estar presente en el aquí y ahora. Si te sientes arrastrado hacia la nostalgia del pasado o un anhelo idealista del futuro, vuelve a enfocarte conscientemente en lo que hay ahora mismo.
- Equilibra tu enfoque en lo que sucede dentro de ti con la conciencia de los sentimientos, necesidades y deseos de otras personas.
- Advierte, explora y combate tu tendencia a *introyectar* (o asimilar) los estados emocionales de los demás como una forma inconsciente de controlar lo que está sucediendo en relaciones que son muy importantes para ti.
- Cuando te des cuenta de que inconscientemente has tomado algo de otra persona que no es tuyo, devuélveselo.
- Hazte consciente de las formas en que te minusvaloras y evitas reconocer lo bueno que hay en ti. Nútrete consciencialmente absorbiendo activamente lo positivo.
- Practica la actitud de situar tu atención y energía fuera de ti mismo para equilibrar tu enfoque en lo interno, es decir, tu actitud de remitirlo todo a ti mismo colocándote como punto de referencia.

«Pensé que la cosa más hermosa del mundo
debía de ser la sombra». Sylvia Plath

Los puntos ciegos del tipo 4

Es posible que este tipo no quiera examinar sus puntos ciegos porque tiende a apegarse a determinados estados emocionales. A diferencia de otros tipos, que evitan los puntos ciegos para mantenerse felices, este tipo puede evitar la felicidad para experimentar algún tipo de satisfacción al sentirse mal, triste o enojado. Tal vez se sienta realmente inseguro, pero sus estrategias específicas de supervivencia zombi amplifican sus sentimientos de descontento como defensa contra un dolor aún más profundo.

Las personas de tipo 4 se resisten a mirar hacia dentro, a las cosas buenas que no ven en sí mismas, y que no ven que no ven, porque se sienten cómodas con la decepción o el descontento. No quieren arriesgarse a sentirse mejor por temor a que las vuelvan a abandonar, o a fallar de alguna manera. Pero quedarse atrapadas en un estado de ánimo negativo que las protege de sentirse peor solo bloquea su crecimiento. Cuando se apegan a sentirse mal, no se permiten ver que su autoimagen negativa está distorsionada. De hecho, tienen muchas razones para sentirse bien consigo mismas, pero están ocultas en sus puntos ciegos.

Si te identificas con este tipo, la buena noticia es que si estás dispuesto a mirar tus puntos ciegos y abrirte a tener buenos sentimientos sobre ti mismo, puedes vivir desde la mejor versión de ti de una manera que no creías posible. Si puedes soportar la conmoción y la consternación de enterarte de que en realidad ya eres feliz (!) y ves esto como una buena noticia, puedes aprender a sentirte contento con tu verdadera identidad.

Estos son algunos de los principales puntos ciegos de los que debes hacerte más consciente, como tipo 4, para avanzar en tu viaje:

No ver lo bueno

¿Ves solo lo que está mal en ti y en tu vida y no lo que está genial? ¿Tiendes a enfocarte en lo que te falta a ti o en las carencias de tu situación actual en lugar de hacerlo en todo lo que es bueno y funciona bien? Aquí hay algunas acciones que puedes realizar para integrar este punto ciego:

- Haz una lista de todos tus atributos positivos. Cuestiona tu sentido de lo que es negativo en ti y sigue añadiendo elementos a la lista de tus cualidades positivas.
- Pídeles a tus familiares y amigos más cercanos que te cuenten todo lo que les gusta de ti. Anótalo y mira esta lista todos los días. Aspira tu bondad con la respiración, al inspirar; incorpórala totalmente.
- Practica estar en el momento presente sin pensar en el pasado ni en el futuro. Advierte lo que está bien en este momento.
- Observa cualquier aspecto positivo que percibas en las personas que te rodean. Plantéate si algo de eso son proyecciones de lo que hay de bueno en ti, es decir, rasgos que atribuyes a otros que en realidad son tuyos.
- Advierte la realidad de lo que nos dicen muchas enseñanzas espirituales: que todos tenemos el mismo valor. Recuérdate repetidamente que nadie es mejor ni peor que nadie. Todas las comparaciones que apuntan en sentido contrario son percepciones erróneas.
- Trabaja para integrar los aspectos positivos de ti mismo que niegas. Haz «trabajo de espejo», es decir, practica decirte afirmaciones positivas frente a un espejo y deja que «aterricen» en tu interior.

Identificarte demasiado con las emociones

¿Crees que *eres* tus sentimientos? ¿Te enfocas en ideales y percepciones que toman demasiado de su significado de tu estado interior y no del resto de la realidad? Prueba algunas de estas técnicas para que te ayuden a integrar este punto ciego:

- Sé más consciente de cualquier creencia que albergues en el sentido de que toda tu identidad tiene que ver principalmente con tus emociones o tu capacidad de ahondar en las emociones.
- Cuando creas algo basándote en una emoción únicamente, verifica si es cierto consultando mentalmente la evidencia de lo que está sucediendo en realidad fuera de ti. Haz esto varias veces al día.
- Practica retirar la atención a cómo te sientes para ponerla en lo que está sucediendo realmente en el mundo que te rodea.
- Hazte consciente de que vives dentro de ti durante largos períodos de tiempo, en el interior de tu rica vida emocional o de tus fantasías.
- De forma regular, deja de enfocarte en tu estado interno para centrarte en lo que está sucediendo con las personas que te rodean, con el fin de descubrir realmente lo que están pensando, sintiendo y experimentando.
- Pregúntales a aquellos con los que interactúas más sobre sí mismos y cuéntales menos cosas sobre ti. Escúchalos atentamente sin remitir a ti lo que comparten; es decir, ponte en su lugar.

Buscar la comprensión por caminos equivocados

¿Supones que todo el mundo experimenta las emociones de la misma manera que tú? ¿Minusvaloras a las personas que subestiman (o evitan sentir) las emociones? ¿Eludes asumir la responsabilidad cuando persisten los malentendidos en tus relaciones? Aquí hay algunas medidas que puedes tomar para integrar este punto ciego:

- Advierte y reconoce lo importante que es que los demás te entiendan completamente y explora lo que significa esto para ti.
- Observa las formas en que intentas hacer que te comprendan las personas que hay en tu vida y comprueba, compartiendo con ellas, si están funcionando.
- Sé más consciente de las formas en que comunicas tus emociones a quienes no se relacionan con las emociones de la misma manera que tú. Ten en cuenta que es posible que debas informar a los demás de que eres alguien muy emocional y de que tienes mucha necesidad de sentirte comprendido.
- Explora tu tendencia a ser aún más emocional en respuesta a la sensación de que no te comprenden.
- Evita usar un lenguaje demasiado sofisticado o abstracto (o metafórico), ya que puede impedir que otros te entiendan. Aprende a comunicarte de forma más directa y sencilla.
- Practica el equilibrio entre las emociones y la actividad mental cuando te comuniques con los demás, sobre todo con las personas que se sienten incómodas frente a las emociones.

• •

«La envidia es un síntoma de la falta de reconocimiento de nuestra propia singularidad y valía». Elizabeth O'Connor

• •

El dolor del tipo 4

Al tipo 4 le cuesta reconocer, integrar completamente y superar su dolor. Puede parecer que no necesita «sentir su dolor» porque, por lo general, ya lo está experimentando bastante. También tiende a ser fuerte y resiliente frente al dolor, porque se siente más cómodo con las emociones difíciles que los otros tipos. Pero las personas de tipo 4 necesitan experimentar ciertas clases de dolor de manera más consciente y enfrentarse a otras emociones que evitan sin darse cuenta como parte de su estrategia de supervivencia. Esto puede ser complicado para ellas, porque tienden a enfocarse demasiado en algunos tipos de sufrimiento y, a veces, incluso se les cuelga la etiqueta de individuos demasiado sufridores. Pero si bien es cierto que estas personas pueden excederse en su tendencia a sufrir, este no es el panorama completo.

El viaje del despertar pasa por que cada tipo del eneagrama sufra conscientemente el dolor específico que necesita abordar para crecer. Si te identificas como tipo 4, el sufrimiento que expresas cuando actúas desde tu falso yo es una especie de repetición mecánica inconsciente de los mismos temas dolorosos. Este sufrimiento puede parecerse al dolor que necesitas sentir para integrar tu sombra, pero no es lo mismo. Puedes vivir demasiado en la melancolía, la tristeza, la desesperanza y distintos tipos de dolor como parte de tu estrategia de supervivencia. Sin embargo, para adquirir mayor completitud a través del proceso de crecimiento, debes aprender a ver la diferencia entre revolcarte en el dolor como mecanismo de defensa y afrontar el dolor que estás evitando.

Los individuos de tipo 4 deben ser más conscientes de cómo se entregan en exceso a la tristeza y otras emociones como defensa contra el hecho de experimentar conscientemente sentimientos felices, el miedo al abandono y el dolor y la aflicción relacionados con la pérdida y el abandono. El dolor más profundo que evitan en mayor medida es el dolor que les recuerda la pérdida de conexión que experimentaron en la tierna infancia. Temen volver a experimentar esa pérdida más que cualquier otra cosa. Esta es la razón por la que puede resultarles difícil sentirse bien consigo mismos. Si fuesen felices, cabría la posibilidad de que los volviesen a abandonar, por sorpresa. En el momento en que se permiten albergar la esperanza de ser dignos de amor, el espectro del abandono, la aflicción y la decepción asoma su fea cabeza. Paradójicamente, tienen la impresión de que sentirse bien consigo mismos equivale a predisponerse a experimentar una caída. Y prevenir estos sentimientos alejando a las personas de manera proactiva puede ser una gran forma de evitar el dolor derivado de un nuevo abandono.

A los individuos de tipo 4 les puede resultar difícil enfrentarse a determinados sentimientos relacionados con la realidad de que pueden ser personas merecedoras y completas. Puede costarles abrirse a la posibilidad de que los amen por lo que son. Puede resultarles más fácil esconderse en la tristeza como defensa contra el hecho de sentirse bien, ya que sentirse bien (amados) significa que tienen algo que perder (otra vez).

Si te identificas como tipo 4, debes aprender a tolerar estos sentimientos dolorosos para seguir adelante en tu viaje de crecimiento:

- Miedo al abandono. Miedo a intentar forjar conexiones auténticas y satisfactorias, a fracasar en el intento y a experimentar la decepción consiguiente. Miedo a esperar que te entiendan y valoren y darte cuenta después de que esto no es posible porque realmente hay algo en ti que no está bien. Miedo a que se hagan realidad tus peores temores en cuanto a tu falta de merecimiento.
- Vergüenza relacionada con que te vean, con estar expuesto y con que puedan abandonarte. Vergüenza relacionada con tu (falsa) creencia de que en última instancia eres defectuoso. Vergüenza que opera como parte de tu falso yo cuando te impide llegar a un dolor más profundo al que debes acceder para tener la posibilidad de superarlo.
- Aflicción relacionada con una experiencia temprana de pérdida de conexión. Una aflicción que tira de ti y hace

que te refugies en versiones superficiales de esta importante emoción. Aflicción por no ser amado como deberías haberlo sido o como habrías querido serlo, o por todo lo que perdiste cuando te sentiste abandonado. Necesitas acceder a la capa más profunda del dolor surgido de la desconexión (respecto del objeto de amor original o del Origen o la Fuente en sí). Y luego debes dejar ir esta aflicción.

- Dolor relacionado con el hecho de haber sido incomprendido, rechazado o abandonado por personas importantes en tu vida. Necesitas acceder a los niveles más profundos de este dolor, del cual puede ser que te estés defendiendo al experimentar una versión más superficial de él: la desesperanza o la melancolía.
- Ira que reprimes o por la que te sientes culpable o que expresas de maneras poco saludables. La ira te ayuda a defenderte por ti mismo y a adueñarte de tus propias cualidades positivas. Según cuál sea tu subtipo, puede ser que mores demasiado en la ira para defenderte del dolor. Necesitas sentir el dolor que subyace bajo tu ira.
- La felicidad y la alegría que evitas sentir cuando te enfocas demasiado en la tristeza, la aflicción, el miedo o la vergüenza. Necesitas sentir, poseer y abrazar la experiencia de ser verdaderamente feliz, sin buscar lo que pueda faltar.

«La peor parte del éxito es tratar de encontrar a alguien que realmente se alegre por ti». Bette Midler

Los subtipos del tipo 4

Identificar el subtipo al que perteneces dentro del tipo 4 puede ayudarte a orientar con mayor precisión tus esfuerzos destinados a afrontar tus puntos ciegos, tus tendencias inconscientes y tu dolor oculto. Los patrones y tendencias de los subtipos varían según cuál de los tres instintos de supervivencia prevalezca.

Subtipo 4 del instinto de conservación

Este subtipo interioriza el sufrimiento y siente emociones en su interior, pero no las comparte con los demás. Estos individuos son estoicos y fuertes frente a los sentimientos difíciles y, a veces, en respuesta a la creencia de que para ser «amados» deben ser duros o felices o soportar el dolor solos. Son trabajadores y están orientados a la acción. No siempre sienten envidia de forma consciente, sino que trabajan para demostrar su valía. Tienden a ser más masoquistas que melodramáticos, y puede parecer que son felices o que están bien externamente mientras luchan por soportar las dificultades en su interior, sin mostrarlo. Son autosuficientes y autónomos y tratan de sanar el dolor del mundo, aunque esto implique un gran esfuerzo.

Subtipo 4 social

Este subtipo habita más en el sufrimiento y comunica más sus emociones dolorosas. Estos individuos pueden tender a ser demasiado sensibles y a menudo parecen tristes. Expresan sensibilidad, melancolía e infelicidad con más facilidad que los otros subtipos del tipo 4. Se comparan con frecuencia con otras personas y luego dedican mucha atención al sufrimiento emocional que experimentan al verse como inferiores a los demás o menos valiosos que otros individuos. No dejan de estar convencidos de que son defectuosos, incluso ante la evidencia de lo contrario.

Subtipo 4 sexual

Los individuos de este subtipo exteriorizan el sufrimiento. A menudo se los llama los «4 locos» porque expresan su enojo fácilmente, por lo general en respuesta a sentirse incomprendidos o privados de algo. Se enfocan en manifestar ira para defenderse del dolor, la vergüenza o sus sentimientos de insuficiencia. Este es el más competitivo de los subtipos del tipo 4. Su envidia se manifiesta como competencia y se esfuerza activamente para que se lo considere especial y superior. Quiere que se lo vea como atractivo, especial o extraordinario en comparación con los demás. Puede tender a mostrarse arrogante.

La sombra de los subtipos del tipo 4

Puedes enfrentarte con mayor eficacia a tu propia sombra si conoces las características específicas de la sombra de tu subtipo, dentro del tipo 4. A continuación se muestran algunos de los aspectos de la sombra de cada subtipo. Como el comportamiento típico de cada subtipo puede ser muy automático, tal vez sea especialmente difícil ver y reconocer estos rasgos en uno mismo.

La sombra del subtipo 4 del instinto de conservación

Si este es tu subtipo, tiendes al masoquismo, sin darte cuenta de que eres excesivamente duro contigo mismo y nunca te permites mostrarte despreocupado o frágil. No te gusta que te identifiquen como una víctima. Probablemente te dijeron en la infancia que la gente no quería oírte hablar de tu dolor, por lo que sientes que necesitas demostrar tu valía sufriendo en silencio y soportando las dificultades y el dolor sin mostrarlo ni compartirlo. Es posible que pongas una cara feliz, incluso cuando te sientes profundamente triste o estresado por dentro. Tienes tendencia a cargar con mucho dolor sin darte cuenta, tanto psicológico como físico. Debes aprender a compartir tu dolor con los demás y permitir que te apoyen.

La sombra del subtipo 4 social

Si este es tu subtipo, te apegas demasiado a sentir y expresar el sufrimiento para ganarte el amor de los demás. Te refugias en la mentalidad de víctima, y debes aprender a trabajar contra esta tendencia. Tiendes a enfocarte demasiado en las emociones dolorosas, lo cual te impide actuar y ser práctico. Tiendes a ser demasiado sensible y a apegarte demasiado a los sentimientos de tristeza o decepción. Puedes sentirte culpable por albergar ira, y será bueno para ti que aprendas a expresarla. Debes permitir que la felicidad entre en tu vida. Tu creencia en tu propia inferioridad puede ocultar, en realidad, un complejo de superioridad o una resistencia a estar satisfecho con los aspectos buenos de tu realidad. Trata de reconocer y asumir tus puntos fuertes y tus cualidades.

La sombra del subtipo 4 sexual

Si este es tu subtipo, exteriorizas el sufrimiento para evitar sentir emociones dolorosas y para no permitirte ser más consciente de una experiencia interna de tristeza, dolor o carencia. Tiendes a enfocarte en cómo los demás no satisfacen tus necesidades para evitar experimentar vergüenza y un sentimiento de insuficiencia. Y es posible que no te des cuenta de que expresas tendencias competitivas para exteriorizar tu envidia inconsciente. Será importante que adviertas si tienes sentimientos negativos hacia competidores u otras personas que consideres superiores a ti. Puedes mostrarte arrogante y exigente en respuesta a no sentirte comprendido y no ver satisfechas tus necesidades. Para crecer, debes aprender a gestionar tu enojo y a entrar en contacto con el dolor que subyace a este.

• •

«La filosofía nos enseña a soportar con ecuanimidad
las desgracias de los demás». Oscar Wilde

• •

La paradoja del tipo 4

La paradoja del tipo 4 surge de la polaridad entre la pasión de la envidia y la virtud de la ecuanimidad. La ecuanimidad puede entenderse como un estado de equilibrio emocional que le permite superar los altibajos de la experiencia emocional y reconocer que todas las personas y situaciones tienen el mismo valor. Al reconocer su necesidad de ser especial y único al mismo tiempo que se siente inferior, este tipo puede llegar a comprender las formas en que opera su envidia y aprender a superar el dolor de la carencia. A medida que avanza en el camino hacia la ecuanimidad, empieza a experimentar una sensación de calma interior, una mayor capacidad de modular sus altibajos emocionales y una aceptación de la verdad de que todas las personas son, en esencia, valiosas en la misma medida.

Si te identificas como tipo 4, aquí tienes algunas medidas que puedes adoptar para ser más consciente de tu envidia y comenzar a acceder a la emoción elevada que es la ecuanimidad:

- Observa cómo te evalúas continuamente a ti mismo en relación con los demás. Practica la actitud de retirar tu atención de las comparaciones para ponerla en el agradecimiento por lo que está bien en ti y en tu vida en este momento.
- Reconoce cuándo te sientes demasiado mal contigo mismo o cuándo tienes un concepto demasiado elevado de alguien. Permítete apreciar que todos somos iguales y sentirte más a gusto con las cosas tal como son, en lugar de vivir emociones intensas todo el tiempo.
- Ten compasión por la parte de ti que piensa que eres «menos que» los demás. Deja que te alivie el hecho de saber que esta impresión tiene como base una creencia falsa que te ocasiona un dolor innecesario.
- Observa las ocasiones en las que pretendas competir con otras personas o afirmar tu superioridad sobre otros

individuos. Explora qué emociones motivan esta tendencia y reconoce la sensación de paz interior que experimentas al darte cuenta de que no tienes que estar por encima de los demás para sentirte valioso. Practica la actitud de valorar a los demás y de acceder a sentimientos positivos sinceros por su buena suerte sin ver esto como algo que te hace ser inferior de ninguna manera.

- Evita aumentar la intensidad de tus emociones, ya que esto te aleja de la experiencia potencialmente apacible y satis-factoria de la ecuanimidad. Observa si te enorgulleces de tu intensidad emocional y pregúntate qué propósito defensivo puede tener este tipo de orgullo.

- Advierte que si no te abres a lo bueno y no lo valoras per-maneces atrapado en el círculo vicioso de ansiar lo bueno a la vez que no puedes asimilarlo. Observa las defensas que eriges contra la obtención de lo que deseas y combátelas.

• •

«Para cultivar la ecuanimidad practiquemos la detección de nuestros sentimientos de atracción o aversión, antes de que cristalicen como aferramiento o negatividad». Pema Chödrön

• •

Fomenta tu crecimiento con las flechas del tipo 4

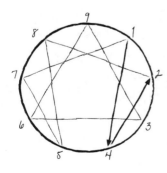

Los dos tipos conectados al tipo 4 por las flechas del interior del diagrama del eneagrama son el 1 y el 2. El tipo 4 pue-de ir más allá de su enfoque excesivo en su territorio interior al integrar la capa-cidad del tipo 1 de permanecer enrai-zado en el cuerpo y tener un comporta-miento práctico, y después desarrollar más la capacidad del tipo 2 de enfocarse en los demás y empatizar profundamente con ellos.

- Primero, encarna la capacidad que tiene el tipo 1 de enfocarse en medidas prácticas además de hacerlo en las cuestiones de tipo emocional. Pon la atención en lo que debe hacerse para mejorar las cosas y producir resultados de alta calidad. Actúa para implementar tus ideas creativas prestando atención a la organización, el proceso y la disciplina. Encuentra formas de equilibrar tu naturaleza emocional con el enfoque en la estructura y las tareas. Haz ejercicio y ponte más en contacto con tu cuerpo; advierte cómo el hecho de estar más en tu cuerpo te ayuda a sentir que cuentas con apoyo físico para manejar las emociones fluctuantes.
- A continuación, integra la capacidad del tipo 2 para equilibrar la atención que te dedicas a ti mismo con un enfoque más intencionado en los demás. Presta más atención a lo que necesitan otros individuos y a cómo puedes ayudar a las personas que son importantes en tu vida. Esto constituirá un contrapeso a tu tendencia a situarte como punto de referencia y a tu hábito de dar prioridad a tu experiencia interna. Presta atención a lo externo; escucha a los demás y siente más empatía. Fortalece tus relaciones a través de la comprensión mutua.

«Las virtudes de la ecuanimidad y la compasión se vuelven más accesibles para aquellos cuya cáscara egoica ha sido destrozada, ya sea por un gran sufrimiento o por un gran amor, o por ambos». Richard Rohr

Acoger el estado más elevado

En la tercera etapa de su viaje, el tipo 4 regresa a casa, lo cual significa que expresa en mayor medida su verdadero yo al renunciar a la falsa identidad que ha construido a partir de su necesidad egoica de destacar como alguien especial. Las personas de tipo 4 despiertan cuando aprenden a valorarse a sí mismas en función de su propia bondad inherente, es decir, cuando llegan a ver que no les falta nada. Cuando reconocen que tienen todo lo que necesitan en su interior, dejan de imaginar que siempre hay algo bueno que está fuera de su alcance o que «el césped es más verde» en algún otro lugar. Cuando toman conciencia de su envidia y su necesidad de evitar el abandono, aprenden que pueden ser felices sin sacrificar su autenticidad, su sensibilidad emocional o su conexión con su profundidad. Al estar agradecidos por todas las experiencias de la vida, buenas y malas, claras y oscuras, estos individuos cultivan un estado de ecuanimidad derivado de elevarse por encima de las agitaciones emocionales internas que previamente priorizaron y comprenden que el significado más satisfactorio de la vida proviene de estar presente en lo que está sucediendo en el momento.

Esto implica aprender más sobre quiénes son más allá de su tendencia egoica a enfocarse en lo que no tienen y en las formas en que no están a la altura de un (falso) ideal. Se vuelven capaces de cambiar su hábito de enfocarse en sus defectos como una forma de demostrar su valía. Ven los inconvenientes que presenta minimizar de manera proactiva sus expectativas en cuanto a quiénes pueden ser y lo que la vida les puede brindar. Se dan cuenta de que no tienen nada de malo y comienzan a saber que no siempre necesitan ser comprendidos, valorados y queridos por los demás para estar dotados de valía. Aprenden que el amor por uno mismo es más importante que ser validado (o frustrado) por otras personas.

Si te identificas como tipo 4, el estado superior de conciencia que puedes alcanzar en esta etapa de tu viaje se caracteriza por la unidad, la igualdad y una atmósfera emocional mucho más tranquila y estable. A medida que superas tu necesidad de confirmar tu insuficiencia o tu estatus de persona especial, avanzas hacia una experiencia de paz y generosidad. Dejas de esforzarte por obtener la comprensión de los demás o para que estos te validen y te aceptas en toda tu completitud.

Estas son algunas cosas que puedes hacer en este punto de tu viaje que no podrías haber hecho antes:

- Dejas de enfocarte en cualquier sensación de carencia, entendiendo que la carencia no es inherente a ti.
- Te contemplas como alguien que es suficiente y al que no le falta nada.
- Reconectas con un profundo sentido de la bondad.
- Acoges momentos de profunda calma y paz en tu corazón cuando estás en contacto contigo mismo y con todo lo que te rodea.
- Permites que tu intensidad natural deje espacio para el equilibrio y la estabilidad.
- Disfrutas de todas las cosas que están presentes en tu vida sin cuestionarlas.
- Aprecias la ausencia de cualquier necesidad de compararte con los demás. Consideras a todas las personas como igualmente importantes.
- Eres menos sensible emocionalmente, sin perder tu inteligencia emocional ni tu empatía con los demás.
- Permaneces completamente disponible para conectar profundamente con los demás al aceptar humildemente que eres una persona feliz común.

● ●

«La ecuanimidad surge cuando aceptamos que
las cosas son tal como son». Jack Kornfield

● ●

La virtud del tipo 4

La ecuanimidad es la virtud que proporciona un antídoto a la pasión de la envidia del tipo 4. La ecuanimidad, entendida como un estado de equilibrio emocional que permite superar los altibajos de la experiencia emocional y ver el mismo valor en todas las personas, sentimientos y situaciones, ayuda a este tipo a ir más allá de su necesidad de sentirse extraordinario para tener valor. Entonces, los individuos de tipo 4 dejan de invertir demasiado en una experiencia emocional en particular, sabedores de que todas tienen el mismo valor como reflejo de su verdad interior. Dejan de enfocarse excesivamente en sus estados emocionales cambiantes y disfrutan de una notable sensación de paz y calma interior independientemente de lo que suceda o de con quién estén. Se sienten agradecidos tanto por ellos mismos como por los demás, sabedores de que todos tienen la misma valía y son igualmente capaces de manifestar su potencial superior. Reconocen a cada persona como única y que nadie es mejor que los demás. Pierden toda su voluntad de compararse con otros individuos y contemplan más la realidad tal como es, sin juzgar todo a partir de sus percepciones internas.

Como tipo 4 en estado de ecuanimidad, empiezas a experimentar lo siguiente:

- Aprecias todo tu ser con una mente y un corazón abiertos. Te comprometes a alinearte con tu naturaleza más profunda estando en paz con todo lo que ya tienes y todo lo que ya eres y agradeciéndolo.

- Eres capaz de valorar todas las experiencias como potencialmente significativas, tanto las ordinarias como las extraordinarias, y de estar presente en todas las áreas de tu vida.

- Tienes el corazón receptivo, lo que te conecta con tu bondad inherente y con la de los demás.

- Gozas de un equilibrio emocional interior que evita que te afecten demasiado negativamente los estímulos externos y te permite responder a todo con la energía necesaria, ni más ni menos.

- Experimentas un estado de equilibrio emocional, incluso bajo estrés, que incluye una visión equilibrada de ti mismo y de los demás y está en armonía con tu entorno.

- Adoptas el hábito de aceptar la vida tal como es, sin compararte con los demás.

- Tienes una visión muy amplia de la vida. Eres capaz de elevarte por encima de los altibajos para tener la perspectiva más amplia, desde la que se ve que todo está imbuido de una armonía equilibrada.

- Gozas de una espaciosa quietud mental caracterizada por una calma interior que te permite estar completamente presente en medio de las circunstancias cambiantes de la vida.

- Te encuentras en un estado en el que no intentas alejarte de tu experiencia ni de ti mismo, ni evitar incorporar lo que te parece mejor.

· ·

«La ecuanimidad es un equilibrio mental perfecto e inquebrantable». Nyanaponika Thera

· ·

Despertar del estado zombi

Para el tipo 4, la clave para abrazar su verdadero yo radica en dejar de enfocarse en lo que ve como negativo o en lo que falta y en permitirse ver lo positivo y lo que está ahí, en un proceso gradual. Para muchos, esto es difícil, ya que el ego nos dice que no damos la talla, o que necesitamos ser más, o que no somos lo bastante perfectos, o que no estamos a la altura de algún criterio arbitrario. Pero las personas de tipo 4 solo pueden superar el hábito contraproducente de tratar de escapar a un pasado o un futuro idealizados tomando conciencia de sus patrones de personalidad y las formas en que permanecen atrapadas en ellos. De hecho, el único momento que cualquiera de nosotros puede experimentar es el presente. Al estar más presente, el tipo 4 desarrolla la capacidad de acceder a su verdadero yo y asumir que todo está bien como está.

Cuando los individuos de tipo 4 comienzan a ver que se mantienen alejados de todo lo que quieren por creer que no pueden tenerlo, se abren a una visión más amplia de su verdadera identidad y pueden recibir en un estado de gratitud. Su hábito egoico de creer en su propia insuficiencia los mantiene en el modo zombi. Pero cuando hacen el trabajo que necesitan hacer para trascender este falso supuesto, alcanzan un estado del ser en el que exudan paz interior y aceptación exterior. Irradian alegría. Aprecian todas las experiencias emocionales, pero ninguna de ellas les hace perder el equilibrio. Cuando dejan de creer en su propia falta de valía, están encantados de saber que no hay nada que falte. Se abren a la paz, el gozo y la calma que son su verdadera naturaleza.

El viaje de crecimiento del tipo 4 puede ser difícil porque su creencia en su insuficiencia hace que cristalice una autoimagen negativa en el núcleo de su falso yo que le cuesta cuestionar. Pero a medida que las personas de tipo 4 traspasan esta mentira, reconocen que su verdadero yo es todo lo que necesitan, que son suficientes más allá de toda medida. Ahora bien, mientras no abandonan el patrón mental de la comparación, permanecen atrapadas en una visión limitada en la que juzgan todo como mejor o peor. Cuando aprenden a ver más allá de este enfoque limitado, se abren a una visión mucho más amplia y precisa de sí mismas y de los demás.

Cuando los individuos de tipo 4 abandonan valientemente su postura defensiva de rechazarse proactivamente para protegerse del abandono, comienzan a integrar su «sombra positiva». Asumen su bondad inherente y se aceptan a sí mismos tal como son. Esto hace que pasen de verse como defectuosos a comprender que su insuficiencia es una ilusión, una ilusión extrañamente convincente, pero que no deja de ser una fantasía basada en el miedo a ser herido de nuevo. A medida que avanzan en su camino, acaban por acoger su propia integridad esencial y se convierten en personas dotadas de un talento especial a la hora de apoyar a otras en este mismo viaje de la envidia a la ecuanimidad.

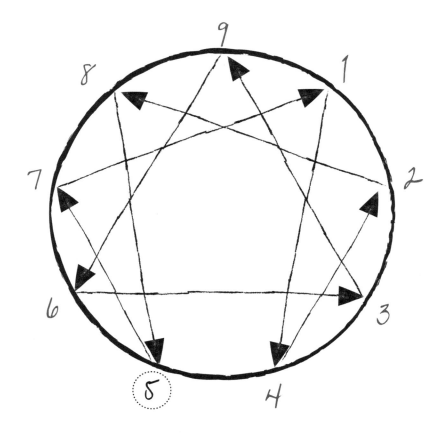

El camino de la avaricia al no apego

*Una persona es una persona a través de otras personas. No se puede ser
un ser humano en aislamiento; solo somos humanos en las relaciones.*

DESMOND TUTU

É rase una vez una persona llamada Cinco. Cinco llegó a este
mundo con la misión de conectarse profundamente con
todos y con todo. Pero al mismo tiempo, por el tipo de
persona que era, tenía tendencia a separarse de los demás y de su
propio corazón.

De niña, Cinco trató de establecer conexiones sinceras con los
demás. Sin embargo, estos tendían a invadir su espacio cuando le
apetecía estar sola, y no estaban cuando ella realmente quería que
estuvieran. Tanto la intrusión como la falta de disponibilidad eran
motivo de preocupación constante para Cinco, lo que le dificul-
taba saber qué hacer para relacionarse bien con los demás, especialmente cuando se sentía invadida o desatendida. Secretamente
sentía que no encajaba y que era diferente de los demás. Tratar de
encontrar formas de conectar solo la frustraba. Una y otra vez, los
demás la dejaban cuando sentía que los necesitaba o no le permitían estar lo suficientemente sola. Con el paso del tiempo, acabó
por rendirse y se fue desconectando cada vez más de las otras personas y de sus propios sentimientos.

Cinco descubrió que se sentía tranquila y a gusto cuando pasaba tiempo a solas. Y este sentimiento se hizo más fuerte con el paso del tiempo. Finalmente, Cinco perdió su capacidad de conectarse con la gente cuando quería. Y debido a todo el tiempo que pasaba sola, olvidó cómo hacer saber a los demás que quería tenerlos cerca o que los extrañaba cuando era el caso. Para evitar la frustración que había sentido anteriormente, decidió esperar a que los demás se dieran cuenta de que se sentía sola cuando esto era así, lo que, lamentablemente, casi nunca ocurría. A medida que fue creciendo, y sin darse cuenta, Cinco olvidó su necesidad fundamental de conectar con los demás. Se acostumbró a estar sola. Le gustaba la comodidad y la seguridad que la soledad le proporcionaba. Le resultaba mucho más fácil estar sola que estar con otras personas.

A Cinco le gustaba aprender, porque esto la hacía sentir inteligente (y menos rara), y era algo que podía hacer por su cuenta. Estaba feliz con su identidad como persona autosuficiente y autónoma que sabía mucho sobre muchos temas. Saber cosas le proporcionaba un placer secreto e incluso la hacía sentir un poco más segura. Sin embargo, seguía esquivando a las personas que intentaban conectar con ella, y todavía deseaba evitar el dolor derivado de sentirse invadida cuando quería estar sola, o de que la dejaran sola cuando quería estar con alguien. No quería perder la sensación de seguridad que le proporcionaba el hecho de poder vivir en su mente, ni arriesgarse a compartir más de sí misma. Tampoco quería compartir sus libros ni ninguna otra de sus queridas posesiones.

De adulta, la dedicación de Cinco a la recopilación de conocimientos, junto con su agudeza mental natural, la ayudó a conseguir una posición cómoda en un área de especialización que le permitió sentirse autónoma y autosuficiente. Como profesional autónoma, logró evitar ser el centro de atención. Cada día, después de hacer lo que tenía que hacer, dedicaba tiempo a lo que más adoraba: aprender más, escondida en su espacio privado.

Entonces, un día, Cinco se dio cuenta de que todo lo que hacía era predecible. No tenía mucha energía; no se sentía viva. Por lo general, se sentía cansada, sobre todo cuando estaba rodeada de gente. Se sentía agotada cuando otros le preguntaban cosas o querían contarle sus sentimientos. Después de una reflexión ansiosa, Cinco se durmió. Mientras dormía, soñó. En su sueño, se sentía sola de una manera que la perturbaba. No tenía ninguna motivación para estudiar o aprender. Misteriosamente, casi en contra de su voluntad, sintió una cantidad extrema de amor por las personas que la rodeaban. Ya no quería estar sola. Quería estar cerca de esas personas. Sintió como si su mundo se hubiera puesto patas arriba y no sabía qué hacer. Entonces se despertó.

Cinco no pudo determinar si su sueño había sido una buena experiencia o una pesadilla. Pasó algún tiempo pensando en él, pero luego lo olvidó y siguió haciendo las mismas cosas que hacía todos los días, en soledad.

Cinco se había convertido en un zombi, un zombi reservado, autónomo y silencioso, pero un zombi de todos modos.

Lista de verificación del tipo 5

Si tienes la mayoría de los rasgos de personalidad siguientes, o todos ellos, tal vez seas una personalidad de tipo 5:

☑ Centras gran parte de tu atención en aprender cosas nuevas como un fin en sí mismo, no como un medio para lograr algo más.

☑ Te preocupas constantemente por conservar tu espacio y tu tiempo privados, y evitas que el mundo exterior te imponga exigencias.

☑ Te separas para observar las cosas y las personas desde la distancia para comprender lo que está sucediendo.

☑ Habitualmente consumes más información o conocimiento que la persona promedio.

☑ Te cuesta conectar o mantenerte conectado con tus propias emociones y con otras personas.

☑ Para ti es importante que las cosas sean lógicas y tengan sentido.

☑ Buscas activamente tener el control de tu tiempo. Te molesta participar en interacciones que duran más que la cantidad de tiempo que quieres dedicarles.

☑ Crees que acabarás agotado si los demás siguen pidiéndote cosas o hablándote de sus sentimientos.

☑ Te especializas en especializarte. Te gusta ser un experto y profundizar en determinadas áreas de interés.

Si, después de usar la lista de verificación, descubres que tu tipo es el 5, tu viaje de crecimiento transcurrirá en tres etapas.

Primero, te embarcarás en un proceso de autoconocimiento en el que aprenderás a identificar las formas en que desconectas de las personas y las emociones para preservar tu espacio y tu energía.

A continuación, deberás enfrentarte a tu sombra para hacerte más consciente de los comportamientos derivados del hecho de que tus conocimientos y tu propia compañía no están satisfaciendo realmente tus necesidades emocionales. Empiezas a ir más allá de tus hábitos de personalidad autolimitantes al reconocer que este patrón genera un profundo sentimiento de carencia en tu corazón.

La etapa final de tu viaje implica identificarte con la versión «elevada» de tu tipo aprendiendo a no acumular conocimientos y a no evitar a los demás por miedo al agotamiento. A medida que te vuelves más consciente de las formas en que te mantienes alejado de lo que más necesitas, llegas a confiar en que conectarte con los demás te resultará fácil una vez que estés más profundamente conectado con tu propio corazón.

• •

«Este es mi secreto: no me importa lo
que pase». Jiddu Krishnamurti

• •

Empieza el viaje

En el caso del tipo 5, la primera etapa del camino hacia el despertar implica hacer más espacio, deliberadamente, para tomar conciencia de sus propios patrones de pensamiento y para advertir cómo se separa de sus emociones. Al observar activamente cómo les niegan atención y amor a los demás cuando sienten que ellas mismas no reciben suficiente atención y amor, estas personas comienzan a reconocer el círculo vicioso que crean, un círculo que no les resulta útil.

El tipo 5 empieza a superar su perspectiva autolimitante cuando comienza a desarrollar la capacidad de reconocer cuánta atención dedica a un enfoque intelectual de la vida y la poca que dedica a su corazón y a su cuerpo. Y debe aprender a ver los problemas que le genera su enfoque mental de la vida sin autojuzgarse. Al tomar conciencia de todas las formas en que intenta ser autosuficiente y de que el origen de esta actitud puede ser el miedo a que lo ignoren, da el primer paso en su camino.

Patrones clave del tipo 5

Si te identificas como tipo 5, puedes iniciar tu viaje hacia el despertar observando cinco patrones habituales y haciéndote más consciente de ellos:

Pensar demasiado

Si bien es cierto que el pensamiento y el análisis te ayudan a resolver temas y a tener una sensación de control, será importante que comprendas que esto no respalda tu crecimiento interior. El cuerpo es más que «un soporte para la cabeza», y tu corazón es la mejor brújula con la que puedes contar para saber qué hacer y cómo establecer prioridades. Si sobrevaloras el razonamiento, el análisis y la observación, tal vez adquirirás conocimientos, pero no necesariamente obtendrás sabiduría, la cual solo es fruto de la experiencia.

Miedo a la conexión que conduce a la soledad

Está claro que no te gusta que los demás invadan tu espacio o tomen el control de tu tiempo. Tu preocupación por evitar que ocurra esto dicta muchas de tus elecciones y acciones. Probablemente hayas desarrollado la capacidad de sentirte bien (o incluso muy bien) contigo mismo cuando estás solo. Sin embargo, lo más probable es que tengas un gran deseo inconsciente de poder conectar más profundamente con los demás. Explora cómo operan en ti estos deseos que están en conflicto, es decir, querer siempre estar más tiempo a solas y querer, secretamente, sentirte más conectado con las personas, y cómo estos deseos opuestos dificultan que los demás puedan interpretar tus «mensajes contradictorios» sobre lo cerca o lejos que quieres que estén.

Aislamiento

Lo más probable es que veas tu tendencia a aislarte física o emocionalmente como un hábito inofensivo o un estilo de comportamiento personal. Pero este movimiento frecuente de alejarte de los demás puede deberse a que te han lastimado o al temor a que te lastimen. Sintoniza contigo mismo en un nivel más profundo y observa con qué frecuencia aparece este miedo a que te hagan daño. Intenta advertir si en realidad eres mucho más sensible de lo que suponías, y examina si esta hipersensibilidad puede explicar por qué desconectas tanto de tu corazón.

Miedo a la abundancia

Tal vez adviertas que reaccionas automáticamente contra las cosas cuando se vuelven «excesivas», es decir, cuando sientes que te abruman demasiado. Puedes tender a retraerte cuando los demás hablan en exceso, o cuando efectúan demasiadas peticiones con demasiada frecuencia, o cuando quieren estar demasiado cerca durante demasiado tiempo. Puedes sentirte intimidado cuando hay un exceso de algo bueno y reaccionar negativamente cuando hay demasiada diversión, demasiado disfrute o «demasiado amor». Obsérvate para ver si esto proviene del miedo a la abundancia y te lleva a esconderte de experiencias potencialmente satisfactorias refugiándote en un guion de vida que te hace creer que no necesitas mucho o que es mejor llevar una existencia simple y austera.

Ser excesivamente controlador y autocontrolarte demasiado

Es probable que te enorgullezcas de ser una persona sensata e independiente. Observa si tiendes demasiado a ejercer un tipo de autocontrol que te impide divertirte y ser espontáneo. Si bien es posible que normalmente no te guste controlar a los demás, puedes tender a ser muy controlador de formas específicas con las personas que están cerca de ti. Esta tendencia proviene de la necesidad de evitar de manera proactiva que los demás invadan tu espacio, ocupen tu tiempo, consuman tu preciosa energía o arruinen tus planes. Este hábito puede hacer que tu vida sea más cómoda y predecible, pero no intensa ni alegre. Es posible que estés alejando a las personas que amas sin ser plenamente consciente de ello. Tal vez te estés limitando, inconscientemente, a vivir una vida segura que transcurre principalmente en tu cabeza. Pero al permanecer en tu zona de confort, te estás perdiendo oportunidades de saborear más aspectos de la vida y de vivirla con mayor profundidad.

• •

«La soledad importa, y para algunas personas,
es el aire que respiran». Susan Cain

• •

La pasión del tipo 5

La avaricia es la pasión que impulsa al tipo 5. Como principal motivación emocional de este tipo, hay que entender la avaricia de esta manera: el corazón se cierra a dar y recibir. Al volverse más consciente de esta pasión, este tipo puede efectuar verdaderos progresos en su viaje de crecimiento.

La pasión de la avaricia no tiene que ver con cuestiones económicas necesariamente, como suele entenderse. Según la enseñanza del eneagrama, la avaricia tiene que ver con el hecho de que el corazón se apaga. A las personas de tipo 5 les cuesta abordar la vida con el corazón abierto y estar en contacto con todas sus emociones. La apertura emocional puede ser un territorio desconocido para ellas, porque han aprendido a confiar más en su intelecto que en sus sentimientos. Su corazón puede apagarse por distintas razones: algún trauma, necesidades tempranas desatendidas, decepción en una relación amorosa, alguna traición, expectativas no satisfechas o incluso las dificultades de la vida en general. Sea cual sea el motivo, terminan cerrando el corazón de manera significativa, y a menudo se vuelven incapaces de sentir cualquier emoción. De hecho, este tipo suele tener miedo a sentir.

Los individuos de tipo 5 sienten la necesidad de desconectar cuando los hieren o los ignoran. Esto puede suceder en varios ámbitos: el físico (no estar cerca de alguien), el emocional (cerrar el corazón y no sentir nada), el mental (no recordar que alguien existe) e incluso el instintivo (desconectar abruptamente de las sensaciones positivas). Además, les cuesta conectar o mantenerse conectados con las otras personas. Tal vez piensen que todo lo que ocurre es que son más introvertidos que la mayoría, pero su dificultad con los vínculos refleja en realidad un miedo profundo a no recibir lo que necesitan de los demás. También pueden temer quedar exhaustos si comparten todo lo que tienen con otra persona. De hecho, algunos individuos de tipo 5 dicen tener la sensación de que perderán toda la energía, e incluso la vida misma, si permanecen conectados emocionalmente con los demás. A menudo temen que quienes hay en su vida les impongan demasiadas exigencias o esperen demasiadas cosas de ellos, o demasiado a menudo, ya sea que verbalicen estas expectativas o que no lo hagan. Por otra parte, tienden a experimentar una sensación de carencia si alguien con quien quieren conectar no les da todo lo que sienten que necesitan.

Por todo ello, la avaricia puede parecer una contracción contra la vida misma. Conduce a este tipo a empequeñecerse frente a toda la abundante fuerza vital disponible y la naturaleza infinita del universo. En cierto sentido, la avaricia puede verse como una desconexión respecto de nuestras posibilidades ilimitadas como seres humanos. Este tipo adopta la creencia en la escasez y se conforma con menos en su vida. Se le suele dar bien arreglárselas con menos recursos. Y como cerrarse a lo que es posible y a la belleza de la abundancia de la vida es muy triste, también cierra el corazón, para no sentir el dolor derivado de cerrarse. Para avanzar en su viaje de crecimiento, debe permitirse sentir el dolor asociado a la desconexión y la tristeza asociada a una vida desprovista de alegría.

Si te identificas con este tipo de personalidad, aquí tienes algunas manifestaciones típicas de la avaricia que debes observar y de las que debes hacerte más consciente en tu camino hacia el despertar:

- Un patrón de comunicación consistente en hablar poco y en voz baja, y en usar un lenguaje neutro o no emocional.
- Preferir poner unos límites claros en cuanto al tiempo, el espacio y la energía. Tendencia a tener disponible una cantidad limitada de energía para las interacciones interpersonales y a evitar sorpresas que puedan requerir invertir más energía.
- Interés por el conocimiento como forma de desconectar de las personas y las emociones.
- Tendencia a echar de menos a los demás, pero no sentir la necesidad de hablar con ellos.

- Reticencia a hablar sobre los propios sentimientos o a revelar información personal. Dificultad para llorar o conectar con las emociones en presencia de otros.
- Tendencia a perderte en los pensamientos, a la vez que desconectas de las emociones o las personas.
- Tener la necesidad urgente de estar solo o disponer de un espacio privado; sentir la necesidad de esconderte.
- Dificultad para responder en el momento y tendencia a retrasar la experiencia de los sentimientos que surgen al estar con otras personas hasta más tarde, cuando estés solo; tendencia a acumular las respuestas en el interior.
- Desapego y tendencia a ser analítico y observar lo que está sucediendo desde la distancia, permaneciendo recogido y calmado.

· ·

«Para adquirir conocimiento, incorpora cosas
todos los días. Para obtener sabiduría, deshazte
de cosas todos los días». Lao Tse

· ·

Expande tu crecimiento con las alas del tipo 5

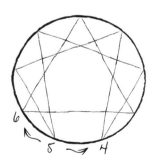

Los dos tipos de personalidad adyacentes al tipo 5 en el círculo del eneagrama son el 4 y el 6. Al expandir su capacidad emocional utilizando rasgos positivos del tipo 4 y, después, volviéndose más conscientes de sus miedos al integrar las comprensiones del tipo 6, las personas de tipo 5 pueden comenzar a expandirse más allá de su estilo intelectual y ampliar su perspectiva habitual.

- Primero, encarna los rasgos del tipo 4 prestando más atención a tus estados emocionales. Permíteles existir y que estén ahí. Al sentir emociones, no es necesario que las comprendas; basta con que las sientas. Permítete volverte más espontáneo y revela más de ti mismo (esto es un tipo de generosidad). Añade un toque de creatividad a tu vida iniciando un proyecto o pasatiempo que te permita expresarte ante los demás, ofrecer al mundo lo que tienes dentro. Aumenta la intensidad de tu experiencia hablando extensamente con alguien en quien confíes de algo que te interese mucho.

- A continuación, integra los rasgos del tipo 6 incrementando tu conexión consciente con tu miedo y volviéndote menos calmado, incluso si estas medidas aumentan tu ansiedad. Estar tranquilo es en realidad un signo de avaricia; indica que tu corazón está cerrado a las experiencias, no necesariamente que estás «en paz» en el buen sentido. Haz más espacio en tu interior para sentir miedo o ansiedad, sabiendo que forman parte de la sabiduría del sistema de alerta humano. Accede a tus miedos (en lugar de basarte en la frialdad) para impulsar tus acciones. Céntrate más en los problemas para poder manejarlos de manera más proactiva. Comparte tus ideas e inquietudes antes de tener certezas al respecto, incluso hasta el punto de hacerte fastidioso por hablar de lo que podría salir mal. Este comportamiento puede resultarte difícil, pero es potencialmente beneficioso para las personas que suelen estar desconectadas de los demás y que no viven su propia vida con la suficiente profundidad.

«Contemplar es mirar sombras». Victor Hugo

Hacer frente a la sombra

La segunda parte del viaje de crecimiento del tipo 5 consiste en comprender cómo vivir la vida desde una perspectiva intelectual evita que se tengan en cuenta partes importantes del yo. Este tipo integra elementos de la sombra reconociendo y acogiendo sus emociones y su capacidad para la conexión y estando más receptivo a la abundancia de la vida. Esto lo ayuda a descubrir que su creencia en la escasez le impide vivir una vida mucho más plena y satisfactoria.

En este punto de su viaje, los individuos de tipo 5 se dan cuenta de que su enfoque en la racionalidad, la lógica y la sensatez, que pensaban que era adecuado, puede ser perjudicial. Su falta de conciencia de sí mismos les permite desconectar y tener poco interés por las cosas, aunque piensen, conscientemente, que tienen la cabeza en su sitio. Al utilizar la información de la que disponen y sus conocimientos para llenar vacíos en su experiencia emocional, puede ser que se salten, sin querer, una etapa importante de crecimiento y que dejen escapar una oportunidad de volverse más plenamente humanos. Al perder el contacto con sus emociones, se vuelven fríos e insensibles, tanto consigo mismos como con los demás. Esta parte del camino del tipo 5 puede ser dolorosa e incómoda, porque estas personas deben tomar conciencia de las formas en que se han separado de una experiencia más profunda de la vida al adherirse a estrategias de supervivencia que las han mantenido a salvo; y una vez que son conscientes de ello, deben trabajar contra estas tendencias.

El trabajo con la sombra del tipo 5

Si te identificas como alguien de tipo 5, aquí tienes algunas acciones que puedes realizar para ser más consciente de los patrones inconscientes, los puntos ciegos y los puntos débiles claves de este tipo, y para empezar a contrarrestarlos:

- Identifica y expresa tus emociones de una forma que no sea racional, asegurándote de que sientes realmente tus emociones y no te limitas a pensar en ellas.
- Ábrete más a los demás. Deja que se acerquen a ti cuando quieran, no solo cuando tú quieras.
- Suelta la necesidad de controlar tu horario. Permite que otras personas tomen más decisiones sobre tu forma de emplear el tiempo y sé más flexible con tu agenda.
- Invita a otros a tu espacio personal, tanto en tu hogar como en tu vida en general.
- Habla de tus sentimientos más a menudo, incluso si los demás no hablan de los suyos.
- No seas tan autosuficiente. Pide ayuda. Ten en cuenta las opiniones de otras personas.
- Cuando te canses, no cedas a tu (falsa) creencia en la escasez en cuanto a la cantidad de energía que crees que tienes. Aumenta la intensidad que aportas a todo lo que haces. Reconoce que tu energía es limitada solo porque crees que lo es.
- Expresa tus opiniones sobre algo antes de pensar que lo sabes todo.
- Haz cosas sin planificarlas totalmente. Permítete cierta improvisación y espontaneidad.

• •

«Hay muchas formas de avanzar, pero solo una forma
de permanecer quieto». Franklin D. Roosevelt

• •

Los puntos ciegos del tipo 5

Es posible que muchas personas de tipo 5 no quieran examinar sus puntos ciegos al creer que ya saben mucho sobre sí mismas. Suelen ser individuos inseguros bajo la superficie y sus estrategias de supervivencia los ayudan a evitar los sentimientos. Como mecanismo de defensa contra la posibilidad de estar más abiertos a sus sentimientos, pueden operar bajo el supuesto de que son intelectualmente superiores a los demás, o pueden transmitir esta impresión. Se resisten a tener muchas experiencias de vida ensimismándose u observando desde una distancia segura. Al sentirse más cómodos cuando están solos y al pasar mucho tiempo en su zona de confort para no correr riesgos, bloquean su crecimiento, sin ver lo que subyace a su deseo de privacidad. En el modo zombi, el tipo 5 hará todo lo posible para evitar afrontar la incomodidad asociada al hecho de abrirse con el fin de relacionarse más profundamente consigo mismo y con la vida.

La buena noticia es que si te identificas con el tipo 5 y estás dispuesto a observar tus puntos ciegos y sentir cualquier dolor que surja, acabarás por experimentar una sensación profunda y maravillosa de conexión con todo, tú incluido. Si puedes soportar cierta incomodidad mientras practicas la actitud de permanecer verdaderamente presente con otras personas, y con tus sentimientos y sensaciones, aprenderás a disfrutar de una mayor conexión con los demás. Y tal vez te sentirás aliviado al ver que ya no quieres apartarte de los demás todo el tiempo.

Estos son algunos de los puntos ciegos centrales del tipo 5 de los que debes hacerte más consciente para seguir adelante en tu viaje:

La intelectualización como mecanismo de defensa

¿Intentas entender y explicar todo de forma lógica para gestionar eso sin experimentarlo directamente? ¿A veces haces que las cosas simples sean más complicadas y las prácticas más abstractas y menos manejables? Aquí hay algunas medidas que puedes adoptar para integrar este punto ciego:

- Di esta frase varias veces al día: «Las emociones y sensaciones hay que vivirlas, no comprenderlas».

- Habla con un psicoterapeuta o un amigo cercano en quien confíes sobre todas las formas en que has sentido que no encajabas o en que te has sentido como alguien raro a lo largo de tu vida.
- Observa qué es lo que te impide tener una experiencia continua de alegría.
- Piensa en lo que sucederá si te permites sonreír y reír más, y pensar e intelectualizar menos.
- Pregúntate qué tiene de malo que te permitas experimentar las cosas sencillas, y sin embargo profundas, de la vida. ¿Cómo te hace sentir realmente la posibilidad de divertirte más y simplemente gozar?
- Ponte en contacto con tu avaricia en lo que respecta al conocimiento. Avanza hacia el no apego admitiendo que no sabes tanto y pon tus conocimientos en práctica aplicándolos a tu experiencia de vida.
- Hazte más consciente de cómo el miedo a sentir impulsa tu tendencia a intelectualizar.
- Diles a algunas personas que te pidan que hagas algo ridículo con ellas cuando creas que te estás poniendo demasiado serio o analítico.

El aprendizaje como objetivo central

¿Aprender te motiva más que cualquier otra cosa? ¿Gestionas mal los proyectos y las relaciones cuando haces de aprender algo nuevo tu principal (o única) prioridad? ¿Estás tan enfocado en recibir más información que esto te impide actuar? Aquí hay algunas cosas que puedes hacer para integrar este punto ciego:

- Reconoce tus motivaciones subyacentes cada vez que dediques más tiempo a hacer algo con el fin de poder aprender más. ¿Qué estás buscando en realidad? ¿Qué repercusiones negativas tiene este comportamiento?

- Toma conciencia del resentimiento que experimentas cuando te ves obligado a hacer algo que ya sabes hacer.
- Sé consciente de cualquier deseo de pasar a hacer otra cosa cuando no te sientes desafiado intelectualmente. ¿Por qué necesitas estar tan activo mentalmente todo el rato? ¿Cuáles son las consecuencias negativas de esta actitud?
- Admite que puedes estar más interesado en las ideas de las personas y la información que tienen que en las personas en sí. Observa cómo este enfoque te impide interactuar con los demás de formas más significativas.
- Toma conciencia de tu miedo a tener que pasar tiempo relacionándote con otros sin aprender nada. ¿Qué sentimientos estás evitando al centrarte tanto en expandir tu base de conocimientos?
- Advierte que tus hábitos de observar, analizar, planificar y estudiar son formas que tienes de satisfacer tu deseo insaciable de aprender más. Hazte más consciente de que eres un avaro del conocimiento. Observa cómo esta avaricia cumple la función de mantenerte en tu zona de confort, es decir, en tu cabeza.

Poca claridad en la comunicación

¿Te dicen a menudo que no se sabe lo que estás pensando o qué palabras han salido de tu boca? ¿Te dicen a veces que parece que no estás presente? ¿Te cuesta comunicar tus ideas o sentimientos a los demás? Aquí hay algunas acciones que puedes realizar para integrar este punto ciego:

- Reconoce lo difícil que te resulta comunicarte con los demás de una manera más personal. Si crees que lo haces bien, toma en consideración lo que te digan al respecto. Admite que no te comunicas tanto como podrías en el terreno personal.

- Observa si te estás comunicando eficazmente o no. Aunque tus pensamientos te parezcan vívidos y puedas suponer que los estás transmitiendo, es posible que te olvides de ser más explícito para que los demás sepan lo que estás pensando o que pensaste en ellos.
- Observa tu tendencia a evitar la comunicación si te sientes molesto con alguien y admite que este no es el comportamiento más maduro que puedes tener.
- Explora tu tendencia a enfocarte en usar las palabras precisas, en lugar de ser más expresivo con las expresiones faciales y el lenguaje corporal. Dado que el ochenta por ciento de la comunicación es no verbal, plantéate cómo puedes mejorar en esta área.
- Observa que te comunicas con muy pocas palabras o con demasiadas palabras. Sé más consciente de que hablas con la gente de una manera formal y académica que tal vez no sea completamente entendida por personas más emocionales o instintivas.
- Ponte en contacto con tu miedo a manifestar más de ti mismo. Observa si a menudo tienes miedo de que te embarguen las emociones, de decir alguna tontería o de revelar más de lo que quieres. Sé consciente de lo que le temes y de cómo estos miedos te retienen.
- Empieza a comunicarte de manera más profunda y exhaustiva con algunas personas en las que confíes. Poco a poco, haz lo mismo con más gente.

«Piensa en los árboles, que permiten a los pájaros posarse y alejarse volando sin invitarlos a quedarse ni desear que se queden para siempre. Si tu corazón puede ser así, estarás cerca del camino». Proverbio zen

El dolor del tipo 5

Los individuos de tipo 5 tienden a ser cultos e intelectualmente ingeniosos y crean una identidad egoica basada en estos rasgos. Parte de su estrategia de supervivencia consiste en eludir las emociones y las sensaciones, porque inconscientemente les preocupa ser de alguna manera diferentes de los demás y tienden a tener miedo de sentirse abrumados o agotados por las emociones. Aunque a veces se los percibe como arrogantes, en realidad esconden un complejo de inferioridad detrás de un complejo de superioridad. Adoptan la personalidad del «intelectual» o del «que sabe más» para evitar que los vean como tímidos o poco hábiles en las relaciones.

Para despertar, los individuos de tipo 5 deben ser más conscientes de su tendencia a esconderse detrás de su intelecto como defensa y de las emociones subyacentes a esta tendencia. Son personas divertidas e interesantes de forma natural cuando deciden relajarse y dejar de preocuparse por que los vean como individuos torpes o raros; pero rechazan la espontaneidad debido a un miedo inconsciente a que los vean como unos incompetentes en el ámbito social o el emocional.

Si te identificas con este tipo, para trascender el modo zombi debes aprender a aceptar cualquier impulso que puedas tener de hacer o decir cosas antes de analizar si son apropiadas, incluso si esto te hace sentir inseguro. Para liberarte realmente de los hábitos que te impiden conectar más profundamente con los demás, debes estar más en contacto con la inseguridad y el dolor emocional que hay detrás de tus miedos y defensas, en particular tu temor de que las personas no estén disponibles para ti ni acepten tus necesidades emocionales si abres tu corazón.

Estas son algunas medidas que puedes adoptar para que te ayuden a experimentar tus emociones (y tu dolor) de manera más profunda y con mayor frecuencia:

- Haz trabajo corporal antes de trabajar con tus emociones. Esto ayudará a que tu experiencia de apertura del corazón, más adelante, sea más profunda y estable.

- Sé consciente del vacío que experimentas en el corazón cuando intentas sentir emociones. Presta atención a esto y permítete sufrir cuando seas consciente de este vacío. Mantente en contacto con este dolor para poder aprender a estar en contacto con tus emociones. A partir de aquí, podrás acoger tu experiencia emocional.

- Observa si te separas de las personas y las emociones para evitar tu miedo a los sentimientos. Al tipo 5 se le da realmente bien evitar situaciones en las que pueda surgir el miedo.

- Identifica situaciones de tu infancia que te hicieron sentir solo porque nadie estaba disponible para conectar contigo. Es posible que cerraras tu corazón porque no había nadie ahí para darte lo que necesitabas para sentirte seguro al experimentar tus emociones.

- Ponte más en contacto con las emociones de las que habitualmente te separas y permítete sentirte triste por todo el tiempo que has desperdiciado estando aislado y siendo incapaz de conectar con los demás. Rechaza la posibilidad de vivir el resto de tu vida con el corazón cerrado, sin poder acceder a tus emociones y conectar con los demás en el plano emocional.

- Observa lo que sucede cuando te abres más a otras personas y recibes más apoyo por parte de relaciones enriquecedoras. Reconoce la felicidad que sientes cuando permites que haya más abundancia y amor en tu vida. Siente las emociones que surgen cuando quienes te rodean no huyen y puedes conectar con ellos y sentir que no estás de más.

- Abre el corazón y establece la conexión que es más importante y enriquecedora que cualquier otra: la que puedes tener contigo mismo. El amor a ti mismo te está esperando, y es maravilloso e importante.

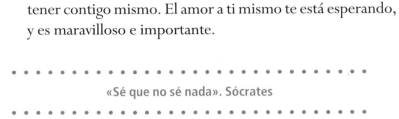

«Sé que no sé nada». Sócrates

Los subtipos del tipo 5

Identificar el subtipo al que perteneces dentro del tipo 5 puede ayudarte a orientar tus esfuerzos destinados a afrontar tus puntos ciegos, tus tendencias inconscientes y tu dolor oculto. Los patrones y tendencias de los subtipos varían según cuál de los tres instintos de supervivencia prevalezca.

Subtipo 5 del instinto de conservación

Este subtipo se esconde de los demás y construye límites físicos; se retira a su propia casa o a su espacio personal, que suele ser de pequeñas dimensiones. Reduce al mínimo sus necesidades para hacer frente al hecho de que vivir en un recinto no es fácilmente compatible con las relaciones humanas y al hecho de que tener que pasar demasiado tiempo en el mundo exterior puede resultar peligroso. Tiene la necesidad de poder retirarse a un lugar que le sirva de refugio cuando así lo desee. Tiende hacia el minimalismo y le resulta difícil compartir información sobre sí mismo y sus emociones, tanto de tipo positivo como negativo.

Subtipo 5 social

Este subtipo trabaja para saber todo lo que hay que saber sobre un tema en particular y quiere ser incluido en la lista (generalmente pequeña) de expertos en ese tema. Puede ser que se relacione más con individuos que comparten sus valores e intereses intelectuales que con las que forman parte de su día a día. Le asusta más la posibilidad de «no saber» que la posibilidad de que invadan su espacio privado. Las personas de este subtipo se muestran comunicativas y sociables, y disfrutan con las discusiones intelectuales y compartiendo conocimientos con los demás, pero el acento que ponen en la información y el conocimiento hace que desestimen posibles conexiones de base más emocional, en las que el corazón tenga un papel protagonista.

Subtipo 5 sexual

Este subtipo busca la relación ideal o última. Pero puede ser demasiado exigente con aquellos que quiere tener cerca; puede requerir que la «persona adecuada» pase muchas pruebas. Tiene una veta romántica, artística o imaginativa y está muy conectado con sus emociones, pero por lo general las comunica solo indirectamente, a través de algún medio de autoexpresión. A diferencia de los otros subtipos de tipo 5, tiene una mayor necesidad de intimidad en las circunstancias adecuadas, generalmente cuando encuentra a alguien en quien confía y que lo apreciará a pesar de sus defectos.

La sombra de los subtipos del tipo 5

Puedes enfrentarte con mayor eficacia a tu propia sombra si conoces las características específicas de la sombra de tu subtipo, dentro del tipo 5. A continuación se muestran algunos de los aspectos de la sombra de cada subtipo. Como el comportamiento de cada subtipo puede ser muy automático, tal vez sea especialmente difícil ver y reconocer estos rasgos en uno mismo.

La sombra del subtipo 5 del instinto de conservación

Si este es tu subtipo, es probable que vivas una vida reservada y aislada, pero eso no te hace tanto bien como piensas. Puedes volverte intolerante cuando tu espacio es «invadido» por otras personas y guardarte toda tu información personal para ti, pero eso no te ayuda a crecer más allá de las limitaciones de tu ego. Al mantenerte físicamente alejado de los demás, te vuelves aún más distante y evitas abordar tus miedos. Observa si te contienes reduciendo al mínimo lo que comunicas a los demás, y especialmente si no te permites expresar tu enojo y entrar en conflicto.

La sombra del subtipo 5 social

Si este es tu subtipo, siempre tratas de ser y parecer inteligente y entendido, pero eso no te brinda una sabiduría o una alegría verdaderas. Tampoco es una manera humilde de vivir. Puede ser que trates a algunas personas de manera diferente a las demás, según si las ves o no como miembros de tu «grupo especial». Observa si tu grado de calidez y disponibilidad es mayor con aquellos que tienen el mismo grado de interés y erudición respecto a tu tema o causa preferidos, y si te muestras más frío y menos atento con los que no tienen esta característica. Puede ser que des más prioridad a las causas y la búsqueda de conocimiento y significado que a las personas debido a un miedo inconsciente a lo irrelevante, pero este patrón te mantiene desconectado de tus semejantes y hace que seas incapaz de preocuparte realmente por ellos. Tu tendencia a eludir el desarrollo emocional en favor de la implicación puramente intelectual puede significar que tu grado de conciencia es inferior a lo que supones.

La sombra del subtipo 5 sexual

Si este es tu subtipo, limitas las personas con las que puedes conectar profundamente al ser muy selectivo y exigir un alto grado de confianza en tus relaciones personales. Si bien deseas gozar de mucha intimidad con una pareja, puedes estar poco disponible para la verdadera intimidad al necesitar controlar la relación y exagerar la cantidad de confianza que precisas para abrirte. Al buscar lo máximo en una relación, puedes resistirte a las oportunidades que te brinda la vida de conectar con un abanico más amplio de personas comunes.

• •

«Nunca olvides sonreír: un día sin sonreír
es un día perdido». Charles Chaplin

• •

La paradoja del tipo 5

La paradoja del tipo 5 se experimenta a través de la polaridad entre la pasión de la avaricia y la virtud del no apego. El no apego es el estado de estar totalmente abierto al flujo natural de la fuerza vital, lo cual permite recibirla toda en lugar de acumularla en el interior y devolverla al mundo abriéndose más a los demás. En el caso de este tipo, ser consciente de cómo desconecta de las personas, las emociones y la vida misma le permite reconocer un aspecto central de su pasión. Crece cuando ve la disparidad entre su mente brillante y sofisticada y su corazón infantil y subdesarrollado. Cuando estos individuos pueden ver cómo hacen daño a los demás por el hecho de estar desapegados de sus emociones y mostrarse fríos, aprenden a reconocer su avaricia.

Si te identificas como tipo 5, puedes avanzar en el camino hacia el no apego volviéndote más consciente de cómo opera la avaricia. En el estado de no apego, reconectas con todo lo que hay que experimentar en la vida teniendo el corazón abierto y aprendes a permitir que todo surja de forma natural sin desconectar o cerrarte. Llegas a experimentar los misterios y las alegrías de la vida sin tener que esconderte ni controlar lo que está sucediendo. Aprendes a soltar en lugar de retener tu energía o acumular experiencias pasadas en tu corazón.

Estas son algunas primeras medidas que puedes adoptar para hacerte más consciente de tu avaricia y acceder a la emoción del no apego, que es de tipo superior:

• Advierte cuándo sientes la necesidad de cerrar el corazón. Arriésgate a estar un poco más abierto.

- Cuando actúes motivado por la avaricia, date cuenta, pero no te juzgues. Pregúntate qué te impide mantenerte conectado en el momento presente.

- Ten compasión por la parte de ti que necesita proteger tu corazón del dolor y la falta de atención de los demás. Permítete estar en contacto con los sentimientos que surjan; siéntelos realmente, en lugar de ignorarlos o limitarte a pensar en ellos.

- Sé consciente de las ocasiones en que bajas tu nivel de energía y terminas sintiéndote menos en contacto con tu capacidad de sentir intensamente. Sorpréndete en el acto de renunciar a la posibilidad de experimentar entusiasmo por la vida.

- Toma conciencia de que estás desconectado de tu cuerpo y de que tiendes a experimentar la vida de forma automática, a través de experiencias puramente mentales que no están ancladas en tus emociones ni en tu cuerpo.

- Ponte en contacto con la separación radical que impones entre personas, grupos y situaciones. Observa cómo divides la realidad en compartimentos, lo cual impide en gran medida que puedas experimentar todo lo que hay a tu alrededor desde un estado de presencia.

· ·

«La energía de la fuerza vital es milagrosamente abundante, así que aprovéchala». Shumlosh

· ·

Fomenta tu crecimiento con las flechas del tipo 5

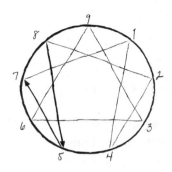

Los dos tipos conectados al tipo 5 por las flechas del interior del diagrama del eneagrama son el 7 y el 8. Al integrar la capacidad para la acción del tipo 8, el tipo 5 puede desarrollar su energía e intensidad; al aplicar los puntos fuertes del tipo 7, puede volverse más capaz de ser alguien espontáneo, flexible y de mente abierta. Esto lo ayuda a impulsar su crecimiento de forma radical, al superar su tendencia a enfocarse más en la razón que en la experiencia.

- Primero, aprovecha la fuerza del tipo 8 para anclarte fuertemente en todo el cuerpo y no solo en la cabeza. Respira profundo activando el abdomen y centra la atención en tu presencia física. Aquieta la mente y entra en contacto con las sensaciones corporales. Permítete la ira y úsala como energía, poder e impulso; deja que alimente un sentimiento de autoconfianza que te lleve a ser una persona más práctica y efectiva. Asume tu poder y autoridad afirmándote con más fuerza y actuando con mayor rapidez y más a menudo para equilibrar tu forma de proceder centrada en la mente. Cuando algo te suscite sentimientos fuertes, comunícalo.
- A continuación, integra la tendencia del tipo 7 a ser más aventurero, ingenioso, divertido, feliz, espontáneo, flexible y creativo. Aprende a experimentar más con las ideas y a emprender la acción o expresarte antes de tener toda la información. Sal más de ti mismo y comparte actividades que te emocionen con otras personas. Fomenta un mayor equilibrio entre lo «interior» y lo «exterior» socializando más. Permite que el deseo de placer te motive, en lugar de que lo haga el hambre de conocimiento.

«La riqueza es la capacidad de experimentar
plenamente la vida». Henry David Thoreau

Acoger el estado más elevado

En la tercera parte de su viaje, las personas de tipo 5 comienzan a ver con más claridad quiénes *no* son. Se separan más de su falso yo y van asumiendo su verdadero yo. Al abrir el corazón a dar y recibir energía más libremente y sin controlar, pueden acceder a una mayor vitalidad, la cual les permite expresarse con una intensidad mucho mayor. Cuando tienen más energía, estos individuos pueden conectar más profundamente con los demás, consigo mismos y con la vida.

Si tu tipo es el 5, este despertar implica aprender a ser más práctico, sencillo, directo y resolutivo. Ves más claramente la verdadera idiosincrasia de las personas que te rodean, te identificas en mayor medida con los demás y tienes más en cuenta sus necesidades. Cuando te vuelves consciente de tu avaricia y dejas de pensar demasiado en las cosas, tu vida mejora. Dejas de sentir la necesidad de proteger tu espacio, tu tiempo y tu energía. Lo mejor de todo es que te sientes alegremente vivo y comprendes que tu energía no se agotará si das de ti mismo y compartes tus recursos. Por fin reconoces que tu creencia en la escasez es falsa.

Estas son algunas cosas que puedes hacer en esta parte de tu viaje que no podrías haber hecho antes, más otras en las que seguir trabajando:

- Te sientes vigorizado y no te preocupas por acumular tiempo, energía y otros recursos.
- Dejas de evitar situaciones en las que otros puedan requerir algo de ti (lo cual puede incluir que no quieran otra cosa que saber más sobre ti).

- Te sientes más alegre en general.
- Dejas de separarte de las emociones y de las otras personas. Dejas de alejarte de los demás o de sentir la necesidad de esconderte.
- Te permites experimentar una sensación de fuerza y presencia en el cuerpo y en el corazón.
- Permaneces presente y conectado a las personas y al flujo de la vida con mayor regularidad.
- Experimentas una gran mejora en la calidad de todas tus relaciones.
- Comprendes las cosas no a través de tu intelecto solamente, sino también desde el sentimiento de ser. Accedes a otras modalidades de conocimiento, incluidas la emoción y la intuición.
- Contemplas el amor, el apoyo y el sustento que están disponibles para ti en abundancia, y eres capaz de acoger y disfrutar más a menudo y con mayor profundidad la relación con las personas próximas que se preocupan por ti.

· ·

«Solo a través de la experiencia descubrimos lo difícil que es alcanzar el estado de no apego». Mahatma Gandhi

· ·

La virtud del tipo 5

El no apego es la virtud que proporciona un antídoto para la pasión de la avaricia del tipo 5. En el estado de no apego, este tipo se abre alegremente a sentir sus emociones cuando otros se acercan a él para brindarle atención y amor. Se acerca a los demás con mayor facilidad. Aprende a actuar desde el corazón y a vivir de una manera más integral. Se siente conectado con todo y con todos, y no tiene miedo de ocupar su cuerpo y adueñarse de sus sentimientos.

Se siente energizado por un contacto más continuo con su propia fuerza vital y vive más plenamente, con alegría y planificando menos. Abandona la creencia de que su propia energía es limitada para poder dar en mayor medida a los demás sin tener que contenerse.

Cuando el tipo 5 alcanza el estado de no apego —no solo al espacio, al tiempo y a la energía, sino también al conocimiento—, vive a partir del recuerdo de su verdadero ser y se da cuenta de que no necesita saberlo todo. Reconoce que almacenar conocimiento dentro de sí no tiene sentido. Acaba por saber que puede acceder a toda la información y la sabiduría que necesita conectándose a una base de datos universal de conocimiento intuitivo que está disponible para todos nosotros cuando estamos en contacto con nuestro yo superior.

El estado de no apego se caracteriza por una experiencia de amor, unidad y conexión con las otras personas y con el universo. Este estado no lo experimentamos en la cabeza, sino en el corazón. Es un estado de conexión con el conjunto de la realidad en el que nos damos cuenta de que todos estamos interconectados y somos interdependientes e intrínsecamente inseparables. Esto significa que podemos dejar de buscar la privacidad y el aislamiento, y dejar de desconectar de nuestro corazón, de las personas o del inmenso fluir de la vida que nos rodea. Podemos dar más de nosotros mismos a los demás de manera más generosa.

Aquí es importante diferenciar claramente el estado de *no apego* del estado de *desapego*.* El no apego es un estado en el que el corazón está totalmente abierto. El desapego es parte del estado adormecido del falso yo. El ego del tipo 5 impulsa a estas personas a separarse y desconectarse de los sentimientos y los individuos al adormecer las emociones y la posibilidad de conectar con los demás. Pero el no apego ayuda al tipo 5 a despertar y reanimarse al fomentar una apertura más valiente a los sentimientos y conexiones reales sin que deba temer sentirse abrumado o vacío.

---

* N. del T.: En inglés, *nonattachment* frente a *detachment*.

Si te identificas con el tipo 5, aquí tienes algunas acciones que puedes realizar para trabajar contra las tendencias alimentadas por la avaricia. Al adoptar estas medidas, podrás vivir en mayor medida desde el estado de no apego:

- Supera el miedo a no recibir lo suficiente por parte de aquellos que esperas que te brinden atención, cuidado y amor.
- Evita esperar cosas de las personas e intenta no desconectar de ellas. Permanece totalmente abierto a los intercambios auténticos, que son los mutuos.
- Acércate a los demás por tu propia iniciativa, desde una apertura auténtica. Ve al encuentro de otras personas no desde tu cabeza solamente, sino también desde tu corazón y tu instinto, para poder participar plenamente en interacciones emocionales y sensoriales.
- Permanece presente con todo lo que esté sucediendo y con quien esté contigo en el momento. Deja que te amen mucho o que te dejen solo, sin cerrarte a experimentar la vida tal como viene.
- Permanece dispuesto y abierto a recibir lo que te traiga la vida, sin intentar controlar lo que suceda. Fluye con lo que ocurra en tu vida sin necesidad de planificar con antelación.
- Conecta con tu fuerza vital más plenamente y cultiva activamente un mayor entusiasmo por la vida.
- Deja ir la necesidad de demostrar que lo sabes todo apreciando la humildad del desconocimiento y valorando la experiencia de los aspectos más simples de la vida.
- Suelta la necesidad de acumular cosas y experiencias. Resiste tu tendencia a retirarte. Date cuenta de que retirarte te hace sentir seguro, pero evita que puedas experimentar plenitud.
- Permanece abierto, con valentía, a experimentar el flujo natural de cualquier cosa que esté sucediendo en tu vida sin

necesidad de contraerte o reprimirte ante la carencia o la abundancia.

· ·

«Si nos aferramos con miedo a lo que tenemos, nunca podremos descubrir quiénes somos en realidad». Sri Chinmoy

· ·

Despertar del estado zombi

Para las personas de tipo 5, la clave para aceptar su verdadero yo radica en reducir gradualmente su necesidad de tener el control de los movimientos de los demás, ya sea de acercamiento a ellas o de alejamiento. Esto puede parecerles difícil, si no imposible, porque su ego les dice que no abran las puertas de su dominio. Pero afrontar su sombra y su dolor significa, para ellas, elevarse por encima de sus definiciones autolimitantes del pasado y lograr un mayor grado de autoconocimiento y autorrespeto, así como una visión más amplia de quiénes son.

Cuando este tipo se da cuenta de que se ha estado perdiendo conexiones más profundas y libres durante gran parte de su vida, puede concentrar toda su intención y atención en intercambiar ideas, sentimientos y sensaciones con los demás. Solo participando plenamente en la experiencia de la conexión puede desarrollar su verdadero yo y comprender los misterios asociados al hecho de ser humano, vivir la vida y ser parte del universo. Cuando asimila esta verdad, florece y se pone a disposición de los demás con un talante profundamente generoso. Esto lo acerca a su verdadero yo.

El viaje del tipo 5 puede ser difícil, porque muchas culturas valoran el intelecto y promueven los ideales de la individualidad, la autosuficiencia y la privacidad. Cuando este tipo siente que tiene «el control» de su espacio y su agenda, es posible que no sienta la necesidad del cambio que se consigue con el crecimiento. Pero la verdad es que la avaricia (el impulso de contraerse contra la vida por la sensación de tener pocos recursos internos) encoge el corazón y hace que la vida sea menos interesante. El conocimiento no compensa la experiencia perdida de una vida más plena. E ir por el mundo como un zombi de tipo 5 significa vivir solo la mitad de la vida, como mucho. Cuando el tipo 5 se autoexamina con valentía, se enfrenta a sus sombras y se abre a lo desconocido, despierta de su estado zombi inconsciente impulsado por el ego y se vuelve más sabio.

Las personas de tipo 5 tienen un profundo anhelo de sabiduría. Esto tiene sentido, dado que su principal estrategia de supervivencia radica en saber todo lo que hay que saber. Pero este deseo las lleva a observar la vida desde la distancia y a cambiar la experiencia vivencial por una comprensión cognitiva de la vida. Sin embargo, al avanzar en su camino, descubren lo que significa cultivar la verdadera sabiduría. Entonces se abren a una experiencia de conocimiento más satisfactoria que surge de la implicación profunda del cuerpo, la mente, el corazón y el alma. Cuando los individuos de tipo 5 permiten que las experiencias vividas los vuelvan verdaderamente sabios y no solo inteligentes, descubren la auténtica humildad. Partiendo de esta humildad adquieren más conocimientos, pero a la vez saben que no saben nada. Esto allana el camino hacia su encuentro con su yo superior, que los ha estado esperando todo el tiempo.

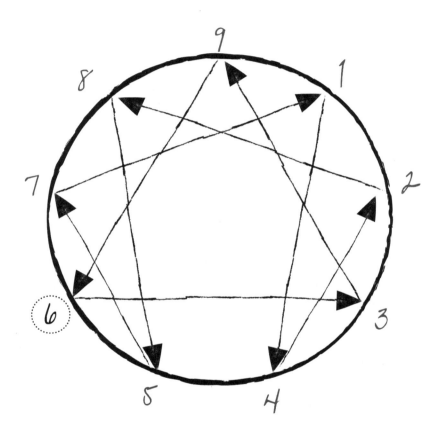

Tipo 6

El camino del miedo al valor

*No tengas miedo de tus miedos. No están ahí para asustarte. Están ahí
para hacerte saber que hay algo por lo que vale la pena que los tengas.*
C. JOYBELL C.

Érase una vez una persona llamada Seis. Llegó a esta vida con
una capacidad singular para ser valiente, pero también con
la tendencia de sentirse más pequeña y temerosa de lo que
realmente era. A muy corta edad, Seis era feliz y libre. Hacía lo que
quería sin pensarlo demasiado. No hacía planes con antelación y
no permitía que el miedo a los peligros del mundo la distrajera de
disfrutar de la vida y divertirse. Tenía muchos amigos y le encantaba aprender y explorar. Incluso se sentía tranquila y confiada en
los exámenes.

Sin embargo, a medida que Seis fue creciendo, tuvo algunas
experiencias que la hicieron sentir asustada. Una vez, su madre se
olvidó de recogerla en la escuela. Le asustó una película que mos-
traba cómo mataban a gente. Comenzó a advertir todas las cosas
que podían salir mal y supo que acontecían hechos indeseables. El
mundo empezó a parecerle más peligroso y amenazador.

Un día, Seis se puso muy nerviosa en un examen. Se preocupó
tanto que imaginó que respondía mal todas las preguntas. Como

esta imagen de fracaso seguro era tan vívida en su cabeza, se quedó paralizada. Y, de hecho, le fue muy mal en ese examen. Casi al mismo tiempo, comenzó a sospechar de las personas y a preguntarse si se podía confiar en ellas. Luego tuvo algunas malas experiencias más que la hicieron sentir muy irritada, pero también muy asustada.

Al ir creciendo, Seis empezó a dudar de las intenciones de algunos de sus viejos amigos. ¿Realmente les caía bien? Después comenzó a tener pensamientos paranoicos sobre algunos de sus nuevos amigos. ¿Querían atraparla? ¿Estaban esperando a que confiara en ellos para poder hacerle algo malo? A medida que sus miedos y dudas iban en aumento, iba imaginando todo lo malo que le podía pasar. ¿Y si alguien le robara dinero? ¿Y si sus padres murieran en un accidente de coche y se quedara sola? ¿Y si su gato se perdiese o su perro resultase herido? ¿Y si contrajese una extraña enfermedad? Seis se quedó paralizada por el miedo y la duda. Quería sentirse segura y despreocupada como antes, pero eso no parecía posible. El mundo parecía un lugar fundamentalmente peligroso. Lo único que parecía servir de algo era imaginar todo lo malo que *podía* suceder, para poder anticiparse y evitar que ocurriera. Pero cualquier sentimiento de seguridad que pudiese experimentar solo era temporal.

Seis intentó abordar las amenazas que percibía preparándose para lo peor, y este comportamiento pasó a constituir una parte muy relevante de su estrategia de supervivencia. Pero a pesar de que era muy inventiva e ingeniosa al imaginar todas las cosas que podían salir mal y lo que haría si sucedieran, los pensamientos aterradores seguían atormentándola. No tardó en encontrarse con que casi siempre estaba preocupada por planificar lo que haría si sus temores se hicieran realidad. Y esto solo empeoró las cosas.

La necesidad de sentirse segura en lo que le parecía un mundo obviamente peligroso llevó a Seis a tratar de manejar las muchas amenazas que veía en su entorno. Era agotador, pero no podía dejar de pensar en eso. Tenía que garantizar la seguridad. ¡La seguridad era siempre lo primero! Reunió un botiquín de primeros auxilios. Estudió más duro para no volver a suspender nunca un examen. Su estrategia de supervivencia estaba fuera de control. Podía imaginar hechos espantosos que estaban a punto de suceder en todas partes. Y no podía dejar de imaginar distintos tipos de amenazas o de sospechar de las personas de aspecto furtivo que la rodeaban. Las observaba para encontrar pistas sobre sus verdaderas motivaciones, sus planes ocultos y sus malas intenciones. Sabía que estaban tramando algo.

Seis se había convertido en un zombi, un zombi muy cauteloso, trabajador y preocupado por la seguridad, pero un zombi de todos modos.

LISTA DE VERIFICACIÓN DEL TIPO 6

Si tienes la mayoría de los rasgos de personalidad siguientes, o todos ellos, tal vez seas una personalidad de tipo 6:

☑ Centras gran parte de tu atención en los riesgos, peligros o amenazas. Permites que aproximadamente el veinte por ciento de los riesgos reales ocupen el ochenta por ciento de tus pensamientos.

☑ Te preocupa la posibilidad de no anticipar los peligros potenciales. Intentas pronosticar todos los problemas que podrían presentarse para poder prevenirlos o estar preparado para manejarlos.

☑ Automáticamente cuestionas lo que se dice y dices lo contrario. (¿Ha sido tu primera reacción, al leer esto, oponerte a esta afirmación?).

☑ Habitualmente te mantienes alerta para poder detectar posibles problemas. Esto hace que estés más tenso y ansioso que la mayoría de las personas.

☑ Te cuesta confiar en los demás y, a veces, incluso en ti mismo.

☑ Intentas incrementar tu sensación de certeza cuestionando lo que está sucediendo.

☑ Intentas controlar lo que ocurra imaginando lo que podría suceder antes de actuar.

☑ Crees que, a menos que recrees mentalmente los peores escenarios, no te sentirás oportunamente preparado para afrontarlos.

☑ Cuando realmente sucede algo malo, tiendes a sentirte tranquilo y competente, o de pronto eres valiente.

Si, después de usar la lista de verificación, descubres que tu tipo es, probablemente, el 6, tu viaje de crecimiento transcurrirá en tres etapas.

Primero, te embarcarás en un proceso de autoconocimiento en el que tomarás conciencia de que a menudo ves riesgos ocultos que otros no ven, lo cual te hace albergar preocupaciones.

A continuación deberás enfrentarte a tu sombra tomando mayor conciencia de los comportamientos inconscientes derivados de tu necesidad de seguridad. Esto te ayudará a reconocer que tiendes a sentirte abrumado al asumir la responsabilidad y abordar los problemas, y lo nervioso que te pones cuando imaginas (o temes) lo peor.

En la etapa final de tu viaje aprenderás a relajarte, a confiar en la vida y a avanzar con más confianza, incluso cuando experimentes miedo o te enfrentes a riesgos y amenazas reales.

«El valiente no es quien no siente miedo, sino aquel que vence ese miedo». Nelson Mandela

Empieza el viaje

Para el tipo 6, la primera etapa del viaje hacia el despertar implica darse cuenta, intencionadamente, del gran papel que otorga a las fantasías basadas en el miedo. Esto lo ayuda a ser más capaz de estudiar sus propios patrones de pensamiento alimentados por el miedo y a reconocer, sin juzgar, cuánta atención dedica a mantener una sensación de seguridad o certeza en un mundo que ve como peligroso. Empieza a advertir todas las formas en que piensa demasiado en los problemas potenciales y cómo se queda atrapado en el análisis paralizante.

Las personas de tipo 6 se esfuerzan por estar alerta frente a los peligros del mundo. Pero la verdad es que si te identificas con este tipo tu necesidad constante de permanecer alerta te mantiene atrapado en patrones dictados por el miedo de una manera que quizá no creas que proviene del miedo. Tal vez pienses que se te da muy bien estar preparado o que tienes un gran sentido de la responsabilidad. Paradójicamente, es posible que hayas quedado atrapado en tu propia estrategia de supervivencia de una manera que perpetúe tu sensación de ansiedad e inseguridad debido a la necesidad de mantenerte a salvo y sentirte seguro. Pero si quieres avanzar en tu camino de crecimiento, debes observar la forma en que esto sucede, afrontar tus miedos como tales y aprender nuevas maneras de superarlos.

Patrones clave del tipo 6

Si te identificas como tipo 6, puedes iniciar tu viaje hacia el despertar centrándote en cinco patrones habituales, observándolos y haciéndote más consciente de ellos:

Necesidad de seguridad

Advierte si tienes la necesidad constante de sentirte a salvo y si crees que algo realmente malo sucederá si no te mantienes alerta.

Obsérvate para ver si priorizas la seguridad y la protección. Aprende a reconocer tu forma de pensar y sentirte, y qué haces cuando no te sientes seguro. Cuando crees que no estás a salvo, es posible que experimentes una tensión interna. Esta tensión puede permanecer inconsciente, pero debes esforzarte para tomar mayor conciencia de ella. Cuando consigas sentirte seguro, intenta relajarte y proyectar una sensación de calma; a continuación observa si esta sensación es temporal, sobre todo si no tardas en enfocarte en el próximo problema que debes resolver.

Necesidad de gestionar los riesgos

Es probable que se te dé muy bien la gestión de riesgos y la previsión de amenazas. Será importante para ti ver cómo usas tu imaginación y tu intelecto para pensar en todos los posibles peligros que existen en una situación dada, y cómo recopilas datos, observas, analizas, estudias, cuestionas y pones a prueba a las personas en un esfuerzo por tener cierta sensación de control sobre los riesgos que detectas. Si bien la gestión de riesgos puede generarte ansiedad, intentas encontrar una sensación de paz o seguridad al prepararte para todo lo que podría salir mal. Pero este comportamiento puede ser contraproducente y provocarte más ansiedad, ya que pensar en los problemas te mantiene enfocado en lo problemático, lo cual puede incrementar tu estrés. Como se te da bien solucionar problemas, puede ser que los busques.

Necesidad de sentirte preparado

Tu preocupación por lo que podría suceder te lleva a hacer todo lo posible para estar preparado e intentar gestionar los resultados. Esto hace que se te dé bien prever distintos escenarios y prepararte para ellos, con el fin de poder lidiar con cualquier problema que pueda surgir. Tal vez supongas que cuanto más te prepares más seguro te sentirás. Pero será importante que observes si tu necesidad de estar preparado para lo peor significa que nunca acabarás de estar listo para afrontar el próximo problema. Es posible que nunca te sientas completamente seguro.

Poner a prueba a personas y circunstancias

Es probable que busques construir relaciones en las que puedas confiar, pero antes de que realmente confíes en el otro, puedes realizar muchas pruebas para ver si realmente es seguro desarrollar esta confianza. Obsérvate para ver si te parece antinatural y aterrador confiar en alguien si no tienes suficiente información sobre esa persona. ¿Observas a los demás de cerca en busca de incoherencias? ¿Hacen lo que dicen que van a hacer? ¿Coinciden sus acciones con sus valores e intenciones declarados? Observa si, cuando te mantienes alerta de forma automática, los demás se ganan tu confianza o muestran tener intenciones ocultas. Tal vez te enorgullezcas de detectar las falsedades y las personalidades falsas. Tu precaución en relación con la confianza puede significar que intentas descubrir malas intenciones y que a veces imaginas problemas que en realidad no existen.

Tener problemas con la autoridad

Si tu tipo es el 6, tenderás a tener más problemas con la autoridad que la persona promedio. Observa si tienes puesta una antena para detectar las dinámicas de poder. Si encuentras que esto es cierto, tus problemas con la autoridad pueden tomar distintas formas. Puedes cuestionar a las personas que ostentan posiciones de autoridad y tomarte mucho tiempo para llegar a confiar en ellas. Al principio, tal vez busques confiar en alguien con autoridad por el deseo de que te brinde protección, pero después recelas de él. Puede ser que te rebeles contra la autoridad y vayas a la contra. Observa si tiendes a enfrentarte a las autoridades para proteger a los «desvalidos», ya sean personas o causas. A veces puedes albergar el temor de que confiar demasiado en una figura de autoridad te ponga en una posición vulnerable. Es probable que tú mismo evites ocupar puestos que impliquen autoridad y te sientas incómodo en posiciones de liderazgo.

· ·
«No se puede nadar hacia nuevos horizontes hasta que se tiene el valor de perder de vista la orilla». William Faulkner
· ·

La pasión del tipo 6

El miedo es la pasión que impulsa al tipo 6. Como principal motivación emocional de este tipo, el miedo es el estado «tembloroso» del corazón que acompaña a la intolerancia a la incertidumbre y surge como reacción a la posibilidad de que se produzcan hechos negativos. Este tipo es quizá más propenso al miedo porque tiende a centrar la atención en anticipar cualquier amenaza, y en prepararse para afrontarla, a través de su necesidad de enfrentarse a lo desconocido.

Por supuesto, todos sentimos miedo. Y cada uno de nosotros tememos determinadas cosas. Pero el tipo 6 experimenta una sensación de miedo más generalizada y no deja de buscar la fuente de ese miedo hasta que la encuentra. De hecho, para el tipo 6 el miedo precede a cualquier persona o situación que pueda ser responsable de él. En realidad, este tipo *proyecta* su miedo a distintas personas y cosas de su entorno. Siente varios tipos de miedo, incluso cuando estos miedos no tienen una fuente o causa específica. Incluso teme al miedo mismo. Estos individuos pueden preguntarse por qué sienten tanto miedo. Incluso pueden tener miedo de no sentir miedo; por ejemplo, si temen que pueda haber algo peligroso en el horizonte que aún no han divisado.

El miedo del tipo 6 está ahí como un estado emocional constante del corazón, no solo como una emoción que conduce a determinados comportamientos en ciertos momentos. La mayor parte de su miedo no es el resultado de algo objetivo, es decir, de la experiencia de algo que realmente esté sucediendo. La mayor parte del tiempo tiene como base percepciones subjetivas de lo que *podría* suceder. Además, es posible que estas personas no reconozcan que su miedo es tal; acaso piensen que todo lo que ocurre es que se les da muy bien estar preparadas o resolver problemas. En el caso de todos nosotros, la pasión que impulsa a nuestro tipo tiende a ser sobre todo inconsciente, hasta que trabajamos para tomar conciencia de cómo opera. Por lo tanto, es posible que los individuos de tipo 6 no crean que el miedo que los impulsa sea tal. Como consecuencia, su miedo se convierte aún más en un hábito, y les resulta difícil relajarse. El desafío que afrontan es el de reconocer y sentir totalmente su miedo en lugar de evitarlo, y después desarrollar más confianza en su propio poder para dominarlo.

El miedo le genera ansiedad a este tipo, junto con una tensión emocional y física constante. También puede hacer que le falte autoconfianza. Si te identificas como tipo 6, el miedo puede afectar a tu visión de la realidad, hacer que te resulte difícil tomar decisiones y llevarte a la postergación. Sin embargo, a medida que te familiarices con tu experiencia del miedo, podrás empezar a cultivar el coraje que es necesario para seguir adelante incluso cuando uno se siente asustado. Cuanto más consciente te vuelvas de tu miedo y decidas no dejar que te detenga, más manifestarás la experiencia superior opuesta: el valor.

Si perteneces al tipo 6, estas son algunas manifestaciones típicas del miedo de las que debes hacerte consciente para avanzar en tu camino hacia el despertar:

- Pensamiento «a la contra», es decir, que reaccionas en contra de lo que dicen otras personas o incluso de tus propios pensamientos.
- Usas un lenguaje que transmite que todo está envuelto por la incertidumbre y que será de una forma u otra según el

contexto; por lo tanto, dices mucho «¿y si...?» y «depende». Respondes preguntas con otras preguntas.

- Incurres en la dilación; continuamente tienes dudas (incluidas dudas sobre ti mismo) que retrasan tu acción y tu éxito.
- Predices hechos malos que podrían acontecer para tener una falsa sensación de control.
- Te sorprendes o preocupas cuando suceden cosas buenas. Esperas que ocurran cosas malas.
- Estás alerta para detectar posibles peligros. Mueves los ojos en horizontal. Experimentas tensión en el cuerpo.
- Eres excesivamente responsable y abnegado a la hora de gestionar problemas. Eres extremadamente leal a ciertas personas para encontrar justificado verlas como dignas de confianza.
- Imaginas múltiples escenarios en un esfuerzo por erradicar la incertidumbre en un mundo donde esto es imposible.
- Buscas constantemente problemas para resolver y siempre los encuentras.

• •

«Evitar el peligro no es más seguro a largo plazo que
la exposición directa. Los temerosos son atrapados con
tanta frecuencia como los valientes». Helen Keller

• •

Expande tu crecimiento con las alas del tipo 6

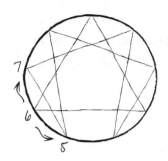

Los dos tipos de personalidad adyacentes al tipo 6 en el círculo del eneagrama son el 5 y el 7. El tipo 6 puede aliviar su sensación de ansiedad y volverse más objetivo frente al miedo apoyándose en la capacidad del tipo 5 de mantener la calma y la mesura. Después, puede moderar su tendencia a la preocupación y la cautela integrando la tendencia del tipo 7 a ser más positivo y espontáneo. Esto lo ayuda a dejar de permanecer centrado en los miedos y las amenazas y a ampliar su perspectiva habitual.

- Primero, «apóyate» conscientemente en la capacidad del tipo 5 de calmarse y ver las cosas desde una perspectiva más amplia, menos emocional (menos temerosa). Investigar más profundamente los datos y llevar a cabo una indagación más neutra para ver cuál es la verdad puede ayudarte a reducir tu grado de ansiedad. Confronta tus miedos con la realidad; es decir, contempla de manera más objetiva los datos que confirman o desmienten los escenarios que imaginas. Deja de proyectar tus miedos en el mundo exterior ejerciendo tu autoridad cuando se trata de discernir lo que es real. Disfruta asumiendo el papel de autoridad (o «experto») y siéntete más seguro al dominar en mayor medida la información relacionada con tus intereses intelectuales (o con lo que sea que te dé miedo).
- A continuación, integra los puntos fuertes del tipo 7 aventurándote más, explorando el mundo, divirtiéndote más y siendo más espontáneo. Permítete ser una persona más despreocupada. Relájate, suelta las preocupaciones o la tensión y enfócate más en lo que te brinda placer. Emprende la

acción sin sentir la necesidad de prepararte tanto de antemano. Adopta una actitud más positiva y busca oportunidades en la misma medida que buscas amenazas, o en mayor medida. Gana flexibilidad y confianza preparándote menos y permitiéndote improvisar más, o fingiendo hasta lograrlo, como hace el tipo 7.

«Mantenernos vulnerables es un riesgo que debemos correr si queremos experimentar la conexión». Brené Brown

HACER FRENTE A LA SOMBRA

La segunda parte del viaje de crecimiento del tipo 6 consiste en reconocer, aceptar e integrar las formas en que el miedo lo impulsa y conforma la manera en que afronta la vida. Esto lo ayuda a entrar más en contacto con su fortaleza, su confianza, su fe y su coraje.

En esta etapa más avanzada de su viaje, este tipo se da cuenta de que su enfoque en mantenerse a salvo y tener una vida más predecible, lo cual pensaba que era positivo, en realidad puede ser negativo. Cuando carece de autoconciencia, el tipo 6 puede limitarse o sabotearse a sí mismo de formas que no ve, aunque conscientemente pueda pensar que solo está haciendo lo que es sensato y razonable. Cuando estos individuos ignoran sus puntos ciegos y le dan un giro negativo a todo, pueden culpar a personas inocentes o acusarse y dudar implacablemente de sí mismos. Cuando no ven ni reconocen la gran cantidad de miedo que hay detrás de lo que piensan y hacen, pueden ser injustos o incluso paranoicos con respecto a los motivos de los demás, a la vez que ignoran los suyos propios.

El trabajo con la sombra del tipo 6

Si te identificas como alguien de tipo 6, aquí tienes algunas acciones que puedes realizar para ser más consciente de los patrones inconscientes, los puntos ciegos y los puntos débiles claves de este tipo, y para empezar a contrarrestarlos:

- Identifica las formas en que tu alerta y tu ansiedad se manifiestan en los planos mental, emocional y físico. Comprende cómo tu alerta actúa en contra de tu crecimiento interior.
- Aprende a identificar y relajar la tensión que alojas en el cuerpo de resultas del miedo y la ansiedad.
- Observa lo hiperactiva que está tu mente. Reconoce cómo busca lo malo debido a su tendencia a ver lo negativo. Enfócate en ver las cosas buenas en la misma medida en que ves las malas.
- Céntrate menos en prever los riesgos y los peores escenarios y más en identificar posibilidades positivas.
- Haz listas de las cosas buenas que te sucedan. Enfréntate a tu creencia de que siempre ocurren cosas malas.
- Toma conciencia de tu tendencia a crear profecías autocumplidas (situaciones en las que esperas que suceda algo malo) y explora cómo esta expectativa se manifiesta de alguna manera.
- Observa cómo te frena o limita tu hábito de postergar. Siéntete triste por el tiempo perdido.
- Asume posiciones de liderazgo sin dudar ni esconderte detrás de otras personas. Aduéñate de tu poder en lugar de proyectarlo en los demás. Aprende a ser más decidido.
- Identifica momentos difíciles de tu vida en los que te mostraste valiente, fuerte y eficaz. Reconoce lo fuerte que eras y eres en realidad.

• •

«La luz no se encuentra evitando la oscuridad». S. Kelley Harrell

• •

Los puntos ciegos del tipo 6

Probablemente este tipo no quiera examinar sus puntos ciegos porque si bien es posible que no le «guste» su ansiedad, tal vez esta le proporcione una (falsa) sensación de seguridad. Cree que pensar en lo peor le permite evitarlo. Puede sentirse profundamente cansado por tener que estar tan atento, pero sus estrategias de supervivencia evitan que relaje su alerta. Sin embargo, al mantener su postura temerosa todo el tiempo, bloquea su crecimiento, al no reconocer lo que se esconde bajo su constante necesidad de protección.

Pero esta es la buena noticia si te identificas con este tipo. Si puedes observar tus puntos ciegos e indagar sobre tus miedos, es decir, si puedes reconocer lo que evitas ver en ti mismo cuando pones toda la atención en afrontar un peligro, acabarás por experimentar el verdadero valor y la auténtica fe. Si puedes afrontar tus miedos y dejar de pensar en prepararte para lo peor, sentirás un gran alivio al no tener que estar ansioso todo el tiempo.

Estos son algunos de los patrones habituales que operan como puntos ciegos que debes afrontar como tipo 6:

Estar acostumbrado al estrés y el miedo

¿Te sientes continuamente estresado? ¿Te has acostumbrado a un estado interior de tensión que te perjudica más de lo que te ayuda? ¿Es el miedo tu motivación en todo lo que haces? Estas son algunas acciones que puedes llevar a cabo para integrar este punto ciego:

- Sé más consciente de cómo el miedo y la ansiedad influyen negativamente en la forma en que percibes y evalúas las situaciones que afrontas en tu vida todos los días.

- Di esta frase varias veces al día: «Puedo relajarme y, aun así, permanecer fuerte y protegido».
- Habla de tus preocupaciones, ansiedades y miedos actuales, y de tus principales estrategias para afrontarlos, con un psicoterapeuta o un amigo cercano en quien confíes.
- Observa lo que te impide tener una experiencia continua de confianza en la vida, en los demás y, sobre todo, en ti mismo. ¿Qué temes que suceda si relajas tu alerta? ¿Qué creencias inconscientes alimentan más tu miedo y tu ansiedad? Imagina cómo te sentirás cuando alcances un estado de paz y calma. ¿Qué necesitas hacer para obtenerlo?
- Reconoce que cuando avanzas hacia lo desconocido con confianza y decisión, tu miedo desaparece.
- Pide a otras personas que te lo indiquen cuando estés proyectando, es decir, cuando estés imaginando que algo aterrador está sucediendo fuera de ti cuando no es así.

No ver lo que puede *no* salir mal

Se te da bien prever los riesgos, de acuerdo, pero ¿ves también lo bueno que puede ocurrir? ¿Olvidas los hechos buenos que acontecieron? Aquí tienes algunas medidas que puedes adoptar para integrar este punto ciego:

- Reconoce tus motivos subyacentes cada vez que pienses en el peor de los escenarios. Genera mentalmente más escenarios muy positivos.
- Explora el «pensamiento mágico» que hay detrás de tu creencia de que si puedes pensar en todas las posibilidades negativas no sucederá nada malo.
- Sé más consciente de tu miedo a esperar que sucedan cosas positivas o a reconocer lo positivo que ocurre.

- Observa tu miedo a ser todo lo que puedes ser. Examina todas las formas en que te resistes a efectuar progresos y alcanzar el éxito.
- Sé consciente de lo difícil que te resulta asumir tu poder y tu autoridad. ¿Cómo puedes comprometerte a ser más audaz y a llevar la iniciativa en tu propia vida?
- Reconoce que al vivir tanto a partir del miedo no dejas espacio para otras emociones humanas importantes, como la felicidad, la satisfacción y la alegría.

No ser dueño de tu propio poder

¿Te ven los demás como competente y fuerte, pero tú no crees que lo seas? ¿Qué crees que explica esta diferencia de percepciones? Estas son algunas formas en que puedes afrontar este punto ciego:

- Reconoce que tu ego zombi está encantado cuando te empequeñeces y no te sientes preparado ni capaz. Observa lo a gusto que te sientes evitando los desafíos o cuestionarte a ti mismo.
- Sé consciente de todas las formas en que proyectas tu poder en autoridades externas.
- Explora por qué te resulta difícil asumir tus capacidades. ¿Por qué temes el éxito? Visualízate obteniendo lo que deseas y observa las emociones que surgen.
- Explora las razones por las que pospones las cosas. ¿Te sientes más seguro de ti mismo cuando emprendes la acción?
- Examina tu tendencia a enfocarte en lo que no sabes todavía. Reconoce que este comportamiento es una táctica de demora.
- Anuncia a tus amigos cercanos la fecha en la que pondrás en marcha un nuevo plan ambicioso y pídeles apoyo.

• •
«Aquello que somos más reacios a sacrificar es
nuestro propio sufrimiento». Proverbio sufí
• •

El dolor del tipo 6

Para enfrentarse completamente a su sombra, el tipo 6 debe aprender a sentir el dolor que ha evitado. El problema de este tipo, sin embargo, es que no parece que esté claramente evitando el dolor y el sufrimiento. Los demás pueden percibir a las personas de tipo 6 como negativas o pesimistas, pero ellas suelen describirse a sí mismas como realistas y afirman que intentan predecir lo que sucederá para poder prepararse con antelación. Pero el hecho de que estén imaginando siempre lo peor significa que, por lo general, no evitan cierto tipo de incomodidad.

Su hábito de vivir en medio del miedo (o de reacciones automáticas al miedo) les hace tolerar un tipo específico de dolor —el dolor que proviene de la incertidumbre, la duda y la inseguridad frente al peligro— y no cuestionarlo. Como se enfocan tanto en las estrategias de afrontamiento basadas en el miedo, es posible que no se concedan mucho espacio para implicarse y trabajar conscientemente con algunas de sus emociones dolorosas, como la ira, la inseguridad, la vergüenza o incluso el miedo mismo. Si bien hay diversidad, entre las personas de tipo 6, en cuanto a la intensidad con la que sienten su miedo, y en cuanto a si llaman o no «miedo» a la emoción que experimentan, tienen en común que no evitan el dolor exactamente de la misma manera en que lo hacen los otros tipos.

Los individuos de tipo 6 sufren cuando no saben qué pasará a continuación. Sufren de miedo a lo desconocido. Sufren cuando visualizan todas las amenazas que podrían materializarse. Sufren cuando sienten falta de protección. Sufren cuando perciben a los demás como imprudentes o incoherentes. Sufren cuando sienten la necesidad de estar en «alerta máxima» todo el tiempo. Y, extrañamente, sufren cuando suceden cosas buenas, porque les preocupa que algo malo esté a punto de suceder a continuación. Pero como evitan la ansiedad o la descargan a través de distintas estrategias de afrontamiento, incluso cuando experimentan conscientemente alguna versión del sufrimiento basado en el miedo, es posible que no sean conscientes de este sufrimiento de una manera que les permita experimentarlo y soltarlo a un nivel más profundo. Este sufrimiento más profundo que evitan, el cual necesitan invitar como parte de su viaje de crecimiento, podría ayudar a los individuos de tipo 6 a neutralizar su ansiedad de bajo grado pero omnipresente. Pero para ello tienen que sumergirse en lo desconocido, a pesar del miedo y el dolor que esto les suscita.

Si te identificas con el tipo 6, debes reconocer la falta de protección que experimentaste en la primera etapa de tu vida, idealmente en algún tipo de entorno terapéutico seguro. Solo cuando hagas esto podrás ver y comprender que puedes estar reviviendo esos sucesos del pasado una y otra vez. Debes aprender a tolerar ciertos sentimientos dolorosos para poder manifestar en mayor medida tu verdadero yo, a saber:

- Agotamiento por cargar con el peso de ser responsable de todos y de todo en la vida durante tanto tiempo.
- Arrepentimiento por haber dudado de personas que en realidad eran dignas de confianza. Piensa en ocasiones en las que juzgaste mal a los demás por miedo. Permítete sentir arrepentimiento por este motivo, pero no te juzgues.
- Vergüenza por experiencias de maltrato o ausencia de protección que tuviste pronto en la vida. Cuando esto les sucede a los niños, inconscientemente desarrollan el sentimiento de que son malos con el fin de proteger los sentimientos que albergan por alguien de quien dependen para sobrevivir;

se culpan a sí mismos en lugar de ver a su protector como un individuo dañino. Experimenta conscientemente el sentimiento de que no eres bueno, pero a continuación ocúpate de dejarlo ir y asume tu bondad.

- Confusión derivada de una visión distorsionada de ti mismo y del mundo. Cuando sientes miedo, a veces puedes tener dificultades para saber qué es lo real, es decir, para saber si estás intuyendo un verdadero peligro o si lo estás inventando y proyectando sobre alguna persona o cosa externa. Aprende cuándo confiar en ti mismo y cuándo desconfiar de tus conclusiones cuando te sientas atrapado por el miedo o por tendencias paranoicas.

- Ira o agresividad derivadas del miedo. Estas manifestaciones pueden ser muy poco habituales o una experiencia frecuente, según cuál sea tu subtipo. Sé más consciente de tu relación con la ira y aprende a canalizarla de manera saludable. Descubre si te enojas como respuesta al miedo o si evitas absolutamente enojarte debido al miedo.

- Inseguridad arraigada en un sentido de la responsabilidad, tu vívida imaginación o la incapacidad de confiar en ti mismo y asumir tu poder. Llama a esta inseguridad por su nombre: miedo a la vida y a ser todo lo que puedes ser. Permítete explorar plenamente tu inseguridad: sus fuentes, cómo la manifiestas, las formas en que te arrastra y sus consecuencias. Permítete sentirla conscientemente para aprender a relacionarte con ella y a manejarla de manera efectiva y consciente de ti mismo.

- Miedo que puede provenir de una experiencia que tuviste a corta edad en la que te quedaste atrapado. Permítete explorar esto; reconoce completamente lo que sucedió y cómo te sentiste, y después aprovecha conscientemente una experiencia de fuerza interior para trascender esa experiencia atemorizante.

- Poco espacio para la felicidad, la satisfacción o la alegría, debido al mucho tiempo que pasas pendiente de los riesgos y amenazas.

. . . .

«Ser vulnerable es la única forma de permitir que tu corazón sienta verdadero placer». Bob Marley

. . . .

Los subtipos del tipo 6

Identificar el subtipo al que perteneces dentro del tipo 6 puede ayudarte a orientar con mayor precisión tus esfuerzos destinados a afrontar tus puntos ciegos, tus tendencias inconscientes y tu dolor oculto. Los patrones y tendencias de los subtipos varían según cuál de los tres instintos de supervivencia prevalezca.

Subtipo 6 del instinto de conservación

Este subtipo es cálido y amigable. Disimula su miedo mostrándose indulgente, amable y no agresivo. Siente el miedo como ansiedad por la separación y trata de atraer a protectores y aliados fuertes para sentirse más protegido. Es intensamente miedoso, a menudo tiene fobias y huye del peligro en lugar de afrontarlo. Experimenta la mayor cantidad de dudas e incertidumbres y confía más en otras personas que en sí mismo. Es el que más teme mostrar enojo, el que más duda y el que hace más preguntas. Pero no responde a ninguna.

Subtipo 6 social

Este subtipo se enfrenta al miedo encontrando una buena autoridad. Piensa que la forma de estar seguro es seguir las reglas de la autoridad que elige, ya sea una persona, un sistema o una ideología. Tiende a ser obediente, legalista, intelectual, responsable y eficiente, y confía en que seguir determinadas pautas o tener claros unos puntos de referencia le hará sentirse seguro. Para este subtipo, la incertidumbre y la ambigüedad equivalen a ansiedad. Muestra una mezcla de comportamientos *fóbicos* (que manifiestan miedo) y *contrafóbicos* (afronta el miedo con fortaleza). Ve el mundo en términos de blanco y negro más que como una escala de grises.

Subtipo 6 sexual

Este subtipo es más conflictivo, intenso e intimidante. Responde al miedo expresando enojo. Para estas personas, la mejor defensa es un buen ataque. Parecen fuertes y, por lo general, no sienten ni expresan su miedo o su vulnerabilidad. Aunque el miedo impulsa sus comportamientos, tiende a ser más inconsciente. Estos individuos son contrafóbicos y actúan contra el peligro que perciben desde una posición de fuerza. A veces, esto hace que se manifiesten como rebeldes, arriesgados, adictos a la adrenalina o alborotadores.

La sombra de los subtipos del tipo 6

Puedes enfrentarte con mayor eficacia a tu propia sombra si conoces las características específicas de la sombra de tu subtipo, dentro del tipo 6. A continuación se muestran algunos de los aspectos de la sombra de cada subtipo. Como el comportamiento típico de cada subtipo puede ser muy automático, tal vez sea especialmente difícil ver y reconocer estos rasgos en uno mismo.

La sombra del subtipo 6 del instinto de conservación

Si este es tu subtipo, tu forma de afrontar el miedo te hace depender de los demás para obtener protección. Evitas que los demás te ataquen mostrándote agradable, cálido y amistoso. Para sentirte a salvo, es posible que desees huir de situaciones que te suscitan miedo. Puede ser que temas la agresividad de los demás y que no te sientas cómodo expresando la tuya. Tal vez te pierdas en la duda y la incertidumbre. Si bien quieres tener certezas, dudas de todo (incluso de tus dudas), lo cual hace que te cueste tomar decisiones y emprender la acción. Probablemente tendrás dificultades para asumir tu poder y tu autoridad.

La sombra del subtipo 6 social

Si tu subtipo es este, tiendes a asumir una gran cantidad de responsabilidad. Sueles sentirte obligado a cuidar de los demás y del colectivo. Tu lealtad a causas y figuras de autoridad puede provenir de una necesidad egoica de sentirte a salvo. Puedes convertirte en un «verdadero creyente», demasiado fiel a una autoridad o una ideología. Debes aprender a confiar en tu propia autoridad, en lugar de limitarte a mirar fuera de ti en busca de pautas que te indiquen qué hacer para tener una sensación de seguridad. Al enfocarte en ciertos sistemas, ideales y reglas, puedes descuidar tu necesidad de conectar más profundamente con tus emociones o tu instinto. Rígete más por el corazón o el instinto, y no solo por la cabeza.

La sombra del subtipo 6 sexual

Si este es tu subtipo, actúas por miedo, no por coraje, cuando buscas correr riesgos y cuando expresas fuerza y agresividad. Intimidas a los demás como estrategia para afrontar el miedo y protegerte de los ataques. Necesitas ponerte en contacto con el miedo que subyace bajo tu fuerte apariencia exterior para desarrollar el verdadero coraje. Debes volverte más fuerte emocionalmente para tolerar la experiencia de sentirte vulnerable con el fin de pasar a estar más conectado a tierra y gozar de mayor conciencia. Para ser más consciente en tu vida y tus relaciones, debes explorar tu tendencia a la rebeldía, a llevar la contraria, a ser controvertido y a buscar emociones.

· ·

«Lo que te hace vulnerable te hace hermoso». Brené Brown

· ·

La paradoja del tipo 6

La paradoja del tipo 6 surge de la polaridad entre la pasión del miedo y la virtud del valor. Ser valiente significa avanzar a pesar de la imprevisibilidad. Al tomar conciencia de todas las formas en que opera el miedo, este tipo se abre a experimentar con nuevas formas de vida y desarrolla la capacidad de emprender la acción con el corazón abierto, lo cual, a la vez, le permite sentir más paz y confiar más en sí mismo. Deja de intentar estar seguro de todo antes de hacer las cosas y se siente más conectado con su cuerpo y su corazón. Desarrolla la capacidad de salir de su cabeza a voluntad y se siente guiado por la fe en lugar del miedo.

Si te identificas como tipo 6, aquí tienes algunas medidas que puedes adoptar para ser más consciente de tu miedo y comenzar a acceder a la emoción elevada que es el valor:

- Advierte cuándo te sientes ansioso y anhelas la previsibilidad. Relájate y mira todo lo bueno que está sucediendo (y que probablemente continuará sucediendo).
- Observa la presión que sientes cuando estás cerca de empezar a ejecutar tus planes. Observa tu tendencia a analizar o ensayar. Acorta estos prolegómenos y actúa a pesar de la ansiedad.
- Ten compasión por la parte de ti que necesita sentirse a salvo. Ponte en contacto con las emociones que experimentas cuando te sientes amenazado.
- Advierte cuándo actúas movido por el miedo, pero no te juzgues por ello. Respira de forma más consciente, lenta y tranquila. Vuelve al momento presente en lugar de pensar en todo lo malo que podría pasar.
- Toma conciencia del agotamiento que experimentas como consecuencia de analizar demasiado los posibles problemas y peligros. Ahonda en el alivio que sientes cuando te permites relajarte de forma intencionada.

- Dedica más atención a tu cuerpo. Haz algún tipo de movimiento o ejercicio para centrar la atención en tu cuerpo físico, de modo que te sientas más firme y seguro.

- La próxima vez que tengas miedo de hacer algo, o que dudes en actuar, siente tu miedo y fuérzate a hacer eso. Si te cuesta, pídele a un amigo que te presione. A medida que realizas esa acción, percibe el sabor del coraje.

· ·

«El valor es resistencia al miedo y dominio del
miedo, no ausencia de miedo». Mark Twain

· ·

Fomenta tu crecimiento con las flechas del tipo 6

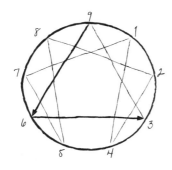

Los dos tipos de personalidad conectados al tipo 6 por las flechas del interior del diagrama del eneagrama son el 9 y el 3. Al enfocarte en encarnar la saludable capacidad del tipo 9 de reducir la velocidad y conectar con las personas, e integrar después la capacidad del tipo 3 de emprender la acción, puedes empezar a experimentar un gran cambio en tu crecimiento; dejarás el hábito de permanecer enfocado en los riesgos y peligros y te centrarás en expandir tu capacidad de hacer las cosas antes de sentirte preparado al cien por cien.

- Primero, adopta conscientemente la capacidad del tipo 9 de soltar la tensión bajando el ritmo y conectando más con aquellos que te rodean. Escucha a los demás con mayor profundidad y permítete confiar en sus intenciones. Interpreta el papel de la persona más despreocupada de la sala para ver cómo te sientes. Dedica tiempo a actividades que te permitan *ser*, sin más. Arráigate más a tu cuerpo e incrementa su fuerza. Deja que tu corazón se calme percibiendo que el vientre lo sostiene. Siente las emociones por tu cuerpo para sentirte más arraigado y completo. Sal de la cabeza, fluye y súmate a los planes de otras personas sin cuestionar nada.

- A continuación, aprovecha la capacidad que tiene el tipo 3 de actuar sin dilaciones. Escribe una lista de objetivos y enfócate en obtener los resultados que deseas. Despliega más tu propia eficacia y competencia. Habla mejor de ti mismo y deja que te alaben por tus cualidades y logros. Piensa en lo que hará que presentes una buena imagen, no solo en cómo podrías resolver problemas potenciales. Practica soltar tus miedos sobre el éxito y actuar sin más. Ponte más en contacto con tus emociones y siente entusiasmo por seguir adelante en lugar de quedarte atrapado en el miedo.

«El éxito no es definitivo; el fracaso no es fatal: es el valor para continuar lo que cuenta». Winston Churchill

ACOGER EL ESTADO MÁS ELEVADO

En la tercera parte de su viaje, el tipo 6 se da cuenta de que puede aprender a estar tranquilo y confiado y aun así hacer que las cosas sucedan de manera positiva. Descubre, para su sorpresa, que puede sentirse fuerte por dentro sin preocuparse y que el mundo no se derrumbará. Esta sensación de fortaleza proviene de salir de la cabeza y habitar más el corazón y el cuerpo. Cuando el tipo 6 aprende a aprovechar la sabiduría de sus emociones y su instinto para equilibrar toda la actividad que desarrolla en el ámbito mental, encuentra más formas de interrumpir sus patrones de pensamiento alimentados por la duda y la ansiedad. Descubre que no tiene absolutamente nada que temer y que puede soltar el control que pensaba que necesitaba ejercer sobre los peligros y amenazas potenciales. Aprende a confiar en que todo saldrá bien. Y cuando algo no funciona, aprende la lección correspondiente sin preocuparse inmediatamente por lo que sucederá a continuación.

Si te identificas como tipo 6, estas son algunas cosas que puedes hacer en esta parte de tu viaje que no podrías haber hecho antes, más otras en las que seguir trabajando:

- Contrarrestas el miedo con una sensación natural de fe.
- Confías más en los demás sin ponerlos tanto a prueba y sin dudar tanto de ellos. Confías en ti mismo y crees en tus capacidades de forma más fácil y automática.
- Dejas de pensar demasiado en las cosas y de prever escenarios futuros todo el tiempo.
- Disciernes la diferencia entre intuición y proyección: en el primer caso, estás relajado y visualizas correctamente lo que está a punto de suceder; en el segundo caso, estás tenso e imaginas que va a ocurrir algo malo (que en realidad no está sucediendo).
- Sales de los bucles de pensamiento negativo consultando con tus sentimientos y tu instinto.
- Fluyes con la vida con más ligereza, espontaneidad y soltura, sin preocuparte por lo que sucederá en el futuro.
- Eres más capaz de calmarte y ser más feliz.
- Sientes tu propia fortaleza, tu poder y tu autoridad y desarrollas una confianza que te permite tomar decisiones más fácilmente, actuar cuando es necesario y sentirte mejor contigo mismo en general.
- Te enfocas en las oportunidades tanto como lo haces en las amenazas.

• •
«Uno de los mayores hallazgos que puede efectuar un hombre,
una de las grandes sorpresas que se puede llevar, es descubrir
que puede hacer lo que temía que no podía hacer». Henry Ford
• •

La virtud del tipo 6

El valor es la virtud que proporciona un antídoto a la pasión del tipo 6, el miedo. A través del coraje, el tipo 6 mantiene el corazón abierto ante cualquier cosa que esté sucediendo (o que pueda suceder) y da sus próximos pasos adelante con calma pero con decisión. No deja de avanzar gracias a una necesidad o voluntad importante, sin que deba tener una respuesta de lucha o huida. Confía profundamente en su capacidad para manejar cualquier desafío que se le presente. Confía en sí mismo y en el mundo, y no necesita imaginar todos los inconvenientes con los que se podría encontrar antes de seguir adelante. Asume la plena responsabilidad de su propia vida, sabiendo que puede lidiar con lo que sea que esta le depare.

El valor es lo opuesto al miedo. Es la tendencia a mantener el corazón abierto a todo lo que la vida pueda traer. Ser valiente significa avanzar a pesar de la imprevisibilidad y actuar incluso cuando se tiene miedo. El valor proporciona al tipo 6 una forma saludable de afrontar el miedo al ofrecerle una manera nueva y clara de avanzar. Cuando estas personas descubren que en realidad son valientes, su ansiedad se convierte en pura energía. Recuerdan episodios en los que sucedió lo peor y afrontaron el momento con mucha contundencia y resiliencia. Recuerdan que mantuvieron la compostura en una situación de crisis. Y entienden que en esos momentos exhibieron al menos algunos ápices de valentía, que ahora pueden evocar de manera consciente sin importar lo que esté sucediendo a su alrededor.

Si tu tipo es el 6, puedes conocer la verdadera profundidad de tu valentía trabajando contra tus tendencias alimentadas por el miedo. Estas son algunas acciones que puedes realizar, imbuidas de coraje, que te ayudarán a asumir tu valor y a vivir en mayor medida desde la plenitud del corazón:

- Detén la actividad mental y haz ahora lo que te has propuesto hacer. No hay ningún momento como el presente.
- Cuando sientas miedo, sigue adelante de todos modos, sin dejar que te detenga. Puedes tener tu miedo, pero no permitas que te pare.
- Encuentra seguridad dentro de ti mismo, de tu propio cuerpo, libre de contracciones procedentes de la ansiedad.
- Presta atención a tu realidad interior y permanece arraigado al momento presente, sin reproducir heridas del pasado.
- Acepta los comentarios positivos de las personas que elogien tu fortaleza y estabilidad.
- Recupera tu poder y autoridad internos.
- Adopta una práctica de meditación para aprender a dejar de lado los pensamientos problemáticos basados en el miedo.
- Habla de tus ansiedades en un entorno terapéutico para afrontarlas y obtener verificaciones de la realidad (basadas en la evidencia). A continuación, suéltalas.
- Afronta nuevos desafíos desde una posición de fortaleza, seguridad y confianza. Observa (y recuerda) las ocasiones en que las cosas salen (y salieron) bien porque haces (hiciste) uso de tu poder y tu fortaleza.

· ·

«Asustado es cómo te sientes. Valiente es lo
que estás haciendo». Emma Donoghue

· ·

Despertar del estado zombi

Para el tipo 6, la clave para acoger el verdadero yo radica en aquietar la mente. Cuando este tipo ve claramente todas las formas en que su imaginación crea problemas que no existen, interrumpe estos patrones de pensamiento y descansa en una sensación más profunda de seguridad en su interior. Cuando se da cuenta con regularidad de que se está enfocando en los riesgos y problemas y deja de hacerlo, se permite abrirse a la posibilidad de vivir la vida más allá del miedo. Esto le puede parecer muy difícil cuando el ego le está diciendo que la única forma de estar a salvo es pensar en todo lo que podría salir mal. Pero cuando se enfrenta a sus creencias limitantes y se eleva por encima de ellas, fortalece su testigo interior tranquilo y asentado y logra un mayor grado de fortaleza interior, basada firmemente en el autoconocimiento y la confianza en sí mismo. Obtiene una perspectiva más amplia de su verdadera identidad.

Cuando las personas de tipo 6 se dan cuenta de que quedarse estancadas en la sospecha y la preparación les impide experimentar una sensación apacible de valor, aprenden a concentrar toda su intención y atención en relajarse en su verdadera fortaleza. Cuando ven regularmente a través de las amenazas vacías causadas por sus pensamientos negativos, empiezan a enfocarse más en lo que es posible, firmes en el convencimiento de que tienen todo el poder que necesitan para asegurar los mejores resultados. Al tranquilizarse y confiar en sus capacidades a medida que se adentran en lo desconocido, toman conciencia de su verdadero potencial y ven que el universo en realidad conspira a favor de su alegría y su éxito. Cuando asumen y ejercen su verdadero poder, transforman completamente su estado de ánimo y su perspectiva y manifiestan todo aquello que pueden crear en el mundo.

Aunque este tipo debe afrontar sombras y dificultades como los otros tipos, las últimas etapas de su viaje hacia el despertar pueden ser más felices y apacibles de lo esperado. Tal vez experimente una mayor sensación de liberación, quizá porque ya no se recrea en las dificultades o porque ya no necesita escapar de ellas. Las estrategias de supervivencia del tipo 6 se centran en buscar problemas e infligir sufrimiento inadvertidamente. En el modo zombi, las personas de tipo 6 no pueden dejar de pensar que deben buscar sin cesar todos los problemas y amenazas ocultos. Pero cuando se dan cuenta de cómo esta mentalidad las mantiene encerradas en un bajo nivel de conciencia, «vuelven a casa»: experimentan su verdadera identidad, disfrutan del inmenso alivio de ser capaces de derribar sus defensas y recuperan la energía que gastaron gestionando su miedo y todo el estrés que ello conlleva.

Este tipo suele creer que *precaución* y *sabiduría* son lo mismo. Esta falsa suposición refuerza el predominio tenaz de sus patrones autolimitantes. Pero cuando finalmente se rinde y acepta que no puede controlar todo, es capaz de asumir su verdadero poder y de mostrarse valiente a la hora de afrontar todo lo que ocurre en la vida. Cuando deja de preocuparse por lo que va a pasar, o lo que podría pasar, descansa en el estado de presencia. Desarrolla la capacidad de vivir la vida tal como viene, que es el derecho de nacimiento del verdadero yo. Y en las ocasiones en que los problemas que imaginaba se producen realmente, los afronta con su fortaleza innata, natural. Cuando el tipo 6 aprende a confiar independientemente de lo que esté sucediendo en el momento, llega a conocer su valor inherente más plenamente, como paso previo a experimentar fe y una mayor conciencia de la totalidad de su verdadero ser.

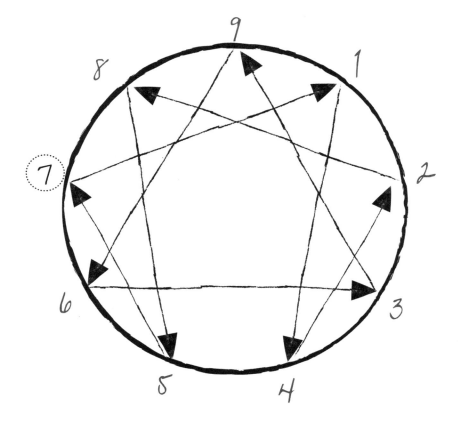

Tipo 7

El camino de la gula a la sobriedad

No hay un camino hacia la felicidad: la felicidad es el camino.

<small>BUDA</small>

Érase una vez una persona llamada Siete. Nació con una tendencia natural a sentir curiosidad y asombro. Vino a este mundo con la hermosa capacidad de experimentar la sabiduría de tipo superior y la verdadera alegría; tenía un profundo deseo de enfocarse intensamente en una cosa cada vez y de descubrir y disfrutar la esencia de cada cosa. Le encantaba concentrar toda su atención en lo que quería aprender y conocer profundamente.

Pero un día, cuando Siete estaba prestando mucha atención a una abeja que caminaba sobre su pierna, ¡lo picó! Rompió a llorar y miró a su alrededor buscando a alguien que lo consolara. Trató de contárselo a su padre para que le brindase algo de alivio, pero este estaba enfadado por algo y le dijo que se fuera. Así que fue a ver a su madre, quien estaba ocupada haciendo algo y le dijo que no tenía tiempo de escuchar algo tan insignificante. Estas respuestas hicieron que Siete sintiera aún más dolor, casi más del que podía soportar.

Siete no había tenido mucha experiencia con el dolor, y no le gustó. Entonces, para alejarse de esas sensaciones desagradables, se retiró a su propia imaginación. Comenzó a pensar en cosas que lo emocionaban, por ejemplo al ver las nubes pasar por el cielo o al jugar con su mejor amigo. De hecho, Siete descubrió que se le daba bien imaginar contenidos divertidos e interesantes. Con el paso del tiempo, se volvió experto en desviar la atención hacia estos pensamientos siempre que cualquier tipo de dolor lo amenazaba. Cada vez que empezaba a dejar de sentirse bien o feliz, acudía a pensamientos que le hacían sentir bien o que le parecían felices. Siempre que veía a personas que no estaban felices, se preguntaba por qué lo permitían. ¿Por qué elegiría alguien sentirse mal cuando bastaba con que pensase en algo que le hiciera sentir bien?

Con el tiempo, Siete desarrolló la capacidad de hacerse feliz sin importar lo que sucediera a su alrededor. Fuese lo que fuese lo que sucediera en su vida, siempre podía pensar en algo que lo hiciera feliz o ir a algún lugar mejor en su mente para evitar los sentimientos de tristeza o infelicidad. Entonces, un día, su mejor amigo se mudó y, de una manera apenas perceptible, Siete comenzó a sentir el dolor derivado de perderlo. Pero antes de que ese sentimiento pudiera llegar muy lejos en su conciencia, empezó a pensar en todos los otros amigos que ahora tendría tiempo de conocer. Sencillamente, seguiría adelante. ¿Por qué no iba a hacerlo? Pensar en sus nuevos y divertidos amigos futuros hizo que volviese a sentirse feliz. Sin embargo, no se daba cuenta de que a veces su felicidad era superficial. En ocasiones era solo un escape, no un verdadero placer. No era la alegría pura que había sentido de pequeño.

Siete no sabía que, a veces, sentir dolor puede ser importante aunque no te haga sentir «bien». Desde su postura de búsqueda del placer y la felicidad, no podía ver que algunas experiencias emocionales pueden ser ricas y satisfactorias por el hecho de ser reales, aunque no nos hagan «felices». A veces conocemos la verdadera alegría porque permitimos la experiencia del dolor. En el caso de Siete, realmente quería a su amigo y lo echaría de menos. Y sentir ese dolor le habría dado la oportunidad de reconocer ese amor, así como la tristeza asociada a ese amor.

Pero como Siete evitaba automáticamente el dolor, sin darse cuenta también evitaba sentir su amor. Al evitar su dolor e insistir en sentirse feliz todo el tiempo, acabó por ser incapaz de reconocer muchos de sus verdaderos sentimientos. Perdió la capacidad de experimentar el verdadero gozo derivado de enfocarse profundamente en una cosa cada vez, incluidos todos sus sentimientos, y de disfrutar de todo lo que es real.

Siete se había convertido en un zombi, un zombi muy feliz y amante de la diversión, pero un zombi de todos modos.

LISTA DE VERIFICACIÓN DEL TIPO 7

Si tienes la mayoría de los rasgos de personalidad siguientes, o todos ellos, tal vez seas una personalidad de tipo 7:

☑ Centras gran parte de tu atención en actividades interesantes, ideas estimulantes y posibilidades futuras.

☑ Buscas activamente formas de tener experiencias placenteras o divertidas y te preocupa perderte oportunidades de experimentar placer o diversión.

☑ Evitas las situaciones potencialmente incómodas manteniendo abiertas tus opciones, encontrando oportunidades para la aventura y conservando tu libertad.

☑ Habitualmente se te ocurren ideas y planes positivos que te mantienen enfocado en las posibilidades futuras.

☑ Valoras estar libre de limitaciones en la vida. No quieres sentirte limitado por otras personas o por situaciones.

☑ Buscas nivelar la autoridad y te desagradan las jerarquías, porque no te gusta que te digan qué hacer ni decirles a los demás lo que deben hacer.

☑ Eres una persona muy optimista. Crees que el futuro siempre puede ser brillante.

☑ Te interesan muchas cosas y eres generalista (tu especialidad es no especializarte).

☑ Tienes dificultades para afrontar el dolor y el sufrimiento.

Si te identificas como tipo 7, tu viaje de crecimiento transcurrirá en tres etapas.

Primero, te embarcarás en un proceso de autoconocimiento en el que identificarás los patrones habituales que te mantienen enfocado en lo positivo con el fin de evitar (inconscientemente) el sufrimiento.

A continuación, debes enfrentarte a tu sombra sabiendo que tu necesidad inconsciente de no advertir determinados sentimientos y experiencias te hace dependiente de las distracciones y de mantener tus opciones abiertas para no quedar atrapado en las situaciones o sentimientos negativos.

En la etapa final de tu viaje, descubrirás cómo puedes dirigirte a encarnar la versión más elevada de tu tipo al desarrollar la capacidad de recibir todo lo que te trae la vida en cualquier momento dado y al abrirte a una implicación más profunda con la vida, incluso cuando esto implique sentir tu dolor.

· ·

«Lo más importante es disfrutar la vida; ser feliz
es lo único que importa». Audrey Hepburn

· ·

EMPIEZA EL VIAJE

En la primera etapa de su viaje hacia el despertar, el tipo 7 debe reconocer conscientemente cuánta atención pone en ser feliz pase lo que pase, sin racionalizar ni juzgarse a sí mismo. Al darse cuenta de la rapidez con la que su mente pasa de una cosa a otra en un esfuerzo por mantener un estado de ánimo positivo, empieza a reconocer que este esfuerzo por sentirse bien todo el tiempo hace que no se centre en nada que pueda parecer negativo. Con esta actitud se arriesga a experimentar una felicidad meramente superficial y, en última instancia, insatisfactoria.

Patrones clave del tipo 7

Como tipo 7, es posible que no veas ninguna razón para cuestionar tu incansable enfoque en mantener una actitud positiva. Pero tu necesidad de permanecer de buen humor puede ocultar la ansiedad que sentirías si estuvieses presente con lo que está sucediendo en el momento o por ver restringida tu libertad de alguna manera. Es posible que estés buscando escapar de aspectos de la vida que te resultan aburridos o incómodos distrayéndote de tu experiencia del aquí y ahora. Y tal vez hagas esto porque tienes el miedo subyacente de quedar atrapado en malos sentimientos de los que no puedas escapar. La buena noticia es que si puedes aprender a tolerar una mayor incomodidad es posible que el dolor no sea tan intenso como crees; además, disfrutarás más lo bueno, por contraste.

Si te identificas como tipo 7, puedes iniciar tu viaje de crecimiento centrándote en cinco patrones habituales y haciéndote más consciente de ellos:

Necesitar múltiples opciones

Tal vez observes que tienes la necesidad de contar con muchas opciones o cursos de acción abiertos. Será importante que detectes si tiendes a pasar de una opción a otra si la primera no funciona por alguna razón. Tal vez adviertas que sueles gestionar situaciones que pueden volverse incómodas o menos que óptimas pasando a otra opción en el último minuto. Es probable que evites sentirte limitado por cualquier cosa en la vida, tal vez debido a una sensación de miedo que quizá no reconozcas o de la que no acabas de ser consciente. Tiendes a hechizar a aquellos que piensas que podrían intentar limitarte de alguna manera; así logras desarmarlos.

Centrarte en el placer

Tiendes a querer disfrutar del placer o a dar prioridad a aquello que crees que te hará sentir feliz, a veces con consecuencias negativas que tal vez no reconozcas. Tu enfoque en la diversión y el placer puede estar impulsado por el miedo a quedar atrapado en una experiencia dolorosa que no acabe nunca. Aunque es posible que no te des cuenta, tu enfoque en las experiencias placenteras puede disimular el deseo oculto (relacionado con el miedo mencionado) de evitar todo aquello que pueda producir dolor. Quizá idealices algunas experiencias y minusvalores otras para justificar las decisiones que tomas en favor de experimentar más lo que te hace sentir bien y menos lo que no te hace sentir bien.

Justificar racionalmente el enfoque en lo positivo

Te será útil advertir si eres especialista en contarte historias para respaldar lo que quieres hacer y pensar. Es probable que siempre tengas buenas razones para apoyar todo aquello que quieres hacer para ti mismo. Tal vez concibas automáticamente explicaciones razonables acerca de por qué tus prioridades (e indulgencias) son positivas. Refuerzas el criterio de enfocarte solo en lo positivo negando que pueda tener algún sentido sufrir o sentirse mal. Esta tendencia a encontrar buenas razones para aprobar o excusar todo aquello que desees hacer, pensar o sentir es un tipo de racionalización. Para el tipo 7, la racionalización opera como un mecanismo de defensa para justificar las elecciones que lo colocan a él o ella (junto con su placer, su visión positiva o sus planes) por delante de cualquier otra cosa.

Evitar el dolor

Pregúntate si la base del guion de tu vida es tu felicidad. Observa si reconcibes automáticamente lo negativo como positivo y si tiendes a ver o encontrar el lado bueno de las cosas. Tal vez intentes mantener un buen estado de ánimo enfocándote en lo que te ayuda a sentirte bien y evitando lo que te hace sentir mal, quizá como una estrategia inconsciente destinada a evitar cualquier tipo de sufrimiento. Obsérvate para ver si tienes problemas para reconocer cualquier miedo que le tengas al dolor o si te resulta difícil abrirte a sentir emociones dolorosas. Es posible que no veas ninguna razón por la que sentir dolor sea una buena idea. Sin embargo, puede ser que al evitar los sentimientos dolorosos tiendas a deslizarte por la superficie de la vida, en lugar de estar más disponible para experimentar lo que ocurre en el momento presente en un nivel más profundo.

Evitar las situaciones difíciles

De la misma manera que puede ser que evites el dolor sin tan siquiera pensar en ello, también es posible que trates de evitar lidiar con situaciones difíciles en la vida y las relaciones. Todos nos encontramos con desafíos y problemas en las relaciones, y afrontarlos suele hacer que nuestras conexiones con los demás se refuercen y se vuelvan más profundas. Será importante para ti que adviertas si, sin darte cuenta, mantienes tus relaciones en un nivel superficial porque no quieres enfrentarte a lo que no funciona. Tal vez te quedas en la superficie cuando se trata de abordar cuestiones difíciles con los demás: eres indirecto y poco claro, o evitas totalmente estas situaciones. Será importante que te observes para ver si tienes estos comportamientos y si esta tendencia te causa problemas a veces.

• •

«Si quieres ser feliz, selo». León Tolstói

• •

La pasión del tipo 7

La gula es la pasión que impulsa al tipo 7. En su expresión como motivación emocional central de este tipo, la gula alimenta el deseo de experimentar placer sin límites, de saborear un poco todas las experiencias y de permanecer abierto a una miríada de posibilidades.

La gula puede entenderse como pasión por la variedad, no solo como el exceso en la comida y la bebida. La gula motiva al tipo 7 a querer experimentar todas las posibilidades de la vida y a evitar cualquier restricción que pueda obligarlo a experimentar menos. Estas personas se esfuerzan mucho por asegurarse de poder disfrutar variados tipos de placeres y de satisfacer sus deseos inmediatos, incluidos los de tipo mental. Por lo general, tienen una mente muy ocupada, rápida y activa que propone nuevas ideas y hace planes de manera imaginativa de forma constante y con rapidez. Pero cuando este tipo busca crecer, debe moderar la excesiva necesidad que tiene de mantener la mente entretenida. Cuando las personas de tipo 7 comienzan a ver los inconvenientes de la gula, pueden bajar el ritmo y sumergirse más profundamente en una experiencia cada vez.

Este tipo corre el riesgo de distraerse de lo que realmente importa en la vida. Por ejemplo, a veces puede decidir experimentar algo nuevo a costa de lograr un resultado más prometedor con una experiencia antigua (quizá más mundana). Puede dar prioridad a tener varios tipos de experiencias laborales diferentes en lugar de especializarse en un área. Cuando estos individuos se vuelven buenos en algo, a veces sienten la necesidad de pasar a dedicarse a otra cosa porque no quieren aburrirse. Puede resultarles difícil sujetarse a un tipo de actividad y pueden ponerse nerviosos a menos que tengan acceso a una amplia variedad de experiencias.

Si perteneces al tipo 7, estas son algunas manifestaciones típicas de la gula de las que debes hacerte consciente para avanzar en tu camino hacia el despertar:

- Tratas de no perderte ninguna posibilidad u oportunidad.
- Te implicas en múltiples temas de tu interés a la vez, realizas múltiples tareas o saltas de una actividad a otra.
- Encuentras el lado positivo de las cosas, replanteas lo negativo como positivo y evitas lo que te parece malo o aburrido.
- Te distraes fácilmente con todo aquello que te parece nuevo, interesante o emocionante (tienes el síndrome del objeto brillante).
- Hablas de varios asuntos a la vez y cambias de tema rápidamente.
- Te sientes asombrado, fascinado, emocionado o lleno de energía.
- Sientes el impulso urgente de perseguir el placer o una determinada aventura o de pasar a algo más placentero o divertido.
- Estableces conexiones y asociaciones mentales entre asuntos diversos. Piensas creativamente.
- Dejas de estar centrado en el aquí y ahora al imaginar planes para el futuro. No terminas lo empezado.

«La curiosidad es gula. Ver es devorar». Victor Hugo

Expande tu crecimiento con las alas del tipo 7

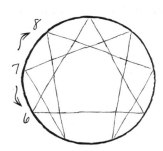

Los dos tipos de personalidad adyacentes al tipo 7 en el círculo del eneagrama son el 6 y el 8. Al apoyarse en la capacidad del tipo 6 de percibir y abordar lo que no es ideal, y después integrar la capacidad del tipo 8 de comprometerse con un curso de acción audaz, el tipo 7 puede superar sus patrones habituales relacionados con la distracción fácil y el optimismo excesivo.

- Primero, adopta la tendencia del tipo 6 a prestar más atención a los riesgos que uno corre cuando no cumple con la implementación de planes o proyectos, o cuando no verifica todos los detalles. Entra en contacto con cualquier temor o inquietud que te ayude a asegurarte de hacer bien todo lo que hagas. Examina si entablas relaciones de manera superficial y comprométete más en serio con un verdadero deseo de ser responsable y demostrar lealtad. Enfréntate a conversaciones difíciles que puedan ser necesarias y comprométete a solucionar cualquier problema que hayas evitado abordar. Asume la responsabilidad de asegurarte de que los problemas se resuelvan.
- A continuación, integra la capacidad del tipo 8 de tomar decisiones más claras acerca de qué priorizar. Deja de participar en actividades que no aportan nada significativo a tu vida o que no te ayudan a avanzar hacia tus metas. Fíjate en los desafíos existentes que debes abordar, más que plantearte explorar nuevas oportunidades. Actúa para resolver los problemas de forma directa, incluso cuando sea difícil. Sé práctico y acaba aquello que debes terminar. Actúa para implementar una o dos ideas buenas en lugar de generar muchas. Haz primero lo más importante, no lo que más te guste. Sé claro, directo, decidido y asertivo al comunicarte. Practica tomar el control y avanzar en línea recta en lugar de distraerte.

· ·

«Nadie escapa al dolor, el miedo y el sufrimiento». Eric Greitens

· ·

Hacer frente a la sombra

La segunda parte del viaje de crecimiento del tipo 7 consiste en reconocer, aceptar e integrar la tendencia a evitar lo que lo hace sentir mal enfocándose en lo que lo hace sentir bien. Al asumir que el verdadero placer solo se obtiene estando abierto al dolor, el tipo 7 crece a medida que hace consciente lo inconsciente y se da cuenta de que su tendencia a enfocarse en lo positivo (la cual pensaba que era algo bueno) puede ser algo negativo. Cuando este tipo carece de esta conciencia, sucumbe a la necesidad de evitar mirar aquello que puede ser difícil. Pero debe hacerse más consciente de su necesidad de eludir el sufrimiento y afrontarla si quiere salir del estado zombi.

Cuando el tipo 7 ignora los datos negativos o las emociones incómodas, puede ser que no reconozca la utilidad que tiene implicarse más profundamente con los sentimientos y situaciones difíciles. Cuando ocurre esto, puede perderse la riqueza de algunas experiencias que acaso le parezcan difíciles y quedarse atrapado en una forma muy superficial de vivir la vida. Cuando lo que parece estar sucediendo en el presente no cumple con sus expectativas idealizadas, puede decepcionarse o incluso deprimirse. Esta parte de su camino requiere que desarrolle la capacidad de afrontar temas que le cuesta sentir o admitir, y que encuentre soluciones más maduras a problemas persistentes que, por lo general, habría querido eludir. Esto puede resultarle especialmente difícil, porque significa afrontar el miedo al sufrimiento para vivir la vida con más profundidad y valentía.

El trabajo con la sombra del tipo 7

Si te identificas como alguien de tipo 7, aquí tienes algunas acciones que puedes realizar para ser más consciente de los patrones inconscientes, los puntos ciegos y los puntos débiles claves de este tipo, y para empezar a contrarrestarlos:

- Mira tus antojos para ver qué los desencadena. Si bien todo el mundo necesita experimentar placer, tener dependencia de sentirse bien puede alimentar un comportamiento adictivo derivado de un miedo o una tristeza no reconocidos.

- Observa cómo atraer a los demás con historias y otras medidas de seducción intelectual puede ayudarte a racionalizar los problemas, desviar la incomodidad o mantener la libertad.

- Examina si tu forma de proceder consistente en hechizar y desarmar a las personas que podrían tener problemas contigo puede funcionar a veces, pero también puede agravar la discordia a largo plazo.

- Enfréntate a tu «pesimista interior». Aunque parezcas optimista, necesitas ver y acoger la parte de ti que cree que si no tienes una actitud positiva todo el rato y ves siempre el lado bueno de las cosas, quedarás atrapado en un mal sentimiento para siempre.

- Advierte si tu creencia de que tu dolor no desaparecerá si te permites sentirlo te está limitando sin que te des cuenta.

- Pregúntate si cuando pierdes el interés en algo la calidad de lo que haces en ese ámbito disminuye.

- Reconoce que el hecho de mantener tus opciones abiertas hasta el último momento hace que haya personas que se sientan decepcionadas cuando te retractas abruptamente de tus compromisos y promesas.

- Reconoce que tu anhelo de gratificación instantánea puede provenir de la ansiedad relacionada con el afrontamiento del dolor o las limitaciones.

- Examina tu tendencia a tomarte a ti mismo como referencia, es decir, a poner la atención, principalmente, en lo que quieres y necesitas. Observa cómo esto puede llevarte a sentir falta de empatía por los demás o a no apoyarlos.

· ·

«Del dolor puede venir la sabiduría, del miedo puede venir el coraje, del sufrimiento puede venir la fuerza, si tenemos la virtud de la resiliencia». Eric Greitens

· ·

Los puntos ciegos del tipo 7

Es posible que las personas de tipo 7 no quieran examinar sus puntos ciegos porque habitualmente evitan las experiencias relacionadas con emociones dolorosas o con cualquier cuestión que parezca negativa. Su principal estrategia de supervivencia las lleva automáticamente a encontrar vías de escape frente a los sentimientos incómodos. Será importante que adviertan cualquier sentimiento, como inseguridad o ansiedad, que puedan experimentar con regularidad bajo su aspecto feliz. Tienden a resistirse a mirar lo que tiene el potencial de suscitarles miedo o tristeza al enfocarse en las oportunidades positivas y el lado bueno de las cosas, si bien pueden ocultar esa evitación (y cualquier ansiedad que puedan sentir que la alimente) detrás de una imagen despreocupada de autoconfianza. Además, su gula puede impulsar su hambre de experiencias placenteras solamente, lo que puede obstaculizar su crecimiento sin que se den cuenta.

Pero hay una buena noticia si te identificas con este tipo. Si estás dispuesto a mirar tus puntos ciegos y a sentir cualquier dolor que surja, te será más fácil manejar tus sentimientos profundos con una nueva madurez. El tipo 7 puede parecerse al arquetipo del «niño eterno» y resistirse a crecer de distintas maneras. Por lo tanto, si tu tipo es el 7, será importante que recuerdes que si desarrollas confianza y resiliencia frente al dolor, serás recompensado. Y no, no perderás la capacidad de divertirte y seguir disfrutando de la vida, como temes. Cualquier dolor que elijas sentir conscientemente desaparecerá una vez que te haya brindado la información que tiene que compartir contigo.

Estos son algunos de los patrones habituales que operan como puntos ciegos de los que tú, como tipo 7, debes hacerte más consciente para poder avanzar en tu camino:

Evitar los problemas

¿Encuentras otro asunto al que dedicar tu atención cuando te enfrentas a desafíos? Cuando reconoces que hay problemas, ¿tiendes a huir, distraerte o idear una solución rápida? Estas son algunas acciones que puedes realizar para integrar este punto ciego:

- Dedica algo de tiempo todos los días a abordar asuntos problemáticos, independientemente de cómo te haga sentir esto. Asegúrate de hacer todo lo necesario. Cuando termines, haz algo divertido, para que tu ego te permita volverlo a hacer.
- Habla con un psicoterapeuta o un amigo cercano en quien confíes sobre todas las formas en que te has estado distrayendo de los problemas a lo largo de tu vida. Advierte si te resistes a ser completamente honesto, si inventas excusas o si ocultas información.
- Detecta las ocasiones en que te distraigas de afrontar algo difícil o que etiquetes como «aburrido» y pregúntate por qué lo haces. ¿Qué temes que pueda ocurrir si lidias con el problema? ¿Qué tendrá de positivo que lo afrontes ahora? ¿Qué emociones positivas sentirás después de haberte ocupado de él?
- Sé consciente de cualquier pensamiento o sentimiento que te convenza de que tus problemas son peores de lo que realmente son. Por otro lado, ¿persistes en afirmar que no tienes problemas?
- Admite que necesitas ayuda para lidiar con determinados asuntos difíciles y pídele a alguien que te oriente.
- Reflexiona con mayor profundidad sobre las emociones que evitas cuando eludes las situaciones desafiantes.

Evitar la responsabilidad

¿Racionalizas para evitar problemas con el fin de no hacerte responsable de ellos? ¿Creas una versión falsa de los hechos para ocultar defectos que temes tener? Estas son algunas medidas que puedes adoptar para integrar este punto ciego:

- Reconoce tus motivaciones subyacentes cada vez que intentes atenuar tu responsabilidad respecto a algo concibiendo que eso es relativo o «no tan malo».
- Sé consciente de la historia positiva que intentas defender cuando no te haces responsable de algo. Pregúntate si esta actitud disimula un miedo al fracaso no reconocido.
- Reconoce lo mal que lo pasas al afrontar algunas de tus responsabilidades como adulto porque te parecen tediosas, aburridas o limitantes. Es posible que tengas, en un pequeño grado, el síndrome de Peter Pan, que te hace interpretar el papel de «niño eterno».
- Sé consciente de cualquier deseo que tengas de compartir la responsabilidad con otros más de lo que (quizá) está justificado.
- Pídeles a otras personas que te lo indiquen cuando racionalices, o encuentres buenas razones, para evitar la responsabilidad. Advierte y tolera los sentimientos que surjan en ti cuando estas personas te ayuden a afrontar la realidad.
- Reconoce para tus adentros, y admítelo ante alguien de tu confianza, que tienes la tendencia natural de eludir asumir toda la responsabilidad por aquello que no sale bien. Cuando logres asumir la responsabilidad, observa cómo esto también puede hacerte sentir bien.

Ignorar el dolor y los datos negativos

¿Te enfocas en lo que te hace sentir bien para evitar lo que podría hacerte sentir mal? ¿Te dedicas a lo que te parece agradable sin darte cuenta de que, a la vez, estás evitando algo? ¿Replanteas automáticamente lo negativo como positivo? ¿Ocurre que a veces «no ves» los aspectos negativos de una situación? Estas son algunas acciones que puedes realizar para integrar este punto ciego:

- Observa lo difícil que te resulta mirar cualquier asunto que te parece negativo y hablar de él. ¿Qué te impide aceptar lo que es verdad cuando no es agradable?
- Sé más consciente de cómo el hecho de enfocarte solamente en los sentimientos agradables es una estrategia de defensa contra los sentimientos dolorosos que, de otro modo, podrías experimentar. Piensa profundamente en todas las razones por las que te distraes de todo tipo de emociones difíciles.
- Toma nota de cualquier situación de tu vida que haya empeorado como resultado de tu resistencia a reconocer el miedo, la ansiedad, la tristeza o el dolor. Reconoce que el rechazo que experimentas hacia todo aquello que identificas como «aburrido» o incómodo es una forma que tienes de evitar las emociones negativas.
- Observa tu tendencia a ver solo el lado bueno de las cosas. Advierte si tienes esta actitud incluso en mayor medida si percibes que existen algunos datos negativos al respecto en alguna parte.
- Explora tu tendencia a centrarte en cómo mejorar las cosas sin abordar realmente lo que no funciona.
- Reconoce las ocasiones en que te resulta difícil sentirte decepcionado cuando los asuntos no salen como querías, y a continuación permítete experimentar el sentimiento de decepción, conscientemente.

· ·

«La racionalización es permitir que la mente
encuentre una razón para excusar lo que el espíritu
sabe que está mal». Bruce Eamon Brown

· ·

El dolor del tipo 7

La psicología y las enseñanzas espirituales nos dicen que cuando solo buscamos el placer en la vida, a menudo terminamos sintiéndonos insatisfechos (o peor). Ponerse en contacto con el dolor a menudo implica poder sentir más alegría, porque el dolor y la alegría pueden verse como dos caras de la misma moneda. Cuando evitamos las emociones negativas, también tendemos a atenuar nuestros sentimientos positivos. Todos necesitamos afrontar nuestro dolor con el corazón abierto para alcanzar la plenitud, porque nuestras emociones reflejan aspectos importantes de nuestra verdadera identidad y nos brindan información sobre lo que es cierto para nosotros.

Cuando las personas de tipo 7 deciden afrontar su dolor, adoptan medidas importantes para volverse más firmes, más apacibles y verdaderamente felices (no solo nerviosa o superficialmente felices). Pueden hacerlo reconociendo dos necesidades clave: la de pedir apoyo y la de tomarse el tiempo necesario, confiando en que el dolor no durará para siempre.

Si te identificas con este tipo, recuerda que todos experimentamos dolor. Cuando te permites sentir tu dolor, te sientes mejor por haber aprendido a tolerarlo. Y, lo que es aún mejor, dejas de crearte más dolor al evitarlo. Para acelerar tu sanación y tu crecimiento, ve aprendiendo a experimentar estos sentimientos dolorosos:

- Una ansiedad subyacente por la posibilidad de quedar atrapado en una experiencia emocional desagradable de la que no puedas escapar. Eres un buen escapista; se te da muy bien apartar la atención de la incomodidad y las emociones negativas y enfocarte en los buenos sentimientos. Pero si puedes enfrentarte a este miedo, ello hará que te resulte más fácil manejar todos los demás sentimientos dolorosos de esta lista y que te resulten menos atemorizantes.

- El miedo a que te impongan límites. Será bueno que reconozcas tu necesidad de mantener el control sobre tu libertad y el hecho de que no te gusta que te digan lo que debes hacer. Probablemente no te guste tener limitada la capacidad de hacer lo que quieras. Observa y siente cualquier temor que tengas a verte limitado y mira lo que haces para evitarlo.

- El miedo a las experiencias «negativas». Es posible que no tengas mucha capacidad de empatía porque tiendas a evitar tu propio dolor. También puedes tender a remitirte a ti mismo, es decir, a prestar más atención a tu propia experiencia interior que a la de los demás. Si otras personas intentan compartir su dolor o tristeza contigo, tal vez les digas que miren el lado bueno de la situación, porque te resulta difícil estar quieto en medio del dolor. Sin embargo, al abrirte a tus propias emociones difíciles puedes comenzar a experimentar conexiones más ricas con los demás.

- El dolor y el miedo a sentirte abrumado por él. Debes abrirte al dolor o corres el riesgo de volverte adicto a lo que haces para evitarlo, como ingerir sustancias, trabajar demasiado o refugiarte en distracciones superficiales. Pasa a concebir el dolor como parte de la plenitud intrínseca de la vida. Cuando te vuelves consciente de tu dolor, te abres a las maravillosas experiencias que solo son posibles cuando le damos la bienvenida al dolor: estar verdaderamente cerca de los demás, adentrarte de lleno en lo desconocido para experimentar cosas nuevas y estar completamente presente y disponible en el momento.

- La tristeza que tal vez sientas porque acaso no te permitas experimentar sentimientos que son parte natural de la vida. En algún momento, sin embargo, estos sentimientos probablemente emergerán, a veces como tristeza por no haber podido sentir ciertas emociones, como el dolor, antes. Si ocurre esto, permítete sentirlos, incluso si tienes miedo de hacerlo. Encuentra un amigo o terapeuta que te apoye y te recuerde que el dolor de la tristeza no durará para siempre. Pero quédate con tu tristeza un rato para ver qué tiene que enseñarte sobre ti.

• •

«Invita al sufrimiento para que pueda irse». Proverbio sufí

• •

Los subtipos del tipo 7

Identificar el subtipo al que perteneces dentro del tipo 7 puede ayudarte a orientar tus esfuerzos destinados a afrontar tus puntos ciegos, tus tendencias inconscientes y tu dolor oculto. Los patrones y tendencias de los subtipos varían según cuál de los tres instintos de supervivencia prevalezca.

Subtipo 7 del instinto de conservación

Este subtipo es pragmático y se le da muy bien crear alianzas. Crea una red parecida a la de una familia a través de la cual puede satisfacer sus necesidades. Suele estar alerta y abierto a las oportunidades de experimentar placer y de hacer un buen trato. Es alegre, conversador y hedonista. Es el subtipo que más se remite a sí mismo y tiende a ser el que tiene menos desarrollada la empatía.

Subtipo 7 social

Este subtipo se preocupa por los demás y se sacrifica por otras personas de manera desinteresada, ya que tiende a querer tener cuidado de no aprovechar oportunidades en su propio beneficio. Su gula se dirige hacia el deseo de ser bueno y puro, por lo que a menudo se enfoca en realizar algún tipo de trabajo destinado a reducir el sufrimiento en el mundo. Se siente atraído por las profesiones que contribuyen a aliviar el dolor. Presta atención al gran colectivo y tiende a tener una visión utópica; le entusiasma imaginar un mundo mejor.

Subtipo 7 sexual

Este subtipo es idealista y sueña con un mundo mejor. Puede tener problemas para estar en contacto con la realidad ordinaria, ya que vive más en su imaginación, en cómo le gustaría que fueran las cosas. Suele ser muy feliz y excesivamente entusiasta; ve el mundo mejor de lo que realmente es. Tiende a fantasear y a ser algo ingenuo, a ver el mundo de color rosa. Tiene tendencia a quedar fascinado por determinadas ideas y personas. Puede mostrarse crédulo y vulnerable frente a las opiniones, los intereses y la energía de otros individuos.

La sombra de los subtipos del tipo 7

Puedes enfrentarte con mayor eficacia a tu propia sombra si conoces las características específicas de la sombra de tu subtipo, dentro del tipo 7. A continuación se muestran algunos de los aspectos de la sombra de cada subtipo. Como el comportamiento de cada subtipo puede ser muy automático e inconsciente, tal vez sea especialmente difícil ver y reconocer estos rasgos en uno mismo.

La sombra del subtipo 7 del instinto de conservación

Si este es tu subtipo, deberás observarte para ver si tienes actitudes oportunistas y te aprovechas de las personas en ocasiones. Es posible que tiendas a utilizar a los demás en tu propio beneficio o que ignores sus necesidades y sentimientos. Como sueles ponerte mucho a ti mismo como punto de referencia y a centrarte en tus propios intereses, puede ser que te pongas en primer lugar de una manera que tal vez no domines y que puede ser egoísta. Es posible que valores más tu cabeza que tu corazón la mayor parte del tiempo

EL CAMINO DE LA GULA A LA SOBRIEDAD

y que no estés muy en contacto con tus sentimientos o que no seas muy sensible a los sentimientos de los demás. Para crecer, deberás ser más consciente de la medida en que actúas movido por tu propio interés.

La sombra del subtipo 7 social

Si este es tu subtipo, tiendes a mostrarte como una persona buena, humilde y abnegada, pero esto puede ocultar un complejo de superioridad inconsciente que te hace sentir mejor (y más desinteresado) que los demás. Te dedicas a causas que abordan el dolor de los demás, pero en realidad este comportamiento puede satisfacer tu necesidad de evitar tu propio dolor no reconocido mientras demuestras tu bondad. Ayudas a otras personas de manera exagerada, pero tal vez no siempre lo hagas por puro altruismo; también puedes estar motivado por tu intolerancia al dolor en general y la necesidad de ser bueno, o de que te vean como alguien bueno (en lugar de como alguien egoísta o interesado). Necesitas aprender a estar menos disponible para ayudar a los demás, a abordar tus propias necesidades y deseos, y a combatir tu tabú sobre el egoísmo.

La sombra del subtipo 7 sexual

Si este es tu subtipo, tu idealismo, tu entusiasmo y tu optimismo pueden llevarte a desconectar de la realidad de formas que no percibes. Es posible que no te des cuenta de que ciertas cosas que haces no son útiles ni para ti ni para los demás. Tu creatividad puede estar acompañada de la tendencia a fantasear, lo que puede llevarte a ser excesivamente positivo. Tiendes a ser muy poco capaz de lidiar con el dolor y las informaciones negativas. Tu gula por ver lo positivo en todo puede implicar que seas fácilmente influenciable. Tal vez tiendas a evitar enfrentarte a la realidad de formas que provoquen un verdadero daño.

«Lo más doloroso es perderse en el proceso de
amar demasiado a alguien y olvidar que uno mismo
también es especial». Ernest Hemingway

La paradoja del tipo 7

La paradoja del tipo 7 surge de la polaridad entre la pasión de la gula y la virtud de la sobriedad. La sobriedad es la capacidad del corazón de experimentar una sensación de satisfacción al concentrarse en una cosa importante. Reconocer lo que se ha perdido en la vida debido a su apego «glotón» al placer y la diversidad le permite al tipo 7 ser más consciente de un aspecto central de su pasión: la tendencia a rozar la superficie de la vida y evitar implicarse más profundamente con su experiencia vital. Al volverse más consciente de cómo opera la gula, aprende a decir «no» a lo poco prioritario y a enfocarse en una cosa cada vez. Desarrolla la capacidad de estar más presente y tranquilo.

Si te identificas con el tipo 7, estas son algunas primeras medidas que puedes adoptar para hacerte más consciente de tu gula y acceder a la sobriedad, que es un estado superior:

- Advierte las ocasiones en que te pones ansioso y quieres dejar una actividad que consideras «aburrida». Respira conscientemente, siente el cuerpo y apacigua el corazón. Si permaneces presente, tu experiencia será neutra, no aburrida.
- Cuando te entusiasmes con algo «asombroso», intenta equilibrar el entusiasmo con la quietud. El entusiasmo desencadena la gula o deriva de esta.
- Identifica actividades que te ayuden a concentrarte. Haz en mayor medida lo que te ayude a enfocarte y menos lo que te lleve a distraerte.

- Poco a poco, deja de sobreestimularte con el movimiento, el sonido, la imaginación y otras experiencias que te lleven a activarte demasiado y a dispersarte. En tu caso, menos es más.
- Haz un esfuerzo consciente por recordar momentos de tu vida que hayan sido difíciles. Permanece en contacto con ellos durante ratos más largos, sin decirte que esos momentos fueron más fáciles o menos duros de como fueron en realidad.
- Haz una lista de todos los planes y actividades que tienes pendiente terminar. Decide, con valentía, que vas a finalizar algo de eso hoy o la próxima semana.

Fomenta tu crecimiento con las flechas del tipo 7

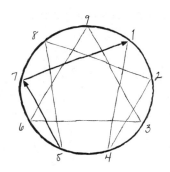

Los dos tipos conectados al tipo 7 por las flechas del interior del diagrama del eneagrama son el 5 y el 1. Al incorporar intencionadamente la capacidad del tipo 5 de ir hacia dentro, permanecer más recogido y sumergirse más profundamente en una acción, e integrar después la capacidad para la firmeza y la disciplina del tipo 1, puedes generar dos clases diferentes de cambios radicales que te ayudarán a salir de tu comportamiento habitual consistente en generar ideas, realizar múltiples tareas a la vez y pensar en planes y posibilidades futuros.

- Primero, adopta la práctica del tipo 5 de prestar más atención a lo que suceda en tu interior. Equilibra tu tendencia a innovar con la actitud de aprender sobre algo con mayor profundidad. Contrarresta tu enfoque en lo que es emocionante en el exterior prestando más atención a tus propios procesos internos. Practica permanecer más dentro de ti mismo y volverte alguien más callado y calmado. Aprende a disfrutar concentrándote en un solo asunto cada vez. Especialízate en algo en lugar de ser aprendiz de todo y maestro de nada.

- A continuación, esfuérzate por integrar la capacidad del tipo 1 de estar más anclado en el cuerpo en el momento presente. Disfruta de ser mucho más capaz de permanecer enfocado en una prioridad importante. Aplica una mayor intención y sé más selectivo en lo que debe hacerse, en lugar de dejarte llevar por la emoción del momento. Céntrate en menos proyectos y llévalos hasta el final. Incrementa tu capacidad de concentración y tu sentido de la responsabilidad. Entrega a tiempo lo que tengas que entregar, y con un grado de calidad elevado. Desarrolla la capacidad de ser más práctico y centrarte más en los procesos a la hora de implementar tus ideas.

- -

«Si quieres hacer reír a Dios, cuéntale
tus planes». Proverbio sufí

- -

ACOGER EL ESTADO MÁS ELEVADO

En la tercera parte de su viaje, el tipo 7 recuerda la paz y la belleza asociadas al hecho de estar presente con lo que trae la vida. Aprende a estar totalmente disponible para la experiencia del momento. Acepta todo lo que viene, sin juzgarlo como bueno o malo, y deja de resistirse a la sabiduría inherente de la vida con la necesidad de imponer sus propios planes para garantizar su libertad. De hecho, cuando las personas de tipo 7 hacen el trabajo requerido para llegar a esta etapa de su camino de crecimiento, ven que la vida opera de manera mágica para brindarnos nuestras oportunidades de crecimiento más importantes, incluso cuando esto implica afrontar desafíos y dificultades. Cuando superan el modo zombi, ven los desafíos que surgen en la vida como oportunidades de aprendizaje que pueden conducir a un tipo más profundo de alegría y satisfacción, si bien a veces esto requiere esforzarse.

Los individuos de tipo 7 que despiertan y comienzan a recordar su verdadera identidad reducen su ritmo habitual, que es rápido, y empiezan a ir más despacio por la vida. Dejan de hacer tantos planes y ya no sienten la necesidad de huir a su espacio mental ni al futuro. Aprenden a emocionarse menos por cosas que antes consideraban fantásticas y a desanimarse menos por cosas que antes percibían como horribles. Siguen exhibiendo la creatividad y el pensamiento innovador que es natural en ellos, pero no tienen que saltar tan rápido de una cosa a otra ni hechizar a las personas para evitar cualquier experiencia de limitación. Entienden lo inteligente que es aceptar lo que trae la vida tal como viene y experimentan el momento presente de forma más neutra y estable. Ya no los limita el miedo a aburrirse y saben que pueden encontrar placer y satisfacción en cada momento, incluso si no sucede nada particularmente fascinante.

En esta etapa de su viaje, este tipo se vuelve capaz de existir apaciblemente en un estado de gozo calmado, enfocado y relajado. Experimenta asombro al estar en contacto no solo con su mente, que ahora está más tranquila, sino también con su corazón y los sentimientos que ya no necesita temer. Encuentra una profunda satisfacción al sentir que su cuerpo está más conectado a la tierra. Es posible que siga manteniendo la cabeza en el cielo para soñar e imaginar, pero también tiene los pies en el suelo y permanece más en sintonía con la realidad. Esto lo ayuda a poner en práctica sus ideas.

Si te identificas como tipo 7, estas son algunas cosas que puedes hacer en esta parte de tu viaje que no podrías haber hecho antes, más otras en las que seguir trabajando:

- Te enfocas en la prioridad más significativa y te sientes feliz por ello.
- Prestas menos atención a lo que te puedes estar perdiendo y valoras más tus encuentros actuales.
- Apaciguas tu «mente de mono» y te sientes más equilibrado y relajado.
- Terminas los proyectos y aprecias los beneficios de la finalización y el cumplimiento.
- No tienes tanta ansia por imaginar todas las posibilidades y placeres de la vida y disfrutas una experiencia tras otra más plenamente, hasta el final.
- Construyes mejores relaciones a partir de una mayor empatía con los demás.
- Aceptas todas tus emociones sin miedo, sabiendo que están pasando. Las sientes hasta el final, confiando en tu capacidad de experimentarlas.
- Equilibras lo positivo con lo negativo y reconoces las lecciones que tienen para ti ambos aspectos.

• •

«La vida es lo que pasa cuando estás ocupado
haciendo otros planes». Allen Sounders

• •

La virtud del tipo 7

La sobriedad es la virtud que proporciona un antídoto contra la gula del tipo 7. La sobriedad, como opuesta a la gula, es la capacidad del corazón de sentir una profunda satisfacción al enfocarse en una cosa importante cada vez. La sobriedad ayuda a este tipo a valorar el hecho de permanecer con una experiencia hasta el final. En este contexto, esto significa reducir el exceso de movimiento y llegar a la quietud. En el estado de sobriedad, el tipo 7 se compromete más con los asuntos y las personas y rechaza su exagerada necesidad de contar con estímulos mentales y distracciones. Se siente más serio y su felicidad es menos exuberante, pero suficiente. La sobriedad ofrece a este tipo un objetivo claro por el que trabajar una vez que ha observado conscientemente su gula y los patrones que derivan de ella.

Si tu tipo es el 7, aquí tienes algunas actitudes y acciones que te ayudarán a seguir cultivando la virtud de la sobriedad:

- Mantente presente con una cosa cada vez.
- Adopta una práctica de meditación.
- Abre el corazón a cualquier emoción que surja. Aborda el sufrimiento prestándole atención en lugar de escapar de él.
- Arráigate más en el cuerpo y no estés tan ansioso.
- Ten una perspectiva madura; sé consciente de que vale la pena posponer la gratificación a corto plazo en favor de cumplir compromisos significativos.
- Oriéntate hacia la verdad más profunda de la experiencia vivida en lugar de limitarte a buscar el disfrute.
- Abandona «el principio del placer» en favor de lo que aporta verdadera satisfacción a largo plazo.
- Habla menos y realiza menos acciones que os distraigan a ti y a los demás de estar presentes.
- Cambia tus deseos por necesidades más reales, relevantes y duraderas.
- Opera desde la razón, la estabilidad emocional y una confianza en ti mismo firme, en lugar de dejarte llevar por los impulsos y las fantasías.

• •

«Enfoque y simplicidad: cuando llegas a tenerlos,
puedes mover montañas». Steve Jobs

• •

Despertar del estado zombi

Para el tipo 7, la clave para vivir desde su verdadero yo radica en estar en contacto con la realidad tal como es y no como él o ella imagina que es o quiere que sea. En un mundo en el que hay tantos problemas y tanto dolor, esto puede parecer difícil, ya que nuestro ego nos dice que podemos sentirnos mejor si hacemos que los hechos parezcan más positivos de como son. Pero cuando las personas de tipo 7 se enfrentan a sus puntos ciegos y aceptan su dolor, pueden superar su necesidad impulsiva de evitar cualquier tipo de incomodidad o limitación y vivir desde un mayor grado de autoconocimiento y autorrespeto, a partir de una visión más amplia de quiénes pueden ser y lo que pueden sentir.

Cuando este tipo comienza a tener experiencias más satisfactorias, más basadas en la realidad, y deja de vivir imaginando cómo le gustaría que fuera la vida, se siente más vivo que nunca. Experimenta una maravillosa sensación de profunda integridad, en lugar de una simple frivolidad superficial. Vive en el aquí y ahora, en lugar de perderse en pensamientos, sueños, distracciones y fantasías. Esta es una ardua tarea para estas personas al principio. A veces, pueden temer que la vida signifique vivir eternamente en el dolor. Pero cuando realmente se comprometen con su trabajo interior, se dan cuenta de que vale la pena. Descubren recompensas inesperadas, como un mayor equilibrio y presencia y un tipo de placer diferente. Reconectan con su corazón y su alma y el premio que reciben es el verdadero gozo y el tipo de placer más profundo. Experimentan la riqueza asociada al hecho de estar plenamente presentes con su experiencia y valoran plenamente la emocionante aventura que es estar en la realidad y recibir la vida tal como viene.

Cuando este tipo despierta de su estado de «zombi feliz», experimenta unos estados del ser que nunca imaginó posibles, pasa a estar muy conectado a tierra y es capaz de tener una concentración intensa y enfocada. Desarrolla la capacidad de disfrutar momento a momento, mientras mantiene su enfoque y compromiso hasta el final. A medida que se vuelve más serio y responsable, se siente cada vez mejor, para su sorpresa, y obtiene una profunda satisfacción de todo lo que experimenta. Cuando aprende a distinguir entre la felicidad cotidiana y el verdadero gozo, encuentra satisfacción tanto en el gozo como en el dolor y en todo lo demás que le brinda la vida.

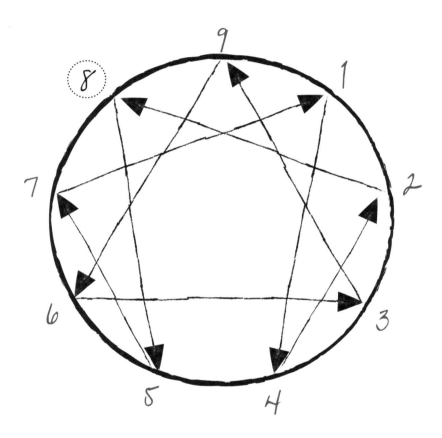

El camino de la lujuria a la inocencia

Si tienes paciencia en un momento de ira,
escaparás a cien días de tristeza.

PROVERBIO CHINO

É rase una vez una persona llamada Ocho. Vino a este mundo como una niña dulce y sensible. Era completamente inocente, como todos los niños. Tenía mucha energía, siempre veía lo mejor en las personas y estaba ansiosa por aprender todo lo que pudiera sobre el mundo.

Pero siendo muy pequeña, Ocho tuvo la experiencia de necesitar protección sin que hubiese nadie ahí para cuidar de ella. A veces, había cosas que no podía hacer por sí misma, a pesar de que era brillante y capaz para ser tan joven. Las personas que había en su vida más grandes que ella no parecían darse cuenta de lo mucho que necesitaba que la cuidaran, la escucharan o la alimentaran. Y algunas veces, cuando uno de los niños mayores le hacía daño, nadie veía que era pequeña y necesitaba protección.

Así que Ocho aprendió, por las malas, que tenía que cuidar de sí misma. Si nadie más iba a hacerlo, tendría que ocuparse ella.

Tendría que hacerse grande ¡rápido! (demasiado rápido). Tendría que ser fuerte. Tendría que ser poderosa, a pesar de su corta edad. A veces, aquellos que la rodeaban peleaban y no se daban cuenta de que estaba asustada. Por lo tanto, tendría que ser valiente, además de grande, fuerte y poderosa.

Ocho tenía mucha energía de forma natural, por lo que con el tiempo pudo protegerse totalmente. Se hizo fuerte y aprendió a cuidarse sola; a veces, también cuidaba de otras personas. Aprendió a dar miedo en lugar de tener miedo; ¡se le daba realmente bien! Algo que la ayudó a ser tan fuerte como necesitaba era su capacidad para enojarse. A veces, cuando alguien hacía algo que no le gustaba, se enfadaba enseguida. Experimentaba la ira como una energía que corría por su cuerpo, y aunque no siempre planeaba enojarse o quería enfadarse, esta ira la ayudó mucho a ser incluso más intrépida e intimidante. Y tener un aspecto grande, enojado e intimidatorio hizo posible que se sintiera completamente capaz de cuidar de sí misma.

Finalmente, Ocho ni siquiera lo advertía cuando las personas de las que esperaba protección no la protegían, porque ya no se sentía tan indefensa. El único problema era que ahora la hacían enojar *muchas* cosas. Y, en cierto modo, le gustaba estar enojada, o al menos no le importaba. Sencillamente ocurría, especialmente cuando necesitaba a alguien y no había nadie allí para atenderla, o cuando las niñas mayores la intimidaban en la escuela porque sentían su poder y no les gustaba.

Pronto, ocurrió que Ocho ni siquiera lo advertía cuando nadie la apoyaba, porque podía cuidar muy bien de sí misma. No necesitaba a nadie. Era lo suficientemente fuerte, y todos los demás parecían mucho más débiles que ella. Le dijeron que a veces asustaba a la gente incluso cuando no lo pretendía. En ocasiones ocurría que había personas que se marchaban de la estancia cuando entraba ella o que dejaban de hablar después de que ella hablase en voz alta. No tenía claro qué les pasaba. ¿Por qué los demás no eran tan fuertes como ella? La gente débil la enojaba, y su enojo la hacía sentir fuerte y llena de energía. Pero a veces veía que personas débiles eran tratadas mal o injustamente, y entonces usaba su fuerza para ayudarlas si lo necesitaban.

De vez en cuando, Ocho se sentía un poco sola. Descubrió que a veces, cuando era la persona más poderosa del lugar, los demás no querían estar cerca de ella. No lo entendía, pero así era. Y en general lo aceptaba, porque normalmente podía conseguir lo que quería: todo lo que tenía que hacer era enojarse y asustar a algunos. Realmente no le importaba si gustaba o no a alguien. Había perdido la sensibilidad con la que nació. No funcionaba lo de ser sensible además de fuerte y poderosa, y debía ser poderosa para cuidar de sí misma.

Pronto Ocho advirtió que no podía dejar de enojarse; no podía dejar de ser fuerte y poderosa. Y ¿por qué debería dejar de serlo? Ya no era sensible e inocente. La sensibilidad y la inocencia le recordaban demasiado los tiempos en que era demasiado pequeña y débil para protegerse. Era mucho mejor ser fuerte y poderosa. Siempre sabía cómo ocuparse de todo. ¿Por qué renunciaría a eso para volver a sentirse como una niña asustada? De vez en cuando, se sentía un poco sola porque casi nadie era tan fuerte como ella. A veces se ponía un poco triste porque nunca había nadie que la cuidara. Era ella la que tenía que cuidar de todos. Pero entonces sentía su fuerza y energía, y se alegraba de ser tan poderosa. Nada ni nadie podría hacerle daño. Y eso parecía ser bueno, aunque a veces le resultaba difícil llevarlo.

Ocho se había convertido en un zombi, un zombi enérgico, imparable e inaccesible, pero un zombi de todos modos.

LISTA DE VERIFICACIÓN DEL TIPO 8

Si tienes la mayoría de los rasgos de personalidad siguientes, o todos ellos, tal vez seas una personalidad de tipo 8:

☑ Sueles mostrarte asertivo y directo.

☑ Eres especialista en actuar con rapidez y decisión y, a veces, de manera impulsiva.

☑ Centras gran parte de tu atención en trabajar para garantizar la justicia o la equidad, y tratas de que la verdad y el orden estén presentes en todo lo que haces.

☑ Te cuesta contener tus reacciones cuando te sientes enojado.

☑ Valoras la honestidad, la franqueza y la autenticidad. Dices la verdad y quieres que los demás hagan lo mismo. En tu caso, lo que está a la vista es lo que hay.

☑ Tienes mucha energía y disfrutas afrontando grandes desafíos; no te echas atrás cuando te enfrentas a una situación difícil.

☑ Aunque acaso digas que no necesariamente te gustan los conflictos, no los rehúyes cuando es necesario.

☑ A veces puedes excederte en lo que haces, como comer, beber o trabajar.

☑ Tiendes a proteger a las personas que te importan.

☑ Buscas expresar fuerza y poder en aquello que haces y evitas parecer débil en cualquier sentido.

Si, después de usar la lista de verificación, descubres que tu tipo es el 8, tu viaje de crecimiento transcurrirá en tres etapas.

Primero, te embarcarás en un proceso de autoconocimiento en el que aprenderás a ver más claramente cómo necesitas proyectar fuerza y poder para evitar sentirte vulnerable.

A continuación, deberás enfrentarte a tu sombra para ser más consciente de tu miedo a mostrar debilidad. Esto te ayudará a reconocer de qué maneras necesitas ser poderoso y estar orientado a la acción en aquello que haces, pero también a desarrollar la capacidad de ponerte en contacto con emociones humanas básicas como el miedo, la tristeza y la inseguridad.

En la etapa final de tu viaje aprenderás a reconocer y experimentar plenamente tu vulnerabilidad y tu sensibilidad natural. Así te convertirás en una persona más gentil, abierta y accesible.

· ·

«La vulnerabilidad no es debilidad; es la mayor medida del coraje de la que disponemos». Brené Brown

· ·

Empieza el viaje

Para el tipo 8, la primera etapa del viaje hacia el despertar consiste en advertir cómo intenta controlar las cosas e imponer su voluntad a los demás. Al observar intencionadamente este patrón habitual en acción, las personas de tipo 8 comienzan a reconocer la gran cantidad de atención que ponen en afirmar el poder en el mundo y en restaurar la justicia, a veces incluso cuando ellas no están directamente implicadas. Esto les hace tener la sensación de que no pueden bajar la guardia ni expresar ningún tipo de debilidad. Cuando empiezan a ver esta tendencia como consecuencia de sentir que tienen que parecer fuertes y protegerse a sí mismas (y proteger a los demás), dan un paso adelante en el camino del crecimiento.

Patrones clave del tipo 8

Para empezar tu viaje si te identificas con el tipo 8, enfócate en estos cinco patrones habituales característicos de este tipo de personalidad y hazte más consciente de ellos:

Estar al mando

Probablemente hayas asumido muchas veces roles de liderazgo formales o informales en tu vida profesional y personal sin saber exactamente cómo o por qué. Si bien es probable que digas que no siempre sientes la necesidad de estar al mando, cuando sientes un vacío de poder que debe llenarse, enseguida das un paso al frente. Esto se debe a que, como tipo 8, tienes un talento natural para tomar la iniciativa. Tu estilo asertivo y valiente facilita que seas el jefe, ya sea porque otros quieran que lo seas o porque quieres asegurarte de que alguien capaz esté al mando. Tiendes a querer dirigir lo que ocurra, y puedes hacerlo con habilidad y seguro de ti mismo, o con un estilo mandón o agresivo.

Iniciar conflictos

Observa si expresas fácilmente tu desacuerdo con las opiniones o acciones de los demás. Cuando percibes incompetencia, injusticia o errores, es posible que te cueste no decir o hacer algo. Obsérvate para ver si casi siempre quieres abordar con rapidez cualquier asunto que consideres problemático, sin esperar necesariamente a elegir las palabras o el enfoque correctos. Es probable que no tengas problemas para iniciar un conflicto que pueda desencallar algún proceso o corregir una injusticia. Esta tendencia puede hacer que te rebeles contra la autoridad establecida o que cuestiones o rompas las reglas, con la consecuencia de que otras personas consideran que eres alguien conflictivo, difícil o dominante. Pero estos comportamientos también pueden ser tu forma de demostrar que te preocupas y pueden reflejar el hecho de que te cuesta contenerte en aquello que consideras importante. En realidad, puede ser que enfrentarte a los demás de forma conflictiva sea una manera que tienes de cultivar la confianza con esas personas.

Tomar medidas para abordar las situaciones injustas tú mismo

Obsérvate para ver si tienes un radar incorporado para detectar las situaciones injustas o si tiendes, de forma natural, a emprender la acción lo antes posible. Probablemente albergues la creencia implícita de que debes ser tú quien imparta justicia y corrija todos los errores que ves en el mundo. Examina si esta actitud es un reflejo de tu necesidad de expresar poder en el mundo, tanto porque no puedes evitar ser fuerte como porque las verdaderas injusticias te incomodan. También será importante que reconozcas si tiendes a olvidarte de ti mismo cuando tienes estos comportamientos, es decir, si interpretas el papel de superhéroe de forma automática, sin ver ni reconocer ningún impacto negativo ni ninguna amenaza que pudiesen afectarte.

Operar con un alto grado de intensidad

Puede resultarte difícil ser una persona equilibrada, cautelosa y discreta debido a tu tendencia natural a actuar por impulso, a exagerar, a excederte y a no contenerte. Haces las cosas o te expresas con intensidad, y tal vez contemples la vida en términos de «o todo o nada». Observa si te cuesta moderarte y si eres más apasionado o extremo que otras personas sin entender de dónde viene esta intensidad ni cuál es su utilidad. Explora tu relación con la intensidad y pregúntate qué te traería la vida si fueras menos intenso.

Buscar venganza

Advierte si tiendes a pensar en lo que harás en respuesta a las acciones de los demás cuando no te agradan o las consideras hirientes, incorrectas o injustas. Obsérvate para ver si a veces te vuelves agresivo en proporción directa a la medida en que niegas tu propia sensibilidad para vengarte de personas sin ser plenamente consciente de cómo pueden haberte herido. Será importante que comprendas que la venganza puede tomar distintas formas y que explores la posibilidad de que no siempre percibas la diferencia entre la ira sana y la agresividad vengativa. Examina por qué puede ser que tomes medidas contra aquellos que crees que han hecho algo mal, incluso si justificas tus acciones considerándolas sutiles o insignificantes. Observa si a veces actúas por venganza de formas menos obvias y a más largo plazo. Examina de dónde proviene este impulso.

«El ansia es una cosa pobre, débil, llorona y susurrante comparada con la riqueza y la energía del deseo que surgen cuando el ansia ha sido asesinada». C. S. Lewis

La pasión del tipo 8

La pasión que impulsa al tipo 8 es la lujuria. Como principal motivación emocional de este tipo, la lujuria es exceso, es decir, pasión por el exceso en relación con todos los tipos de estimulación. Sobre todo implica buscar una satisfacción excesiva a través de los sentidos o la experiencia física, aunque no necesariamente tiene que ver con nada de carácter sexual.

Para el tipo 8, la lujuria también implica impaciencia o urgencia por satisfacer los deseos. No le gusta esperar, negociar o sentirse limitado. Suele mostrarse impaciente, tajante y rebelde contra cualquiera que intente limitarlo o controlarlo. Por lo general, se resiste a cualquier restricción en el placer y la satisfacción de sus apetitos físicos, emocionales e intelectuales, ya sea en relación con la comida, la diversión, el sexo o incluso el trabajo. Se describe a sí mismo como alguien que trabaja mucho y se divierte mucho, lo cual refleja su talante lujurioso. Como estrategia de afrontamiento emocional, desafía la autoridad y se asegura de ser el único que dirige su propia vida. Pero esta actitud también puede hacer que intente controlar demasiado la vida de otras personas.

El tipo 8 puede manifestar su lujuria excesiva en un amplio abanico de formas; estas son algunas: algo o alguien puede gustarle mucho o no gustarle en absoluto. Puede realizar una determinada actividad todo el tiempo o no realizarla nunca. Puede hablar en voz muy alta o muy baja. Es posible que casi no duerma o que quiera dormir todo el tiempo. Algunos de sus excesos pueden parecer «inofensivos», como estar *muy* emocionado por algo o volverse extremadamente indulgente o retraído cuando ha visto que puede mostrarse muy agresivo y lo lamenta.

La lujuria también impulsa la tendencia de este tipo a la intensidad y su dificultad para bajar el ritmo o trabajar menos. También subyace a las dificultades que tiene para moderar su energía, su intensidad o su esfuerzo. Se manifiesta en la contundencia de su estilo comunicativo y en su tendencia a actuar con rapidez y decisión sin detenerse a pensar primero. Es posible que haga demasiadas cosas demasiado rápido o que no se conceda el tiempo suficiente para descansar, al negar que se sienta cansado. Contempla la vida en términos de «o todo o nada», lo cual puede llevarlo a tener comportamientos que lo hagan sentir bien en el momento; pero el origen de ello es un impulso instintivo por la gratificación, por llenar un vacío interior que nunca podrá llenarse.

Esta tendencia lujuriosa a incurrir en excesos hace que sea fácil que los individuos de tipo 8 pierdan la capacidad de afinar sus actos y de moderar su impacto o su impaciencia. La influencia de la lujuria también puede llevarlos a ser demasiado confiados y a suponer que los demás son tan veraces y sinceros como ellos.

Si te identificas con el tipo 8, aquí tienes algunas manifestaciones típicas de la lujuria que debes observar y de las que debes hacerte más consciente para emprender el camino del despertar:

- Disputas relacionadas con el poder; la pretensión de restaurar la justicia a través de tu fuerza de voluntad.
- Comunicación demasiado directa, que a veces el receptor percibe como ofensiva o carente de empatía.
- Uso de adverbios de intensidad, mayúsculas, palabrotas y un lenguaje que expresa intensidad y pasión.
- Certeza excesiva sobre muchas cosas, incluidas decisiones; suponer que tu verdad es la verdad.
- Provocar a las personas y rebelarte contra las reglas, la autoridad o las normas de comportamiento establecidas.

- Acercarte físicamente a los demás; establecer un contacto visual intenso.
- Expandir automáticamente tu propia energía más allá del cuerpo al acercarte a alguien; tendencia a ser visto como alguien imponente.
- Orientación hacia lo físico o concreto más que lo sutil o abstracto.
- Estar constantemente energizado y lleno de fuerza vital, y ser resiliente.

«Cuando retroceder tiene sentido, se sigue adelante». Wendell Berry

Expande tu crecimiento con las alas del tipo 8

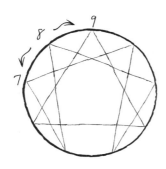

Los dos tipos de personalidad adyacentes al tipo 8 en el círculo del eneagrama son el 7 y el 9. El tipo 8 puede aprender a moderar su energía e intensidad apoyándose en la tendencia del tipo 7 a liderar con encanto y ligereza, y después aprender a equilibrar la sobreafirmación de su punto de vista integrando las cualidades de adaptación y facilidad en el trato del tipo 9. Esto le ayuda a ir más allá de su necesidad de poder y a ampliar su perspectiva habitual.

- Primero, cultiva las cualidades del tipo 7: mitiga tu intensidad y enfócate más en interactuar con los demás de maneras agradables. Encuentra formas de hacer que tus interacciones sean más interesantes y aprende a tomarte las cosas con mayor ligereza. Suaviza tus acercamientos haciendo un esfuerzo consciente por ser divertido o usar el humor al comunicarte. Plantéate adoptar una mentalidad más innovadora, en lugar de liderar siempre con contundencia o manifestando certeza. Equilibra tu tendencia a la acción con un esfuerzo por ser más racional e imaginativo. Comparte en mayor medida tus experiencias y sueños para hacerte más accesible y mostrarte más abierto al relacionarte con los demás.

- A continuación, adopta la capacidad del tipo 9 de escuchar a los demás y asegúrate de que sientan que los escuchas. Equilibra tu confianza habitual en tu propia perspectiva con un esfuerzo sincero por tener en cuenta los puntos de vista de los demás. Asimila realmente lo que dicen y deja que sus opiniones afecten a tus planes. Ten menos de líder y más de seguidor. Sé más empático: presta atención a lo que quieren otras personas y vincula tus planes a lo que las beneficie. Sé más diplomático y comprensivo al comunicarte, para evitar conflictos.

· ·

«Solo en la oscuridad se pueden ver las
estrellas». Martin Luther King, Jr.

· ·

HACER FRENTE A LA SOMBRA

La segunda parte del viaje de crecimiento del tipo 8 consiste en reconocer, aceptar e integrar la toma de conciencia de sus emociones más débiles y sus puntos flacos. Al aprender a vivir y liderar en mayor medida desde una mayor conciencia de su propia vulnerabilidad, puede avanzar en su viaje.

Se necesita mucha fuerza para ser vulnerable. Cuando los individuos de tipo 8 se dan cuenta de que su fijación en hacer que las cosas sucedan implica que a veces no escuchan a los demás ni comprenden su propio impacto, adquieren conciencia de sí mismos y llegan a ver que pueden ser autoritarios, agresivos y despectivos, aunque puedan haber creído que solo eran intensos, protectores y audaces. Cuando ejercen una fuerza y un poder excesivos, pueden no ser conscientes de su impacto ni de los matices sutiles que se dan en sus interacciones sociales. Pero al reconocer estos aspectos de su sombra, pueden integrar una visión más positiva de su propia sensibilidad y comenzar a disfrutar de una vida en que la vulnerabilidad puede ser un camino hacia la alegría y la felicidad.

El trabajo con la sombra del tipo 8

Si te identificas como alguien de tipo 8, aquí tienes algunas acciones que puedes realizar para hacerte más consciente de los patrones inconscientes, los puntos ciegos y los puntos débiles claves del tipo 8, y para empezar a contrarrestarlos:

- Toma medidas concretas para revelar más de ti a los demás. Probablemente confíes en muy pocas personas. Te lleva tiempo confiar en los demás y, si te traicionan, tal vez te resulte imposible perdonarlos. Esta puede ser una manera en que evitas sentirte vulnerable. Desafíate a asumir el riesgo de abrirte más a las personas en las que confías y quizá también a otras.
- Enfócate en las cualidades de la gente con la que te encuentras. Tu estilo basado en la confrontación puede ser más crítico de lo que piensas. Sin darte cuenta, puede ser que confrontes primero y busques razones después. Deja de identificar instintivamente rasgos objetables en los demás a los que oponerte y sé más optimista en cuanto a lo que tienen para ofrecerte.
- Reconoce el cansancio que sientes por ser alguien tan fuerte y competente todo el tiempo. Deja de negar las formas en

que puede agotarte la lujuria y cuídate mejor. Permite que la vida dirija tus acciones en lugar de imponer tu voluntad para impeler avances.

- Suelta tu tendencia de ir en contra de las personas que consideras que te ofenden (o de ciertas personas que te importan). El origen de esta tendencia puede ser la venganza, aunque tal vez justifiques tu respuesta con el argumento de que estás luchando en favor de la justicia. Haz más para fomentar la paz en lugar de la guerra, incluso si crees, conscientemente, que tus esfuerzos guerreros están al servicio de una buena causa.

- Obtén comentarios de otros individuos sobre lo que es realmente cierto al evaluar situaciones importantes. Si te crees tus primeras impresiones con demasiada facilidad, corres el peligro de equivocarte al menos algunas veces. Cuestiona tu presunción arrogante (o ingenua) de que tu visión de las cosas es la única correcta.

- Deja de sobreproteger a las personas que hay en tu vida y de hacer demasiado por ellas. Si ves a los demás como débiles o frágiles, es posible que no desarrollen su propia fortaleza. Y cuando proyectas tu propia fragilidad en ellos como estrategia para negarla, evitas ver y abordar tus propias debilidades.

- Detente y ríete de ti mismo cuando empieces a medir tu propia fuerza contra la de otras personas. No todo debe verse como una forma de poner a prueba la propia voluntad y la de otros o como una lucha de poder. Procura enfocarte menos en establecer una base de poder. Puedes generar unos conflictos o una oposición innecesarios cuando adoptas de manera proactiva una postura que te enfrenta a los demás por costumbre.

- Haz una pausa antes de actuar. Examina si tu enfoque de la vida es el de disparar antes de apuntar. Practica esperar un poco antes de decirle algo a alguien o de tomar una decisión importante. Sal a caminar antes de reaccionar, especialmente cuando te sientas realmente enojado.

• Aprende a moderar tus acciones y reacciones. Es posible que a veces te muestres demasiado fuerte o intimides a los demás sin tener la intención de hacerlo o que no puedas discernir el impacto de tu potente energía. Practica la gestión de tus emociones y contén la energía cuando te enfrentes a situaciones en las que quieras moderar tu impacto.

«Todo lo que vemos es una sombra proyectada por lo que no vemos». Martin Luther King, Jr.

Los puntos ciegos del tipo 8

Es posible que el tipo 8 no desee examinar sus puntos ciegos porque se sienta bien con los procedimientos operativos normales de su personalidad, ya que a menudo le permiten tener el control y estar al mando. Sin embargo, como tipo 8 muestras una fuerza y una sabiduría verdaderas cuando te preguntas si puede ser que estés *demasiado* seguro de ti mismo en un sentido que, en última instancia, no sea útil para tu crecimiento. La perspectiva habitual de tu ego te hace pensar que siempre sabes lo que es mejor y que siempre puedes (y debes) salirte con la tuya, incluso si tienes que dominar a alguien o ejercer presión para que esto suceda.

Pero esta es la buena noticia si tu tipo es el 8. Si puedes ser lo suficientemente humilde y estar lo bastante abierto para mirar más de cerca los aspectos de tu estrategia de supervivencia que no ves con facilidad, serás capaz de equilibrar tu poderoso enfoque de la vida con la capacidad de ser más gentil y accesible, y de estar más disponible para la conexión. Si puedes permitirte reconocer lo que no te deja estar más disponible para los demás y lo que te impide dejar que te conozcan mejor, puedes expresar en mayor medida la generosidad, la calidez y el cuidado que están presentes en abundancia en tu gran corazón.

Estos son algunos de los patrones inconscientes específicos que operan como puntos ciegos y que debes afrontar, como tipo 8, para despertar del modo zombi:

Negar la vulnerabilidad

¿Tiendes a no sentir algunas de las emociones humanas más débiles, como la tristeza, el miedo, la duda, el dolor y la inseguridad? ¿Evitas inconscientemente la mayoría de las emociones que podrían hacerte sentir débil o vulnerable? ¿Crees que no está bien expresar ningún tipo de debilidad? ¿Te lleva esto a cortar el acceso a tus emociones más delicadas?

Estas son algunas medidas que puedes adoptar para integrar este punto ciego:

- Hazte consciente de cuáles son las emociones que sientes rara vez o casi nunca. Pídeles a personas en las que confíes que te digan qué es lo que observan en ti en cuanto a la expresión emocional.
- Permítete cuestionar cualquier creencia que albergues sobre la inconveniencia de ser débil y explora las consecuencias de esta creencia en tu vida.
- Reconoce tus emociones más débiles y habla de ellas con personas en las que confíes. Permítete entrar más en contacto con sentimientos como la tristeza, la pena y el dolor, sabiendo que se trata de emociones humanas importantes que nos ayudan a conectarnos más profundamente con los demás y con nuestras propias profundidades.
- Observa si intentas evitar registrar emociones de vulnerabilidad y si a veces expresas una fuerza y un poder desmesurados para compensar vulnerabilidades que no tienes

reconocidas. Observa si te excedes más cuanto más niegas tu vulnerabilidad, permaneciendo así inconsciente de experiencias y aspectos importantes de ti mismo.

- Permítete ponerte en contacto con cualquier miedo que puedas albergar. Desarrolla una mayor comprensión de las utilidades positivas del miedo; entre ellas, cómo puede ayudarte a identificar peligros y amenazas. Advierte si te pones en situaciones de riesgo innecesariamente al no permitirte registrar el miedo.

- Observa si tiendes a negar los sentimientos que consideras que son de debilidad, sin tomar en consideración cómo te afecta esta actitud. Reconoce lo sensible que eres en realidad. Trabaja con tu niño interior para ponerte en contacto con la parte vulnerable de ti que tiendes a negar inconscientemente por la necesidad de expresar fuerza en el mundo.

- Recuerda continuamente que solo una persona verdaderamente fuerte tiene la capacidad de sentirse vulnerable.

No comprender tu impacto en los demás

¿Haces que los demás se sientan perturbados, molestos o heridos cuando crees que solo estás mostrándote honesto o apasionado? ¿Te sorprende enterarte, en ocasiones, de que has intimidado a alguien cuando esa no era tu intención? ¿A veces no conoces tu propia fuerza o no sabes cuánta emplear? ¿En ocasiones no te das cuenta del efecto que tienes en las personas?

Estas son algunas acciones que puedes realizar para integrar este punto ciego:

- Presta mucha atención a lo que recibas de los demás cuando hables con ellos. Estate alerta a cualquier indicio de cómo se sienten en función de sus expresiones faciales u otros tipos de comunicación no verbal.

- Discúlpate cuando alguien te diga que se sintió herido por ti. Aunque pueda costarte decir que lo lamentas, la capacidad de mostrar remordimiento amplía tus posibilidades de conexión con los demás y te permite aprovechar la vulnerabilidad que puedes experimentar cuando lastimas a alguien o te arrepientes.

- Pídele a alguien en quien confíes que te brinde comentarios honestos y directos sobre tu impacto en los demás. Todos necesitamos escuchar cómo nos experimentan los demás para saber cómo afinar nuestra comunicación y lograr el impacto que queremos tener.

- Siempre que te des cuenta de que hay problemas en una relación, averigua lo antes posible si hiciste algo doloroso o perturbador. Si te dicen que lo hiciste, no rechaces el comentario; limítate a escuchar y tratar de comprender lo que ocurrió en realidad.

- Reduce tu nivel de energía a conciencia cuando te acerques a los demás. Presta más atención a cómo te sientes. Practica la contención de tu energía imaginando que la reúnes en ti y la retienes.

- Practica el comportamiento de sonreír más y parecer más relajado. Observa cómo esta nueva actitud cambia tus interacciones.

Suponer que tu verdad *es* la verdad

¿Tiendes a creer que tu visión subjetiva de las cosas es la verdad objetiva? ¿Tiendes a evaluar —o actuar para resolver— situaciones injustas basándote en el supuesto de que tus juicios sobre lo que está bien y lo que está mal son precisos? ¿Tiendes a negar cualquier aspecto de lo que está sucediendo que no encaje con la forma en que quieres ver las cosas? ¿No sabes que tienes inclinaciones que pueden distorsionar tus puntos de vista?

Estas son algunas cosas que puedes hacer para integrar este punto ciego:

- Pregúntate por qué crees que sabes lo que está bien y lo que está mal en cualquier situación en la que te encuentres o por qué sueles pensar que tu opinión es la correcta y la de los demás no.
- Examina tus conclusiones más detenidamente y más a menudo para ver si has tomado en consideración toda la información disponible. Mira hacia atrás en tu vida para encontrar situaciones en las que pensaste que tenías razón, pero no era así.
- Contente antes de hablar o actuar. Sé lo suficientemente paciente y humilde para escuchar atentamente las opiniones de otras personas en las que confías sobre el mejor curso de acción.
- Permítete estar abierto a la validez y la sensatez de otros puntos de vista.
- Cuando hables con otros acerca de un tema sobre el que tengas una opinión clara, formula más preguntas, haz menos afirmaciones y considera otras posibilidades.
- Hazte estas preguntas la próxima vez que llegues a una conclusión firme sobre una situación importante: ¿de verdad has intentado ponerte en el lugar de la otra persona? ¿Hay algún factor que no hayas considerado? ¿Estás juzgando demasiado rápido, sin conocer todos los hechos?

• •

«Vulnerabilidad no es ganar ni perder; es tener el valor de mostrarse y exponerse cuando no se tiene el control sobre el resultado». Brené Brown

• •

El dolor del tipo 8

Este tipo de personalidad generalmente se siente como si tuviera una energía infinita y una capacidad ilimitada para hacer todo lo que quiere hacer. Se enfoca totalmente en una visión muy positiva de todo lo que puede ser y hacer, sin reconocer sus limitaciones humanas. Pero esto tiene un precio. Sin saberlo, el hecho de negar la debilidad o los límites lo lleva a sobrevalorar su capacidad de hacer lo que quiere y a minusvalorar sus emociones humanas básicas. Esto significa que puede hacerse daño a sí mismo y ser lastimado por otros sin ser nada consciente de su dolor. Si bien este hábito de negar el dolor o el sufrimiento le permite ser efectivo en la vida en ciertos sentidos, también le impide sentir todo lo que necesita para crecer.

Una de las principales cosas que debe hacer el tipo 8 es ponerse en contacto con sus emociones de vulnerabilidad y con el dolor que alberga en el cuerpo y el corazón. Por el bien de su autodesarrollo, debe volverse más vulnerable, respetar los límites de su cuerpo y atender las necesidades más delicadas de su corazón. Cuando decide afrontar su dolor, da pasos importantes hacia una mayor madurez, una mejor salud y una mayor completitud. Cuando aprende a expresar sus debilidades, se vuelve verdaderamente fuerte. Cuando equilibra su poder con la conciencia de su sensibilidad, se permite experimentar una sensación de paz interior y relajación que no sabía que existían.

Si te identificas con el tipo 8, escondes una persona delicada, vulnerable, profunda, cálida, indefensa, cariñosa, hermosa y muy humana bajo tu «armadura»: tu verdadero yo. Pero necesitarás la ayuda de alguien de tu confianza para deshacerte de esa armadura. Te resultará difícil y necesitarás que te confirmen que no hay nada malo en ti. Recuerda que al acceder intencionadamente a tus emociones de vulnerabilidad demuestras el verdadero nivel de tu valentía. Estos son algunos de los sentimientos dolorosos que debes permitirte experimentar para despertar del modo zombi:

- Miedo a que los demás se aprovechen de ti. Sentir plenamente este miedo tiene el poder de ponerte más en contacto con tu corazón para que puedas acceder a tu vulnerabilidad.

- Dolor y daño a los que te resistes. Cuando bajas las defensas, puedes recuperar tu sensibilidad y sentir el dolor acumulado que siempre ha estado ahí, pero que has negado. Cuando reconoces el dolor asociado al hecho de sentirte desprotegido, no apoyado, desatendido, dañado o herido, puedes dejar atrás la necesidad de ser fuerte. Mantente en contacto con esta verdad y habla al respecto con un terapeuta o un amigo cercano. Acepta el cuidado y el amor que te mereces. Ten compasión de ti mismo por todo lo que hiciste para proteger tu sensibilidad cuando ni siquiera sabías que existía. Protégete de las personas que no entenderán ni respetarán el cambio que vean en ti cuando te abras a tu sensibilidad.

- Agotamiento por forzar tus capacidades físicas y emocionales cuando intentas hacer más de lo humanamente posible. Tu cuerpo pasa factura cuando actúas como si fuera indestructible y cuando expresas fuerza sin ser consciente de tus límites.

- Confusión sobre tu identidad cuando ya no te sientes tan fuerte como antes, si bien no quieres volver a ponerte tu vieja armadura.

- Inseguridad a causa de tus dudas sobre qué hacer. Esta sensación puede ser saludable, aunque pueda no parecerlo, porque te ayuda a crecer en la dirección correcta. Tus viejas estrategias de supervivencia te hicieron creer que siempre podías hacer más por todos. Ahora debes decirles a los demás que no estás hecho de hierro.

«Aferrarse a la ira es como beber veneno y
esperar que muera la otra persona». Buda

Los subtipos del tipo 8

Identificar el subtipo al que perteneces dentro del tipo 8 puede
ayudarte a orientar tus esfuerzos destinados a afrontar tus puntos
ciegos, tus tendencias inconscientes y tu dolor oculto. Los patrones
y tendencias de los subtipos varían según cuál de los tres instintos
de supervivencia prevalezca.

Subtipo 8 del instinto de conservación

Este subtipo es el más práctico y pragmático, y siente una
fuerte necesidad de obtener lo que es suyo y lo que necesita para
sobrevivir. Es el que está más centrado en la seguridad material.
Se le da muy bien encontrar formas de obtener lo que quiere para
respaldar su necesidad de sentirse satisfecho o seguro. Puede tener dificultades para ser paciente y tal vez desee ver satisfechos sus
deseos y necesidades de forma inmediata. Se muestra más reservado, cauteloso o prevenido, y puede contenerse más. No habla
mucho.

Subtipo 8 social

Este subtipo presenta algunos rasgos contradictorios. Puede
rebelarse contra las normas sociales, pero también ofrecer protección, apoyo y lealtad a los demás. Ayuda más y lucha contra las
injusticias que afectan a otros. Actúa para proteger a personas que
son perseguidas o explotadas. Le gusta el poder que brinda el hecho
de pertenecer a un grupo. Puede parecer más gentil y amigable que
los otros subtipos y no se enoja con tanta rapidez.

Subtipo 8 sexual

Este subtipo es el más provocador y rebelde. Se manifiesta en contra de las reglas y tiende a ser más magnético y carismático. Es más emocional que los otros subtipos de tipo 8 y tiende a ser muy posesivo con las personas que hay en su vida. Es más apasionado, actúa más y piensa menos. Se apodera enérgicamente de todo el escenario y le gusta tener el control y ser el centro de atención.

La sombra de los subtipos del tipo 8

Puedes enfrentarte con mayor eficacia a tu propia sombra si conoces las características específicas de la sombra de tu subtipo, dentro del tipo 8. A continuación se muestran algunos de los aspectos de la sombra de cada subtipo. Como el comportamiento de cada subtipo puede ser muy automático e inconsciente, tal vez sea especialmente difícil ver y reconocer estos rasgos en uno mismo.

La sombra del subtipo 8 del instinto de conservación

Si tu subtipo es este, tiendes a ser demasiado pragmático y puedes volverte egoísta a veces. Es probable que sepas cómo hacer negocios y que se te den bien los intercambios y los tratos con el fin de conseguir ventaja sobre los demás y obtener un buen trato para ti. Priorizas tu propia supervivencia. Es posible que explores poco la vida y que no te abras mucho a los demás con el fin de mantener una sensación de seguridad. Tal vez te enfoques más en acceder al dinero y a otros recursos que en las relaciones. Quizá excluyas, inconscientemente, a cualquier persona o cualquier sentimiento, idea o institución que se oponga a tus deseos. De los tres subtipos, este es el que más se protege bajo una armadura y, por tanto, es aquel al que más le cuesta permitirse ser vulnerable.

La sombra del subtipo 8 social

Si este es tu subtipo, a menudo encarnas el arquetipo de la matriarca o el patriarca que se ocupa de todos, aunque es posible que no veas el precio que pagas por ello. Al ignorar tu propio bienestar, tiendes a sacrificarte. Probablemente te cueste cuidar de ti mismo o permitir que otros cuiden de ti. Proteges a los demás pero no te proteges, y no siempre eres consciente de ello. No puedes evitar intervenir cuando ves que otros son maltratados por alguien que tiene más poder. Aunque este papel de salvador puede parecer noble y valiente, es posible que no sea bueno para ti ni para tu crecimiento.

La sombra del subtipo 8 sexual

Si este es tu subtipo, tu necesidad de poder es mayor que la de los otros veintiséis tipos del eneagrama. Buscas tener poder sobre todo y sobre todos. Tienes la necesidad de poseer a las personas y su atención, lo que alimenta tu necesidad de estar en el centro de todo lo que sucede. Quieres controlarlas y que se sometan a tu control. Recuerda que este es el más emocional de los subtipos de tipo 8; es posible que no te des cuenta de que actúas por impulso y movido por la pasión, y a menudo no te detienes lo suficiente como para pensar en lo que haces.

• •

«Maduramos con el daño, no con los años». Mateus William

• •

La paradoja del tipo 8

La paradoja del tipo 8 se basa en la polaridad entre la pasión de la lujuria y la virtud de la inocencia. Este tipo debe reconocer el miedo y la tristeza que alberga para transformarse. Debe descubrir que la lujuria ha negado y ocultado sus emociones más profundas. Al reconocer y aceptar esta realidad, da un paso importante hacia la inocencia y pasa a ser capaz de mantenerse en contacto con su vulnerabilidad y abrir el corazón. La inocencia se opone a la lujuria al permitir que el tipo 8 responda de una manera nueva a cada momento, libre de expectativas o juicios. Refleja la suavidad, la calma y la dulzura del corazón que no necesita la intensidad para sentirse satisfecho.

Si te identificas con el tipo 8, aquí tienes algunas acciones que puedes realizar en esta etapa de tu viaje de crecimiento para volverte más consciente de la lujuria y empezar a acceder a la emoción de la inocencia, que es de nivel superior:

- Advierte si subes el ritmo o te retiras para estar solo cuando comienzas a sentirte vulnerable. Observa qué sentimientos motivan estos comportamientos; admite que estos sentimientos son normales y acéptalos.
- Permítete sentirte cada vez más vulnerable y «más pequeño» respecto a tu tamaño normal.
- Haz esfuerzos conscientes por comunicar tu vulnerabilidad a los demás, empezando por las pocas personas en las que confías realmente. Ábrete a percibir cómo te responden.
- Pide ayuda o atención a personas de tu confianza. Expresa qué es lo que necesitas en concreto.
- Observa cómo se te ablanda el corazón y se te relaja el cuerpo cuando haces algo difícil como pedir ayuda. Contempla cómo este ablandamiento te imposibilita reaccionar contra nadie y cómo empiezas a ver lo bueno que hay en los demás en mayor medida que antes.
- Averigua qué emociones subyacen bajo tu ira y dales más espacio.

· ·

«Nunca somos tan vulnerables como cuando amamos». Sigmund Freud

· ·

Fomenta tu crecimiento con las flechas del tipo 8

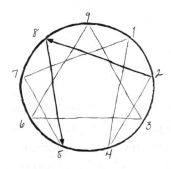

Los dos tipos conectados al tipo 8 por las flechas del interior del diagrama del eneagrama son el 2 y el 5. Al desarrollar la capacidad del tipo 2 de ser más frágil y emocional, te vuelves más amable y accesible; al integrar la capacidad del tipo 5 de desacelerar y moderar las acciones, te vuelves menos enérgico y te contienes más. Esto te ayuda a generar grandes cambios en tu crecimiento; pasas de tu enfoque habitual en ser fuerte y luchar contra la injusticia a dirigir la atención hacia dentro, para poder equilibrar tu energía.

- Primero, asume intencionadamente la capacidad del tipo 2 de prestar más atención a los sentimientos de los demás y permítete volverte más vulnerable, gentil, amable y accesible. Aprende a ser menos directo y más cuidadoso y diplomático al comunicarte. Haz más profundas tus conexiones con los demás asegurándote de escuchar más y expresar en mayor medida lo que sientes. Presta atención a lo que necesitan otras personas y haz un esfuerzo por empatizar con sus sentimientos. Vincula tus planes a lo que beneficie a otros.
- A continuación, integra la capacidad del tipo 5 de pensar antes de actuar. Advierte cualquier impulso que puedas tener de controlar a los demás y deja que sean más independientes. Aprende a ser menos intenso y a contenerte en mayor medida. Ve más hacia dentro para equilibrar tu energía. Investiga y consulta fuentes expertas que confirmen o contradigan tu punto de vista antes de tomar decisiones.

· ·

«Es más duro ser vulnerable que ser duro». Rihanna

· ·

ACOGER EL ESTADO MÁS ELEVADO

En la tercera parte de su viaje, las personas de tipo 8 empiezan a ver con mayor claridad su falsa identidad. Al recordar lo que se siente al estar más en contacto con la propia sensibilidad, comienzan a ver lo oportuno que es que acojan su lado más delicado. Se atreven a mostrarse de forma más liviana, sin protegerse tanto. Deponen sus armas en lugar de seguir siendo individuos cautelosos y agresivos. Cuando ha hecho esto, el tipo 8 aprende a ir más despacio por la vida. Aprende a cuidar mejor de sí mismo. Aprende a acoger y valorar más sus propias emociones, y a sentir más empatía por las emociones de los demás sin tener que hacer nada al respecto. Entiende que la mejor manera de procesar las emociones es estar presente con ellas.

Paradójicamente, esto hace que las personas de tipo 8 parezcan aún más fuertes y poderosas que antes. A medida que descubren que se necesita una gran cantidad de fuerza y valor para expresar vulnerabilidad, avanzan en su camino. Y los demás suelen percibir este cambio. Estar en contacto con su propia sensibilidad equilibra de forma natural su tendencia a ejercer la fuerza bruta en el mundo y a tener el mando o controlar las cosas.

Si te identificas como tipo 8, estas son algunas cosas que puedes hacer en esta parte de tu viaje que no podrías haber hecho antes, más otras en las que seguir trabajando:

- Estableces contacto con tus sentimientos de vulnerabilidad de forma consciente con mayor frecuencia.
- Aprecias detalles y sutilezas que antes pasabas por alto.
- Escuchas a los demás con mayor atención.

- Eres más paciente contigo mismo y con los demás.
- Respetas tus limitaciones. Te cuidas mejor física y psicológicamente.
- Te acercas a las personas con más sensibilidad que antes; tienes más cuidado con tus palabras y con la forma en que tratas a los demás.
- Tiendes menos a actuar por impulso, a hacer cosas de las que luego te arrepientes.
- No te excedes tanto al actuar; desarrollas tu capacidad de moderar tus actos y tu energía.
- Empatizas en mayor medida con los demás; comprendes mejor cómo se sienten al acceder a un abanico más amplio de emociones dentro de ti. Conectas más profundamente con las personas.

«Vulnerabilidad no es debilidad. Este mito es sumamente peligroso. La vulnerabilidad es el lugar donde nacen la innovación, la creatividad y el cambio». Brené Brown

La virtud del tipo 8

La inocencia es la virtud que proporciona un antídoto a la pasión de la lujuria del tipo 8. En el estado de inocencia, los individuos de tipo 8 se vuelven menos cautelosos y agresivos y adquieren una nueva capacidad, basada en el corazón, para permanecer indefensos. Esto les permite dejar de ser tan intensos y de excederse tanto en la vida y las relaciones. Responden a las personas y situaciones en lugar de reaccionar ante ellas. Tienen una perspectiva más positiva y saben que las condiciones (y las personas) no serán tan duras como esperan. Confían en que los demás, y ellos mismos, son inherentemente buenos, no malos. Ya no necesitan estar a cargo de todo ni hacer caso omiso de los ritmos naturales de la vida. Se dan cuenta de que si no se muestran reactivos y se revelan más a los demás, no serán atacados. En cierto sentido, aprenden a desarmar a los demás deponiendo primero sus propias armas. Y ya no permiten que la agresividad de otras personas determine su estado de ánimo.

Si te identificas con el tipo 8, estas son algunas actitudes y acciones en las que debes enfocarte para acabar viviendo más desde un estado de inocencia:

- Responde de una forma nueva a cada cosa que pasa.
- No lleves expectativas basadas en el pasado a las nuevas experiencias, como un bebé que se olvida del dolor inmediatamente después de que este ha desaparecido.
- Baja el ritmo para asimilar y apreciar los detalles y matices de lo que sucede a tu alrededor.
- Aporta más sensibilidad a tu experiencia de todo y de todos.
- Sintoniza con tu sensibilidad y con la vertiente emocional de las experiencias.
- Toma mucha conciencia de cada pequeño impacto que tienes en los demás y en el mundo que te rodea, y sé más capaz de escuchar y generar paz.
- Calibra tu energía; efectúa ajustes en tu potencia para aplicar la cantidad justa de fuerza en cada acción que acometas.
- Suelta la necesidad defensiva de juzgar a los demás y la tendencia a juzgarte o ser duro contigo mismo de cualquier forma.
- Siéntete libre de la ira que solía controlarte y vuélvete definitivamente inofensivo.

«Cuando éramos niños, pensábamos que cuando hubiésemos crecido ya no seríamos vulnerables. Pero crecer es aceptar la vulnerabilidad». Madeleine L'Engle

Despertar del estado zombi

Para las personas de tipo 8, la clave para abrazar el verdadero yo radica en relajar el cuerpo con la respiración y en sentirse como individuos de tamaño normal en lugar de sentirse enormes. Cuando este tipo conecta con mayor regularidad con su experiencia interior y su sensibilidad, permite, de forma natural, que su energía se vuelva más contenida y menos expansiva. Puede seguir teniendo un gran impacto en los demás y en el mundo que lo rodea, pero ahora su poder proviene de una asombrosa combinación de verdadera fuerza y genuina suavidad que revela su auténtico yo.

A medida que los individuos de tipo 8 avanzan en el camino del autodesarrollo, se vuelven maravillosamente sensibles. Cuando equilibran su intensidad natural con la capacidad de establecer contacto con la vulnerabilidad, desarrollan un alto grado de poder personal y magnetismo que les permite conectar con los demás e inspirarlos de la manera más profunda posible. El estado de inocencia anima a otras personas a estar cerca de ellos y a expresar sus verdades, que es lo que habían esperado desde el principio.

Al lograr ser tanto vulnerable como inocente, el tipo 8 empieza una experiencia de vida completamente nueva. Se da cuenta de que no siempre necesita ser poderoso, porque otras personas lo apoyarán. Esta nueva realidad le aporta la alegría asociada a contactar con su niño interior y amarlo, y el gozo de ver cómo la vida lo recompensa por desarrollar la mayor fortaleza de todas: la capacidad de ser lo bastante fuerte como para mostrar debilidad. Al revelar su debilidad, se vuelve desmesuradamente poderoso, totalmente capaz de desplegar su poder con sensibilidad y empatía por los demás. Se da cuenta de lo agradable que es la sensación de rendirse a un poder más grande que el propio y soltar la necesidad de corregir todas las injusticias del mundo. A medida que va experimentando su verdadero yo, el tipo 8 se vuelve más simple, liviano y cálido, y va estando más disponible para los demás de una manera más profunda. Ya no siente la necesidad de tipo zombi de implicarse con la vida desde el exceso, sino que puede vivirla tal como viene.

Si te identificas con este tipo, tu despertar implica que ya no necesitas protegerte contra las injusticias ni fortalecerte para salvaguardar tu sensibilidad, porque nada puede hacerte verdadero daño en este nivel más esencial. Cuando conoces en mayor medida tu yo real, te sientes aún más indulgente y delicado de lo que imaginabas. Ya no necesitas llevar puesta ninguna armadura. Tu conexión con tus propias profundidades y con los demás muestra que ya no necesitas reaccionar ni atacar; puedes relajarte y confiar más. Entonces conectas con una claridad mucho mayor con lo buenas y hermosas que son las personas en su interior, tú incluido (sobre todo tú). Por fin puedes permitir que brillen toda la fuerza de tu corazón y tu sensibilidad emocional inherente. Puedes expresar todo el amor que siempre estuvo ahí, detrás de la armadura. El tipo 8 siente todo ello como un renacimiento a una nueva vida de receptividad, contemplación, sencillez, amor y gratitud.

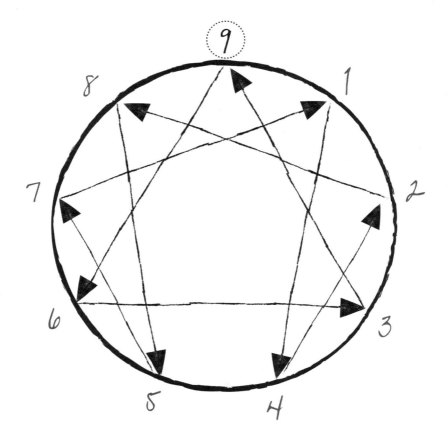

Tipo 9

El camino de la pereza
a la acción correcta

Permanece disponible para los demás, pero nunca te dejes atrás.

DODINSKY

Érase una vez una persona llamada Nueve. Siendo muy pequeño, Nueve se sentía conectado con todos y con todo, como si no existiera la separación. En este estado de unidad, sentía una profunda sensación de paz, alegría y amor que era maravillosa y profundamente reconfortante.

Pero entonces sucedió algo. Nueve se despertó un día sintiéndose solo y desconectado. Se sintió frustrado por haberse quedado solo y quiso protestar contra el responsable de esa situación. Sin embargo, esto lo hizo sentir aún más incómodo. Había otras personas cerca, pero parecían de alguna manera distantes. Esta nueva sensación de separación lo hizo sentir solo y aterrado. Si ya no estaba conectado con el mundo que lo rodeaba, ¿cómo podría sentir cualquier sentimiento de pertenencia?

Cuando Nueve intentó quejarse de esta situación nueva e inquietante para restablecer su conexión con los demás, nadie quiso escucharlo. Las personas de su entorno hablaban más alto y tenían cosas más importantes que decir. Sabían lo que querían y discutían para conseguirlo. No parecían molestas por el hecho de estar separadas ni por el hecho de que sus discusiones acentuaban esta separación. No parecía importarles lo que dijera Nueve. Probó a hablar más alto y protestar más, pero nadie le prestó atención. Al cabo de un rato, se rindió. Si no iban a escucharlo, no pasaba nada por que volviese a dormirse. Al menos el sueño le proporcionaba alivio.

Nueve siguió durmiendo y tratando de encontrar alivio. Pero la sensación de no estar conectado no lo abandonó, y le preocupó la posibilidad de permanecer excluido para siempre. Se preguntó qué decían de él sus sentimientos de separación; los demás no parecían tan molestos como él a causa de esta. Después descubrió que cuando dejaba de intentar llamar la atención de los demás, cuando se distraía de alguna manera, se sentía más a gusto.

Nueve intentó aproximarse al sentimiento de conexión que había perdido de varias formas, con la esperanza de recuperar algunos de sus sentimientos de pertenencia. Hizo amigos y hacía lo que ellos querían que hiciera. Trató de encajar. Intentó olvidar la distancia que sentía enfocándose en los deseos de los demás y olvidando los suyos. Dejó de enfrentarse a las personas con las que no estaba de acuerdo, porque descubrió que era más fácil aceptar lo que dijeran. Al cabo de un tiempo, descubrió que no le importaba mucho de todos modos. No parecía tan importante, de hecho. Él no parecía tan importante.

Con el tiempo, la estrategia de supervivencia de Nueve de permanecer callado y cómodo para evitar el dolor de su existencia separada lo llevó a olvidarse de sus propios sentimientos, sus propias opiniones y su propia voz. Prefería llevarse bien con los demás. Permanecer cómodo era mucho más... cómodo. Y estar en armonía con el entorno le traía un vago recuerdo de la conexión que había perdido. Al cabo de un tiempo incluso parecía como si a pesar de que se «despertaba» todos los días realmente estuviera caminando dormido por la vida.

De vez en cuando, Nueve probaba a manifestar una opinión o un deseo a las personas que lo rodeaban para que pudieran conocerlo mejor y conectar con él. Pero nadie parecía escucharlo, lo cual hizo que se sintiese separado de nuevo. Finalmente, se dio cuenta de que ya no sabía exactamente cuáles eran sus opiniones o lo que quería. Y eso también lo hacía sentir incómodo. A veces se sentía molesto por el hecho de que todos esperaban que él estuviera de acuerdo con lo que querían y le preocupaba haber olvidado lo que quería él. Incluso se sintió un poco enojado por el hecho de que no lo escucharan o no lo consideraran importante. Intentó expresar este enojo en una ocasión, pero eso hizo que esas personas se alejaran aún más. Al parecer, a nadie le gustaba relacionarse con gente enojada. Y eso hizo que se sintiera aún más desconectado y solo. Por lo tanto, la estrategia de supervivencia de Nueve de permanecer callado e inconsciente de su propia experiencia interior tomó el mando, y volvió a dormirse.

Nueve se había convertido en un zombi, un zombi muy apacible, tolerante y amante de la comodidad, pero un zombi de todos modos.

LISTA DE VERIFICACIÓN DEL TIPO 9

Si tienes la mayoría de los rasgos de personalidad siguientes, o todos ellos, tal vez seas una personalidad de tipo 9:

- ☑ Te gusta que todos los que te rodean se lleven bien, es decir, que haya armonía y no haya tensiones.
- ☑ Te llevas bastante bien con la mayoría de las personas y te resulta fácil integrarte en los planes de los demás.
- ☑ No te gusta perturbar la paz y se te da muy bien hacer de mediador o evitar los conflictos.
- ☑ Rara vez expresas tu enojo de una manera abierta y directa.

☑ Puedes ver las diversas caras de un problema y comprender fácilmente distintos puntos de vista.

☑ Apoyas a las personas que te rodean de forma natural, no para obtener reconocimiento, sino para ayudar y promover un entorno apacible.

☑ La gente te dice que te encuentra tranquilo, amigable y fácil de tratar.

☑ A menudo te resulta difícil saber qué es lo que quieres. Tal vez sientas que hay una «niebla» a tu alrededor que no te permite ver tus propios deseos. Sin embargo, encuentras un poco más fácil saber qué es lo que no quieres.

☑ Aunque no siempre te manifiestas u ofreces tu opinión, no te gusta que los demás te ignoren o te excluyan. Te desagradan los comportamientos autoritarios y que te digan qué es lo que debes hacer.

Si, después de usar la lista de verificación, descubres que tu tipo es el 9, tu viaje de crecimiento transcurrirá en tres etapas.

Primero, te embarcarás en un proceso de autoconocimiento en el que identificarás patrones de personalidad asociados con permanecer cómodo y con hacer lo necesario para llevarte bien con las personas que te rodean.

A continuación, deberás enfrentarte a tu sombra para ser más consciente de los patrones egoicos surgidos de tus sentimientos de desconexión y de tu sensación de no ser importante. Esto te ayudará a ver cómo te olvidas de ti mismo cuando te adaptas demasiado a los demás con el fin de conservar la armonía y evitar la separación.

En la etapa final de tu viaje te pondrás más en contacto con tu ira, tus deseos y tus prioridades, y redescubrirás lo importante que eres en realidad.

• •

«La gente dice que nada es imposible, pero nada es
lo que hago yo todos los días». Winnie the Pooh

• •

EMPIEZA EL VIAJE

Para el tipo 9, la primera etapa del viaje hacia el despertar consiste en advertir intencionadamente cómo se resta importancia al ponerse en último lugar. Al volverse más consciente de cómo enfoca su atención y su energía en su entorno y en cualquier elemento externo (personas, cosas y procesos), empieza a desarrollar la capacidad de la autorreflexión. Esto es especialmente importante para los individuos de tipo 9, ya que tienden a olvidarse de sí mismos y de prestar atención a su propia experiencia. A veces andan sonámbulos por la vida para amortiguar sus propios sentimientos y su sensación de separación.

Patrones clave del tipo 9

Si te identificas como tipo 9, al principio de tu viaje deberás reconocer cuánta energía dedicas a mantener una sensación de armonía y conexión con el mundo que te rodea, y la poca atención que prestas a tu propio ser y tus propios planes. Has de darte cuenta de todas las formas en que intentas evitar cualquier tipo de incomodidad y saber en mayor medida qué es lo que te resulta cómodo e incómodo exactamente.

Para iniciar tu viaje hacia el despertar, debes observar cinco patrones habituales y hacerte más consciente de ellos:

Descuidar lo que es importante para ti

Sueles apoyar a los demás y prestar atención a todo tipo de peticiones externas, pero descuidas tus propias necesidades y prioridades. Será importante que adviertas si priorizas los planes de otras personas sobre los tuyos. Puede resultarte difícil dedicarte a tus propias prioridades en lugar de trabajar en rutinas y procesos, en tareas que tienen que ver con otras personas y en actividades que revisten una importancia menor. Es posible que tengas el hábito de restarte importancia a ti mismo. Incluso cuando no te gusta la forma en que parece que la vida te quita importancia, puede que te resulte difícil reafirmarte. Tu tendencia a evitar los conflictos también puede llevarte a tener apenas en cuenta tus propias preferencias y perspectivas. Te será útil ver si te resulta difícil saber lo que quieres y si esto te hace sentir decepcionado y frustrado.

Dificultad para movilizar tu energía para ti mismo

Es posible que descubras que puedes movilizar fácilmente tu energía cuando estás ayudando a otros, pero que te cuesta mantener el enfoque y la energía cuando actúas para ti mismo. Puede resultarte difícil tomar medidas en favor de lo que necesitas y deseas, o incluso saber qué es lo que necesitas y deseas. Te será útil advertir si te cuesta definir tus propios planes y sostener tus esfuerzos encaminados a hacerlos realidad. Es posible que te distraigas cuando intentas realizar el esfuerzo consciente de hacer lo que necesitas hacer para ti mismo. Probablemente priorices las tareas menos esenciales, en lugar de prestar atención a lo que es realmente significativo para ti y trabajar en ello.

Dificultad para poner límites

Tal vez adviertas que te cuesta decir «no» a las personas cuando quieren que hagas algo por ellas. Esta puede ser otra forma en que das prioridad a los demás sobre ti o en que te adaptas en exceso a los deseos de otros individuos. Será bueno que adviertas si te resulta difícil llevar la contraria a los demás o manifestarte cuando no estás de acuerdo con sus posturas. Es posible que tengas problemas para poner límites cuando otros reclaman demasiado tu atención y tu energía. Todas estas tendencias pueden poner de relieve el hecho de que te cuesta ver tu necesidad de contar con límites y establecerlos en tus relaciones con los demás.

Evitar el conflicto y la falta de armonía

Tal vez adviertas que tienes una habilidad natural para sintonizar energéticamente con el grado de armonía o falta de armonía que hay en tu mundo. Tiendes a tratar de fomentar la armonía con las personas que te rodean y trabajas contra el conflicto, la desarmonía o cualquier tipo de tensión. De hecho, es posible que te sientas molesto con aquellos que introducen tensión en el entorno al crear problemas o perturbar la paz. Por lo general, trabajas para evitar los conflictos que podrías tener con otras personas o haces de mediador en conflictos que se producen entre personas de tu entorno inmediato. Tu don para ayudar a la gente a entenderse está motivado por el deseo de ayudar a todos a llevarse bien. Será importante que adviertas si te sientes impulsado a satisfacer los deseos de los demás para hacer que impere la paz y mantenerte conectado con las personas que son importantes para ti. Y será relevante que observes si tu necesidad de evitar el conflicto acaba por hacer que no te dediques atención a ti mismo.

Evitar el malestar

Acaso adviertas que siempre tiendes a tratar de permanecer cómodo y evitar lo que te resulta incómodo. Tal vez establezcas rutinas para conservar la comodidad e intentes evitar que esta se vea amenazada por interrupciones, desavenencias con los demás o cambios de cualquier tipo. Tiendes a evitar los sentimientos y sensaciones incómodos, y también evitas los conflictos y la conciencia de tu propia ira dentro del esfuerzo que realizas por prevenir la incomodidad. Cuando te observes continuamente de forma intencionada, probablemente descubrirás que das prioridad a permanecer en tu zona de confort.

«Para actuar conscientemente con la intención de despertar, es necesario conocer la naturaleza de las fuerzas que mantienen al hombre en el estado de sueño». G. I. Gurdjieff

La pasión del tipo 9

La pereza es la pasión que impulsa al tipo 9. Como principal motivación emocional de este tipo, no hay que entender la pereza en el sentido habitual de no querer hacer cosas, sino más bien como una reticencia a emprender acciones importantes por uno mismo que son necesarias en el momento. Por lo general, se trata de acciones encaminadas a satisfacer necesidades propias, pero también pueden consistir en cualquier primer paso en la dirección de cambiar la realidad circundante. A través de la pereza, las personas de tipo 9 no se ocupan de sí mismas ni asumen el papel que podría llevarlas a tener un impacto en el mundo.

Los individuos de tipo 9 tienden a prestar atención, principalmente, a lo que está fuera de sí mismos y a olvidarse de su propia experiencia interior, hasta el punto de que les cuesta saber lo que piensan, sienten y quieren. Cuando les preguntas qué quieren, a menudo no lo saben. Pueden tener dificultades incluso para saber cosas básicas que les conciernen, como lo que desean comer en la cena. Pueden estar muy activos a la hora de apoyar a los demás, pero quedan atrapados en la inercia y pierden energía cuando se trata de actuar para apoyarse a sí mismos. Su tendencia a operar en piloto automático y «olvidarse» de sus propias prioridades los lleva a desconectar de sus sentimientos, deseos, necesidades, opiniones y preferencias, así como de su poder para efectuar cambios en el mundo. Bajo la influencia de la pereza, se adormecen para evitar tener que mostrarse y reclamar atención en un mundo que creen que no los considera importantes. Este impulso de centrarse en los demás hace que no tengan voluntad para concebir ningún tipo de plan propio, lo cual es indicativo de una especie de «renuncia» a esforzarse por sintonizar consigo mismos.

El tipo 9 a menudo toma el camino más fácil en sus propios asuntos, lo cual refleja la tendencia del perezoso a realizar el mínimo esfuerzo. Sigue la corriente en lugar de afirmar sus propias prioridades, a menudo hasta el punto de perder la conciencia de cuáles podrían ser estas. Se enfoca en hacer que todo sea cómodo y fácil para los demás y para sí mismo, lo cual incluye evitar los conflictos y los compromisos profundos con las personas.

Si te identificas con este tipo, aquí tienes algunas manifestaciones típicas de la pereza que debes observar y de las que debes hacerte consciente para avanzar en tu camino hacia el despertar:

- Incapacidad o falta de voluntad para prestar atención a tu mundo interno; una especie de pereza en relación con la toma de conciencia de lo que sucede en tu interior. Falta de interés en hacer caso a tu experiencia del momento.
- Descuido y olvido de ti mismo en todos los ámbitos, incluidos el emocional, el psicológico y el físico.
- Hacer más de lo mismo y resistirte a cualquier cambio relacionado con cursos de acción que ya están en marcha.
- Sentir que no eres importante y no tenerte en cuenta; en consecuencia, no tomas en consideración aquello que quieres y necesitas.
- Dilación en cuanto a las grandes prioridades, incluidas las que son más importantes para ti personalmente.
- No saber lo que quieres; no tener ni expresar opiniones ni deseos. Poner mucha energía para apoyar a los demás, pero no tener mucha para ti.
- Renuncia a obtener lo que necesitas y deseas. Renuncias de forma proactiva a recibir cualquier cosa, a la vez que acompañas a los demás y los ayudas a conseguir lo que quieren.

- Falta de experiencia emocional en tu conexión contigo mismo y con los demás, que por lo general solo perciben las personas que están verdaderamente cercanas a ti.
- Incomodidad por ser el centro de atención o llamar la atención sobre ti mismo al pedir algo o expresar preferencias.

• •

«No es posible encontrar la paz evitando la vida». Virginia Woolf

• •

Expande tu crecimiento con las alas del tipo 9

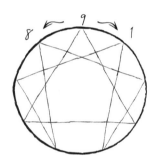

Los dos tipos de personalidad adyacentes al tipo 9 en el círculo del eneagrama son el 8 y el 1. Para superar su tendencia a no hacer caso de sí mismo, el tipo 9 puede comenzar a canalizar su frustración de maneras más asertivas expresando ciertos rasgos del tipo 8, y después tomando mayor conciencia de sus propias prioridades al integrar los puntos fuertes del tipo 1.

- Primero, incorpora los rasgos positivos del tipo 8. Siente con mayor claridad cualquier irritación o resistencia que puedas experimentar y canalízalas hacia modalidades de comunicación más asertivas. Contempla el panorama general, siente lo que quieres y pídelo de forma clara y directa. Aprende a confiar más en ti mismo y vuélvete más hábil a la hora de expresar tus opiniones o llevar la contraria a los demás. Acepta más los conflictos constructivos. Aprende a expresar tus inquietudes e inicia conversaciones sobre problemas que haya en tus relaciones. Observa cómo el hecho de tener una actitud decidida, abordar los problemas de frente y reconocer las desavenencias puede conducir a conexiones más fuertes en lugar de desembocar en la separación. Sé consciente de todas las utilidades positivas de la ira.

- A continuación, integra la capacidad del tipo 1 de visualizar un muy buen resultado para un plan que establezcas destinado a abordar tus prioridades. Ponte más en contacto con tus preferencias y necesidades tomándote un tiempo para imaginar el mejor resultado posible y trabajando hacia atrás desde ahí. Permanece enfocado en metas y tareas personales estableciendo una estructura basada en una serie de acciones lógica. Ten mayor disposición a ejecutar tus propios planes ideales al ver más claramente cómo tus esfuerzos se inscriben dentro de una visión más amplia: mejorar las cosas para todos. Reconoce la ira que albergas en relación con lo que no está bien y canalízala hacia el impulso de reformas que hagan del mundo un lugar mejor.

• •

«La dilación es el asesino de la oportunidad». Victor Kiam

• •

HACER FRENTE A LA SOMBRA

La segunda parte del viaje de crecimiento del tipo 9 consiste principalmente en reconocer, aceptar e integrar la tendencia que tiene a mostrarse pasivo-agresivo. Al hacerse más consciente de su ira, las personas de tipo 9 descubren que la verdadera conexión solo tiene lugar cuando asumen el riesgo de conocerse y expresarse, incluso si eso significa aprender a tolerar el miedo a la separación.

En esta etapa más avanzada de su viaje, el tipo 9 se da cuenta de que su planteamiento de adaptarse a los demás y apoyarlos, el cual pensaba que era positivo, puede ser negativo. Cuando los individuos de tipo 9 carecen de conciencia de sí mismos, pueden volverse indecisos, demasiado pasivos y pasivo-agresivos, incluso cuando su pensamiento consciente es que están siendo amables, amigables e inofensivos. Cuando no ven sus puntos ciegos, pueden ser tercos y permanecer desconectados. Cuando no les gusta lo que está sucediendo, tienden a evitar expresar su insatisfacción directamente; pero su ira no reconocida se filtra como una actitud pasiva y da lugar a un comportamiento pasivo-agresivo: por ejemplo, pueden desaparecer cuando más se los necesita o no hacer lo que dijeron que iban a hacer.

El trabajo con la sombra del tipo 9

Si te identificas como alguien de tipo 9, aquí tienes algunas acciones que puedes realizar para ser más consciente de los patrones inconscientes, los puntos ciegos y los puntos débiles claves de este tipo, y para empezar a contrarrestarlos:

- Dirige la atención a lo que te hace sentir incómodo. Lleva a cabo acciones que te produzcan malestar, sabiendo que este es tu camino de crecimiento. Observa cómo tiendes a resistirte a salir de tu zona de confort. Empieza a salir de ella con pequeños actos y ve incrementando la magnitud de estos.
- Permítete estar más en contacto con la ira. Sé más consciente de lo que te disgusta y de cómo adormeces tu enfado. Empieza a advertir las manifestaciones reprimidas o pasivas de la ira, como la irritación, la frustración y la terquedad. Acepta que la ira puede volverte a conectar con lo que es importante para ti. Arriésgate a comunicarla de forma más directa.
- Observa todas las formas en que eres pasivo, en que ejerces la resistencia pasiva y en que eres pasivo-agresivo (incluidas

tus manifestaciones de terquedad). Pídeles a personas de tu confianza que te comenten cómo experimentan estas tendencias cuando las manifiestas.

- Recuerda un incidente en el que te sentiste insatisfecho, molesto o infeliz. Toma notas sobre cómo te sentiste; examina lo que dijiste y lo que no dijiste pero podrías haber dicho.
- Utiliza tu capacidad de sentir el cuerpo para aumentar tu grado de energía. Muévete más; camina, haz yoga o realiza cualquier tipo de ejercicio. Deja que tu mayor conciencia corporal te ayude a estar más activo y vigorizado.
- Piensa en toda la energía que has regalado, percibe su ausencia y recupérala tomando aire, enfocándote en tu interior y sintiendo tu fuerza.
- Pon límites a los demás. Di «no» más a menudo. Deja de decir «sí» cuando quieras decir «no». Sé menos amable y amistoso y sonríe menos.

• •

«Si estamos creciendo, siempre estaremos fuera
de nuestra zona de confort». John Maxwell

• •

Los puntos ciegos del tipo 9

Es posible que este tipo no quiera examinar sus puntos ciegos debido a que no le gusta sentirse incómodo. Y afrontar aquello de lo que habitualmente evitamos ser conscientes suele resultar incómodo (esta es la razón por la que lo evitamos en primer lugar). Las formas específicas que tiene de proceder el tipo 9 para generar paz, evitar los conflictos y mantener relaciones amistosas con las personas lo llevan a atenuar aspectos importantes de su experiencia, como su ira y sus deseos. La necesidad de comodidad domina su experiencia y le impide estar motivado para acceder a modalidades de conexión más profundas, tanto con sus propias profundidades como con los demás. La buena noticia es que si puede ver sus puntos ciegos y lidiar con cualquier dolor o malestar que surja, acabará por volverse muy poderoso y por sentirse muy bien con sus dones y puntos fuertes.

El tipo 9 tiene mucha energía, pero tiende a regalarla a otras personas. Los individuos de tipo 9 incluso pueden sentirse deprimidos debido a la forma en que sus estrategias de supervivencia los llevan a perder la conciencia de su vitalidad inherente. Evitan tener una experiencia de vida más profunda e intensa cuando desconectan de cualquier emoción que pueda desembocar en tensiones con los demás. Pero si pueden tolerar el miedo a su propio poder y energía, y el miedo a hacer daño a alguien si expresan lo enojados que están en realidad, pueden redirigir su energía más conscientemente para su propio beneficio de una manera que tenga un verdadero impacto en el mundo.

Si te identificas con el tipo 9, estos son algunos de los puntos ciegos de los que debes hacerte más consciente y que debes empezar a integrar para avanzar en tu viaje de crecimiento:

Evitar la ira

¿Te enojas en raras ocasiones solamente? ¿Has dejado de ser consciente de tu ira? ¿Evitas percibirla porque el hecho de expresarla podría conducir a un conflicto? ¿Has examinado el precio que tiene esta actitud? A continuación se muestran algunas acciones que puedes realizar para integrar este punto ciego:

- Percibe los pequeños indicios de ira o las modalidades reprimidas de esta, como la frustración, la irritación o la terquedad. Pasa a ser más consciente de todo ello, aunque se trate de emociones muy sutiles.

- Date cuenta de que cuando no sientes ni expresas tu ira conscientemente, esta no desaparece; se filtra como una actitud pasivo-agresiva. Aprende a reconocer los momentos en los que se produce esta «filtración».
- Sé más consciente de cómo y cuándo te muestras pasivo-agresivo. Haz listas de medidas que puedes tomar para mostrarte más activo y directo en estas situaciones, incluso si no estás listo para adoptarlas.
- Explora todas las razones por las que no quieres sentir o expresar ira, tanto en general como debido a experiencias de tu pasado. Habla de ello con un amigo o un terapeuta.
- Pídeles a las personas cercanas que te ayuden a aprender a expresar tu ira. Explícales cualquier temor que puedas albergar por estar enojado. Arriésgate a comenzar a expresar tu enfado de pequeñas formas, teniendo cuidado al principio. Aprende a expresar tu frustración o tu oposición tan pronto como las sientas, para que no se acumulen.
- Pasa a concebir la ira como algo positivo. Canalizada conscientemente, puede ayudarte a poner límites, afirmar tus necesidades, saber qué es lo más importante y acceder a tu poder.

No saber lo que quieres

¿Ocurre que a menudo no tienes ni idea de lo que quieres? ¿Aceptas los planes de los demás porque no sabes o no puedes expresar tus propios deseos u opiniones? ¿Sueles no tener planes? ¿Tienes problemas para comunicar lo que quieres? A continuación se muestran algunas acciones que puedes realizar para integrar este punto ciego:

- Pregúntate qué quieres más a menudo. No dejes de hacerlo, aunque la respuesta se resista. Y acuérdate de hacerle esta pregunta a tu corazón, no solo a tu cabeza. El corazón sabe más que la cabeza sobre deseos y anhelos.

- Recuérdate que no pasa nada por no saber lo que quieres. Con el tiempo y un esfuerzo constante, aprenderás a acceder a tus preferencias.
- No te juzgues por no saber lo que quieres todavía.
- Pídeles a las personas cercanas que te pregunten qué quieres, que expresen interés por saber lo que quieres y que te den tiempo para descubrir lo que quieres.
- Expresa opiniones con más frecuencia, incluso si no estás absolutamente convencido de lo que dices. Esfuérzate por superar tu tendencia a ver todas las perspectivas como igualmente válidas. Oblígate a elegir un bando.
- La próxima vez que digas que en realidad no te importa lo que suceda, pregúntate si esta actitud es una forma que tienes de justificar el hecho de que no sabes lo que quieres, el hecho de no sentir el dolor asociado a no saber lo que quieres y el hecho de no ocuparte de averiguar lo que quieres. Esta es una posible manifestación de la pasión de la pereza.

Evitar el conflicto

¿Encuentras muchas formas de evitar los conflictos? ¿Pones excusas para justificar evitarlos? El hecho de evitar el conflicto ¿te limita a ti y limita a las personas que te rodean? Estas son algunas cosas que puedes hacer para integrar este punto ciego:

- Explora tus creencias sobre el conflicto y todos tus miedos relativos a él. ¿Qué temes que ocurra si te implicas en un conflicto?
- Observa si temes el conflicto porque crees que inevitablemente conducirá a una separación que podría ser permanente. Cuestiona esta creencia. Permanece abierto a las constataciones de que el conflicto puede acercarte a las personas. Aprende a distinguir entre la falta de conflicto y

la verdadera armonía. La paz profunda y duradera suele alcanzarse a partir de la confrontación positiva.

• Descubre y explora todas las utilidades del conflicto, como ayudar a poner unos límites saludables, hacer más profundas las relaciones y hacer saber a los demás cuál es la propia postura.

• Practica apoyarte en el conflicto para expresar tus opiniones divergentes y para que te conozcan más, ganar importancia y fomentar tu inclusión.

• No eludas los pequeños conflictos que puedan derivarse de tus negativas y de los límites saludables que establezcas.

• Permítete llevar la contraria a los demás u oponerte a lo que está sucediendo para expresar tu poder. Permítete sentirte molesto, disgustado o enojado por las situaciones que no te gustan.

• •

«Solo el amor conduce a la acción correcta». Krishnamurti

• •

El dolor del tipo 9

El tipo 9 tiende a ser amigable y positivo, y se enfoca en llevarse bien con los demás. La prioridad que da a evitar conflictos de todo tipo significa que tiene la motivación de permanecer a gusto manteniendo una sensación de paz y eludiendo sentir determinadas emociones. Para conectar armoniosamente con los demás, habitualmente desconecta de la ira y de emociones semejantes que podrían ocasionar tensión. Debido a esto, las personas de tipo 9 tienden a parecer «emocionalmente estables». Suelen parecer cálidas y bondadosas y no tienden a expresar muchas emociones. Pero para despertar deben contactar más profundamente con estas. Como tipo centrado en el cuerpo que «se olvida de sí mismo», es posible que deba hacer esfuerzos intencionados para conectar con su dolor. Cuando se ponen en contacto con su sufrimiento, las personas de tipo 9 comienzan a reconocer sus propias emociones y aprenden a no descuidar sus profundidades. Después de todo, es más difícil estar desconectado de uno mismo cuando el cuerpo está energizado por la ira o saturado de tristeza.

Si te identificas con este tipo, puede resultarte difícil experimentar emociones que perturben tu comodidad o amenacen la armonía interpersonal. Pero para avanzar en tu viaje de crecimiento, debes aprender a establecer contacto con estos sentimientos dolorosos y tolerarlos con el fin de conocer de forma más íntegra tu verdadera identidad. Estos son algunos de los sentimientos que será importante que afrontes:

- Miedo a la ira, miedo a herir a otros y miedo a la separación. Cuando empieces a ser más consciente de ti mismo, probablemente te darás cuenta de que tienes miedo de tu ira. Acaso temas que si te permites enojarte harás daño a alguien. También es posible que temas que expresar tu enojo desemboque en una separación irreparable, es decir, que dañe o destruya la relación. Este temor también puede reflejar miedo a tu propio poder y energía.
- Ira que reprimes o ignoras. Debes sentir más tu ira. Puede costarte hacerlo, ya que tu principal estrategia de supervivencia consiste, en parte, en desconectar de tu ira. Pero es fundamental que la sientas y la expreses para sentirte lleno de energía y redescubrir tu verdadera identidad. Tu falso yo se resistirá a que hagas esto, pero es absolutamente necesario que aprendas a sentir y expresar la ira y que te des cuenta de todas las formas en que se filtran modalidades pasivas de la ira cuando permaneces inconsciente de ella. Cuando realmente conectas con toda la ira que mora en tu sombra, pasas de pensar que casi nunca te enfadas a

darte cuenta de que estás enfadado todo el tiempo. Y esto es positivo.

- Dolor y tristeza por no ser incluido, no pertenecer o sentirte ignorado o no escuchado. Estos sentimientos suelen ser más intensos en el subtipo 9 social (ver más adelante). También puedes sentir pena por haber hecho daño a personas sin darte cuenta; por ejemplo, cuando tu evitación del conflicto, tu comportamiento pasivo-agresivo o tu búsqueda de armonía ha ocasionado desarmonía y ha dañado a alguien de una forma que no pudiste ver. Necesitas experimentar aflicción y tristeza para abrir totalmente el corazón y hacerte consciente de ciertas emociones que moran en lo profundo.

- Dolor por no estar más conectado contigo mismo y por ser incapaz de saber lo que quieres. También puede serte útil estar más en contacto con el dolor de la desconexión que tiendes a evitar. A veces, la desconexión puede ser algo bueno; por ejemplo, cuando uno está conectado a cosas y personas que no son buenas para él o ella.

· ·

«La sombra es el maestro que mejor nos
enseña cómo llegar a la luz». Ram Dass

· ·

Los subtipos del tipo 9

Identificar el subtipo al que perteneces dentro del tipo 9 puede ayudarte a orientar tus esfuerzos destinados a afrontar tus puntos ciegos, tus tendencias inconscientes y tu dolor oculto. Los patrones y tendencias de los subtipos varían según cuál de los tres instintos de supervivencia prevalezca.

Subtipo 9 del instinto de conservación

Este subtipo se implica con rutinas y actividades físicas confortables como pueden ser comer, leer, mirar la televisión o hacer puzles. Tiende a estar más conectado a tierra y a ser más práctico, concreto, irritable y obstinado que los otros dos subtipos de tipo 9. Dentro del tipo 9, es el subtipo que más difícilmente cambia de actitud y aquel al que más le gusta estar solo. Suele tener un buen sentido del humor.

Subtipo 9 social

Este subtipo dedica una gran cantidad de tiempo y energía a apoyar a grupos de varios tipos. Trabaja muy duro y tiende a ser más trabajador que cualquier otro tipo, excepto el 3. Sin embargo, no suele mostrar su estrés. Los individuos de este subtipo suelen ser buenos mediadores y grandes líderes, porque tienden a ser modestos y tratan de servir a los demás. A menudo no tienen un sentimiento de pertenencia, por más duro que trabajen; en consecuencia, experimentan tristeza tras su fachada.

Subtipo 9 sexual

Este subtipo es el que se fusiona más completamente con individuos importantes. Puede asumir sentimientos, opiniones y actitudes de los demás y no experimentar una sensación de límite con ellos. Suele ser el más dulce, tímido y emocional de los tres subtipos, así como el menos asertivo. Es posible que no esté conectado con su propio propósito y que asuma el de otras personas sin darse cuenta. A menudo no toma en consideración su propia presencia al contemplar un panorama.

La sombra de los subtipos del tipo 9

Puedes reconocer y aceptar con mayor eficacia los aspectos específicos de tu sombra si conoces las características de la sombra de tu subtipo, dentro del tipo 9. A continuación se muestran algunos de los aspectos de la sombra de cada subtipo. Como el comportamiento típico de cada subtipo puede ser muy automático, tal vez sea especialmente difícil ver y reconocer estos rasgos en uno mismo.

La sombra del subtipo 9 del instinto de conservación

Será importante que adviertas si tiendes a ser terco y a mostrar otros comportamientos pasivo-agresivos cuando sientes que los demás no te respetan o te presionan. Es posible que te obstines y te niegues a moverte como reacción a que te digan lo que debes hacer. Puedes volverte insensible a tu ira y a tu poder y evitar ser en absoluto consciente de tu enojo, para permanecer a salvo y en una situación confortable. Es posible que no siempre veas cómo tu ira se filtra como terquedad. Tal vez tiendas a sumergirte en actividades y rutinas cómodas para evitar mostrarte en el mundo y expresar opiniones fuertes, adoptar una postura, afirmar tu poder o iniciar un cambio. Deberás tomar conciencia de tu ira y asumir tu poder para crecer.

La sombra del subtipo 9 social

Observa si trabajas demasiado para evitar sentirte triste cuando no te sientes incluido en el grupo. Observa cómo te sumerges en la actividad y el servicio a los demás como estrategia para adormecer tu dolor. Tal vez te sacrifiques para proporcionarle al grupo (o a la familia) un liderazgo humilde. Tiendes a ser amigable y a tener una actitud positiva para evitar sentir ira o expresarla. Examina si haces de mediador en conflictos y apoyas la cohesión grupal para evitar sentir la incomodidad derivada de la discordia. Sé más consciente de cómo te enfocas en reducir la tensión en tu entorno para no tener que afrontar tus discrepancias con los demás. Será bueno para tu crecimiento mostrar opiniones más inflexibles y fomentar algunas controversias.

La sombra del subtipo 9 sexual

Observa cómo te fusionas por completo con determinadas personas presentes en tu vida, hasta el punto de borrarte a ti mismo. Sé más consciente de que no pones límites, desconocedor de las consecuencias que tiene esta actitud. Tal vez te cueste decirles a los demás qué piensas realmente. Advierte si sueles permanecer callado o si muestras conformidad automáticamente: ¿dices solamente lo que los demás quieren escuchar? ¿Mantienes en tus adentros cualquier sentimiento de oposición? Es posible que no tengas claro tu propósito en la vida y tampoco qué es lo que quieres realmente. Necesitarás ponerte en contacto con tus propios deseos y tu razón de ser para promover tu crecimiento.

· ·

«Si no te gusta algo, cámbialo. Si no puedes cambiarlo, cambia tu actitud». Maya Angelou

· ·

La paradoja del tipo 9

La paradoja del tipo 9 tiene como base la polaridad entre la pasión de la pereza y la virtud de la acción correcta. El tipo 9 empieza a despertar cuando se vuelve más consciente de su tendencia a permanecer cómodamente invisible y a no aportar sus dones al mundo. Al tomar mayor conciencia de cómo opera la pereza en su vida, abandona la tendencia a borrarse a sí mismo y se esfuerza por expresar su poder. Para este tipo, ejercer la acción correcta significa darse cuenta de lo importante que es y aprender a afirmar sus propias prioridades.

La virtud de la acción correcta es un estado de gran motivación para hacer justo lo correcto en el momento oportuno. Es una sabiduría del corazón que le permite a este tipo identificar lo que hay que hacer exactamente y realizarlo. Implica asumir el propio poder para hacer que sucedan cosas importantes y sentirse digno de recibir lo que él o ella necesita. Cuando los individuos de tipo 9 están en contacto con la virtud de la acción correcta, pueden detectar con rapidez y precisión qué es lo más prioritario, y no se detendrán hasta haberlo terminado. La acción correcta hace que dejen de posponer aquello que apoya su estancia en este mundo. Les hace tomar conciencia de su tendencia a despreocuparse de sí mismos y los motiva a despertar y atender sus propias necesidades.

Si te identificas como tipo 9, aquí tienes algunas medidas que puedes adoptar para volverte más consciente de tu pereza y acceder al estado de la acción correcta, que es de tipo superior:

- Empieza a actuar en tu propio nombre y desarrolla la capacidad de ejecutar exactamente lo que debes hacer para apoyarte a ti mismo y estimular tu proceso de despertar.
- Sorpréndete en el acto de quitarte importancia, sin juzgarte por ello. Pregúntate por qué consideras, una y otra vez, que eres insignificante.
- Ten compasión de ti mismo cuando no sepas lo que quieres, sobre todo si te sientes frustrado. Enfádate con este patrón habitual, pero no contigo. Date tiempo para descubrir en mayor medida cuáles son tus preferencias. Sé consciente de que este proceso se te dará mejor con el tiempo si trabajas en él.
- Advierte cuánto te afecta que los demás te consideren insignificante. Después observa que tú también te haces esto a ti mismo, y cómo lo haces. Recuerda por qué eres importante y lo que se perderá el mundo si sigues olvidándote de ti.
- Reconoce que tu tendencia a querer incluir a todos es una proyección de tu deseo de ser escuchado y no excluido. Aprende a manifestarte, es decir, a expresar lo que piensas en el momento.
- Observa cómo pierdes energía cuando llega el momento de hacer algo importante para ti mismo. Detecta la distracción

en que incurres o la incomodidad o confusión que te embargan cuando debes actuar en tu propio beneficio. Trata de no olvidar las razones por las que necesitas hacer eso para ti mismo.

«La mejor política es la acción correcta». Mahatma Gandhi

Fomenta tu crecimiento con las flechas del tipo 9

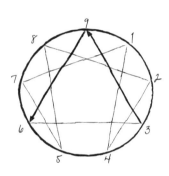

Los dos tipos conectados al tipo 9 por las flechas del interior del diagrama del eneagrama son el 3 y el 6. El tipo 9 puede efectuar grandes movimientos en favor de su crecimiento terminando con su necesidad de mantener la armonía y la comodidad al concentrarse más en establecer y alcanzar objetivos audaces, como hacen las personas de tipo 3 saludables. Puede fomentar un mayor equilibrio interno integrando la capacidad del tipo 3 de autopromocionarse y atribuirse el mérito de los éxitos, y después desarrollando la capacidad del tipo 6 de discrepar de los demás y llevarles la contraria.

- Primero, adopta la capacidad del tipo 3 de tener propósitos claros y enfócate en hacer todo lo necesario para lograr resultados concretos. Siéntete más a gusto siendo el centro de atención. Asume tus cualidades. Permite que los demás te muestren su reconocimiento por aquello que has hecho bien. Practica los comportamientos de manifestar tus opiniones y atribuirte el mérito cuando logres algo. Habla de forma más clara y concisa, y ve más al grano. Muéstrate profesional. Cuida más tu imagen y toma medidas para presentar un buen aspecto. Esfuérzate por superar tu resistencia a lucirte y promocionarte.

• A continuación, integra la capacidad del tipo 6 de pensar de manera más proactiva sobre cómo lograr objetivos que pueden ser peligrosos o conllevar riesgos. Sé más asertivo; es decir, di lo que piensas y atrévete a llevar la contraria. Cuando no estés de acuerdo con otras personas, manifiéstalo de forma clara y directa. Supera tu tendencia a sonreír siempre, incluso cuando no planees hacer lo que otros quieren que hagas. Practica poner trabas al plan de alguien, plantear una opinión diferente o promover una idea controvertida en un grupo. Aprende a decir «no», y cuando pienses que algo no va a funcionar, indica por qué. Rebélate contra la autoridad por una buena causa. Ponte más en contacto con los miedos que albergues y actúa de maneras concretas a pesar de ellos. Reconoce tu inseguridad, pero asume tu poder y confía más en ti mismo.

«Una zona de confort es un lugar hermoso pero en el que nunca crece nada». John Assaraf

ACOGER EL ESTADO MÁS ELEVADO

En la tercera parte de su viaje, el tipo 9 empieza a enfocarse más en sus propias necesidades y comienza a conectarse de manera más regular y profunda con su experiencia interna. Al trabajar conscientemente para «recordarse a sí mismo», llega a comprender sus puntos ciegos y a afrontar su dolor y su ira. Se da cuenta de cuál es la verdadera magnitud de su poder y empieza a recuperar toda la energía que dispersó fuera de sí mismo cuando se centró exclusivamente en apoyar a los demás y satisfacer peticiones externas.

Si tu tipo es el 9, estas son algunas cosas que puedes hacer en esta parte de tu viaje que no podrías haber hecho antes, más otras en las que seguir trabajando:

- Realizas acciones muy importantes destinadas a transformarte a ti mismo y a transformar proyectos y a los demás, incluso si ello da lugar a confrontaciones o perturbaciones. Dejas que el corazón te guíe.
- Usas una cantidad de energía (o fuerza vital) mucho mayor que la que tenías antes, reconociendo claramente que pertenece a tu verdadero yo.
- Eres el líder que el mundo estaba esperando. Equilibras activamente un punto de vista inclusivo con la capacidad de discernir cuál es el mejor enfoque y optar por él.
- Inspiras confianza y confías en los demás encarnando poder y decisión mezclados con modestia, consideración y servicio desinteresado.
- Toleras el conflicto, al entender claramente que las mejores conexiones se logran abordando conjuntamente las dificultades y la discordia.
- Valoras tus propias opiniones, tus propósitos y tu visión tanto como respetas y apoyas los de los demás. Te aclaras en cuanto a lo que piensas y quieres.
- Eres asertivo y fuerte a la hora de activar y apoyar lo mejor de los demás sin salir tú de la ecuación.
- Trabajas contra la tendencia a refugiarte en la resignación o la indiferencia y te abres a recibir activamente el amor que mereces.
- Recibes reconocimiento por tus contribuciones (que solo tú podrías haber efectuado), mientras te sientes profundamente conectado con el colectivo.

• •
«Desperté, solo para descubrir que el resto del
mundo aún está dormido». Leonardo da Vinci
• •

La virtud del tipo 9

La acción correcta es la virtud que proporciona un antídoto contra la pasión de la pereza. Cuando está en contacto con la acción correcta, el tipo 9 se resiste a ceder su lugar a los demás o a anteponer a los demás a sí mismo. Se da cuenta de que no tiene que ser modesto en exceso ni olvidarse de sí mismo para tener valía y generar armonía. Sabe cómo realizar su contribución específica al mundo al aceptar su propia importancia y reconocer su sentimiento de pertenencia. El tipo 9 que se identifica con la acción correcta inicia proyectos que pueden cambiar el mundo, en lugar de seguir haciendo las mismas cosas funcionales y rutinarias de siempre.

Cuando las personas de tipo 9 pasan a encontrarse en el estado de la acción correcta, aprenden a expresar su individualidad única, a la vez que experimentan un sentido más profundo de conexión con todo lo que las rodea. Aprenden a soportar la incomodidad y desarrollan la capacidad de permanecer despiertas y energizadas recurriendo a su propia energía y canalizándola de una manera más consciente en favor de sus propios propósitos. Se cuidan mejor y se expresan de manera más activa y potente en el mundo. Se convierten en líderes que combinan la atención a los demás y el cuidado de los demás con un sentimiento claro de su razón de ser basado en la verdad interior que emana de su verdadera identidad. Esta verdad interior se caracteriza por el recuerdo de sí y una sensación de poder personal. Experimentan su yo, completamente vivificado, desde el interior. Saben lo que quieren y lo dicen con claridad en beneficio de todos. Entienden que cuando se enfocan en manifestar sus propios deseos se arriesgan a que se produzca una separación, pero se dan cuenta de que esta actitud favorece el desarrollo de uniones verdaderas a largo plazo.

En el estado de la acción correcta, el corazón del tipo 9 sabe cuáles son sus prioridades y siente la voluntad imparable de manifestarlas en el momento de la manera más efectiva. Entonces el tipo 9 avanza sin esfuerzo, pero con gran fuerza, hacia el cumplimiento de esas prioridades, a las cuales aporta su energía, que es mucha (entre todos los tipos del eneagrama, el 9 es el que tiene más energía). Ahora estos individuos saben que son tan importantes como todos los demás y tienen fe en su capacidad de manifestar lo que se proponen. Pueden sentir el impulso de alterar el *statu quo* para ayudar a las personas y los sistemas a romper con lo viejo y traer lo nuevo y necesario. Se sienten impulsados a enfocarse en lo más importante e inician conflictos de carácter positivo.

Si tu tipo es el 9, la acción correcta te permite tomar conciencia de todas las formas en que te muestras perezoso en relación con tus prioridades. La acción correcta inicia un movimiento en tu corazón procedente de un conocimiento interno claro y te otorga la capacidad de trabajar en aquello que quieres de forma continua, activado por tu propia vitalidad natural. Estos son algunos de los estados, actitudes y comportamientos que experimentas a medida que avanzas hacia la acción correcta:

- Estás plenamente presente en tu corazón y, al mismo tiempo, estás conectado con tu cuerpo y tu mente. Procuras activamente estar más despierto, vivo y arraigado en el aquí y ahora.
- Realizas un trabajo interior diligente que contrarresta la fuerte atracción que ejerce sobre ti el estado de sueño al que te has habituado. Haces todo lo necesario para superar la inercia y tomar conciencia de lo que es verdadero para ti.
- Conectas con tus propios propósitos al tomar mayor conciencia de todas las formas en que permaneces dormido y al experimentar frustración por estos tipos de «sueño».

- Observas activamente las maneras en que operas mecánicamente en lugar de hacerlo de acuerdo con tus deseos más profundos.
- Sientes una motivación imparable impulsada por la sabiduría interior de tu corazón.
- Sientes una conexión profunda con tu energía interior y tu sentimiento de ser, que son los de alguien que está verdaderamente vivo.
- Realizas prácticas que te vuelven más consciente de tu verdad interior.
- Te vinculas eficazmente contigo mismo y con el mundo que te rodea.

- -

«Las actitudes correctas dan lugar a acciones correctas». Fiódor Dostoyevski

- -

Despertar del estado zombi

Para el tipo 9, la clave para aceptar su verdadero yo radica en ir aprendiendo, gradualmente, a empoderarse. Esta tarea le puede parecer difícil, si no imposible, porque cuando vive como zombi, le cuesta saber lo que quiere y reconocer su autoridad interior. Puede causarle dolor ahondar en su propio ser y experimentar una sensación de separación. Cuando las personas de tipo 9 temen que conectarse consigo mismas implica desconectarse del mundo de los demás, es posible que se resistan a conocer su verdadero yo interior y a comprender lo importantes que son tal como son exactamente. Pero al entrar en contacto con su ira y su poder, y al aprender a incorporar toda la energía que habitualmente dispersan tratando de crear armonía, pueden avanzar hacia la experiencia de liberación que les proporciona la virtud de la acción correcta.

Cuando los individuos de tipo 9 se dan cuenta de que su tendencia a adaptarse demasiado a los demás hasta el punto de anularse a sí mismos no es buena para nadie en realidad, comienzan a poner toda la atención en hacer lo que tienen que hacer. Descubren que vivir para estar cómodo produce pocas recompensas tangibles y ven que es mejor sobrellevar algunas molestias que permanecer dormido. Al aceptar lo importantes que son, se vuelven capaces de dar y recibir amor de una manera que les permite fomentar la verdadera unión en el mundo. Y cuando experimentan la paz y la armonía *reales*, del tipo que solo se obtiene mediante la aceptación de la incomodidad y el conflicto, descubren que su miedo a la separación no era más que una ilusión y que su verdadero yo está conectado con todo de la manera más profunda posible. Cuando llegan a conocer su auténtico yo, acceden a una experiencia superior de unidad, un estado en el que pertenecen a todos y a todo. Pero para lograr esta unidad, antes tienen que someterse a alguna alteración.

Cuando se enfrentan con valentía a su sombra, y especialmente a su evitación de la ira y a la forma en que dicha evitación las lleva a negar su propio poder, las personas de tipo 9 se liberan de la comodidad insulsa propia del sueño. Al acceder a su poder interior, empiezan a recorrer el camino que las llevará a despertar. Descubren los deseos de su yo plenamente despierto y los ejecutan. Cuando se dedican a mantenerse conectadas con aquello a lo que más se resisten (su dolor, su incomodidad y su deseo, profundamente sentido, de una experiencia de vida completamente vivificada), nos muestran a todos nosotros cómo recorrer el camino hacia la reanimación y el recuerdo de uno mismo.

Conclusión

Cada uno de nosotros tiene algo que dar que nadie más tiene.

ELIZABETH O'CONNOR

El símbolo del eneagrama tiene sus raíces en antiguas tradiciones de sabiduría. Las enseñanzas relacionadas con él revelan las posibilidades de transformación que tiene el ser humano. El conocimiento que manifiesta confirma que el trabajo interno puede ayudarnos a alcanzar estados de conciencia superiores.

El proceso de transformación que describe el eneagrama no termina con el tercer paso del camino de crecimiento que se explica en este libro. Esperamos que te sientas motivado a dar continuidad a tu viaje más allá de lo que has encontrado en estas páginas. Con este fin, te ofrecemos las siguientes sugerencias:

- Pide ayuda. Hacer terapia con un profesional que te guste y en quien confíes te puede cambiar la vida.
- Busca «compañeros de camino». Comparte lo que has aprendido con una comunidad de personas de ideas afines que puedan apoyar tus esfuerzos.
- Investiga. Confía solo en información sólida para asegurarte de seguir avanzando de la manera más efectiva.
- No te juzgues. Aprende de cualquier contratiempo que experimentes; a continuación levántate y sigue avanzando. La

autocrítica detiene el impulso hacia delante en el viaje de autodesarrollo y no sirve para nada constructivo. Practica la compasión hacia ti mismo y hacia los demás. Al ir perseverando en tu trabajo interior, experimentarás la paz y la alegría de las que acaban gozando los buscadores sinceros. Habrá dificultades en el camino, que no son más que oportunidades que tendrás de desarrollar la resiliencia que necesitas para llegar adonde te has propuesto.

Y no caigas en la trampa de limitarte a «mejorar tu ego». Recuerda que el autodesarrollo busca la trascendencia. Si tu orientación es espiritual, no ignores los aspectos psicológicos del crecimiento. Si tu orientación es psicológica, no ignores los aspectos espirituales. La psicología sin espiritualidad es limitada; la espiritualidad sin trabajo psicológico es peligrosa.

Esperamos que el eneagrama te ayude a manifestar tu mayor potencial. Esperamos que los conocimientos que brinda esta herramienta te transformen y que disfrutes cada paso del viaje, o al menos que aprendas de cada uno de estos pasos. Y, finalmente, esperamos que compartas tus historias sobre el redescubrimiento de tu verdadero yo para inspirar a otros a encontrar y seguir su propio camino.

Agradecimientos

M uchas personas contribuyeron a la inspiración inicial de este libro, a su creación y a su producción. Damos las gracias a Greg Brandenburgh, de Hampton Roads Publishing, por acudir a nosotros con la idea inicial de esta obra, así como por la forma, teñida de buen humor, en que dirigió el proyecto a través del proceso de publicación. Asimismo, nos gustaría dar las gracias a Amanda Braga por su ayuda en la producción y a nuestro equipo integrado por Amanda y Tatiana Vilela por todo lo que hicieron para administrar la Chestnut Paes Enneagram Academy (y CP Online) durante el proceso de escritura. Este libro ha sido una consecuencia de nuestra colaboración en la creación de esta escuela de «trabajo interior» (y el contenido que la respalda), que ha sido el principal vehículo con el que hemos contado para llevar al mundo nuestro trabajo con el eneagrama.

También nos gustaría dar las gracias a Nancy Hunterton por sus sabios consejos: ha sido una consultora valiosísima que nos ha ayudado a mejorar la forma de trabajar juntos. Y estamos agradecidos a Denise Daniels por su amistad y su apoyo entusiasta a este proyecto y a nuestro trabajo en general; también a Dan Siegel por aceptar escribir el prólogo de esta obra. Damos las gracias a Dan y Denise y a las personas que han colaborado en su libro, que será publicado próximamente —Laura Baker y nuestro viejo amigo Jack Killen—, por su aliento y su labor continua de cimentación del marco del eneagrama en la ciencia.

Ambos recibimos nuestra primera formación en el eneagrama del doctor David Daniels y Helen Palmer, a través de su Narrative Tradition School. Helen y David fueron unos mentores y maestros importantes para nosotros, y nos sentimos muy agradecidos por la base sólida de la formación y la experiencia que recibimos de ellos. Aunque perdimos a David hace dos años, su espíritu sabio y cálido continúa inspirándonos y motivándonos. También queremos mostrar nuestro reconocimiento al trabajo de G. I. Gurdjieff, Óscar Ichazo y Claudio Naranjo, autores fundamentales de la enseñanza moderna del eneagrama, ya que nuestro trabajo se basa en el suyo en muchos sentidos, y a nuestro buen amigo y aliado Russ Hudson, por su firme apoyo y su enorme contribución a la promoción del verdadero espíritu que hay detrás del eneagrama como herramienta de crecimiento.

Finalmente, damos las gracias a nuestro agente literario, Peter Steinberg, por ser parte de nuestro equipo y apoyar nuestros esfuerzos, y a nuestros amigos, alumnos y personal de la gran comunidad del eneagrama y a la comunidad de la Chestnut Paes Academy por ser compañeros entregados en el camino del autodesarrollo. Juntos trabajaremos para incrementar la conciencia en el mundo.

Sobre los autores

B eatrice y Uranio son amigos y colegas desde 2002. Trabajaron juntos en la junta directiva de la Asociación Internacional del Eneagrama entre 2004 y 2009; cada uno de ellos la presidió durante dos años. Orientadores de líderes de todo el mundo en el campo de la teoría y las aplicaciones del eneagrama, en 2018 cofundaron la Chestnut Paes Enneagram Academy, una escuela internacional centrada en el eneagrama dedicada a elevar el nivel de la conciencia humana brindando oportunidades de aplicar el sistema del eneagrama como apoyo del trabajo de crecimiento interno profundo. Están especializados en ofrecer cursos de autodesarrollo y retiros de trabajo interior centrados en ayudar a las personas a lograr una transformación interna, además de talleres profesionales de alta calidad que ayudan a *coaches*, terapeutas, consejeros y dirigentes a aprender a usar el eneagrama de manera hábil, efectiva y ética con sus clientes.

A través de su CP Eneagram Academy, Beatrice y Uranio trabajan en todo el mundo utilizando el eneagrama como mapa, proceso y catalizador para la transformación personal y profesional. Desarrollan teorías, métodos y contenidos relacionados con el eneagrama, como este libro, con el fin de usar los conocimientos relativos a esta herramienta para ayudar a las personas a efectuar verdaderos progresos en un camino claro de evolución. Para obtener más información, visita www.cpenneagram.com y plantéate hacerte miembro de su comunidad.

Beatrice Chestnut es psicoterapeuta, *coach* y consultora empresarial establecida en San Francisco. Tiene un doctorado en Estudios de Comunicación y un máster en Psicología Clínica. Estudiante del sistema del eneagrama durante más de treinta años y profesora certificada del eneagrama por la escuela Palmer/Daniels Narrative Tradition, es autora de los libros *The Complete Enneagram: 27 Paths to Greater Self-Knowledge* [El eneagrama completo: 27 caminos hacia un mayor conocimiento de sí mismo] y *The 9 Types of Leadership: Mastering the Art of People in the 21st-century Workplace* [Los 9 tipos de liderazgo: cómo dominar el arte de (tratar con) las personas en el lugar de trabajo del siglo xxi].

Uranio Paes tiene un máster en Dirección y trabajó en entornos corporativos durante más de dos décadas como facilitador del eneagrama, *coach* y consultor de desarrollo organizacional. También certificado como profesor del eneagrama por la escuela Palmer/Daniels Narrative Tradition, durante muchos años enseñó su Programa de Formación Profesional en Eneagrama (EPTP, por sus siglas en inglés) en Brasil, España, Portugal e Italia. Durante más de veinte años estudió profundamente varias modalidades de práctica espiritual dentro de tres tradiciones espirituales diferentes.